交 通 设 计

主 编 刘立新 孟祥海 陈 亮

北京理工大学出版社

BEIJING INSTITUTE OF TECHNOLOGY PRESS

内 容 简 介

"交通设计"是教育部高等学校交通工程教学指导分委员会所确定的系列主干课程之一。本书依据交通工程专业人才培养的实际需求，系统阐述交通设计的知识体系、基本原理和设计方法，强调对学生应用交通设计基本原理与基本方法解决实际交通问题能力的培养。本书是满足新工科建设对交通类专业的新型教学需求，基于 OBE 和 CDIO 教育模式设计结构与内容，融入综合教学方式及课程德育理念的新形态教材。

本书可作为普通高等院校交通工程专业本科生教材，也可作为交通运输工程等相关专业的研究生教材或参考书，亦可供从事城市规划、道路规划与设计等工作的有关工程技术人员和管理人员参考。

图书在版编目（CIP）数据

交通设计 / 刘立新，孟祥海，陈亮主编. -- 北京：
北京理工大学出版社，2025.1.
ISBN 978-7-5763-4896-5

Ⅰ. U491

中国国家版本馆 CIP 数据核字第 2025RR2806 号

责任编辑：时京京　　**文案编辑：**时京京
责任校对：刘亚男　　**责任印制：**李志强

出版发行 / 北京理工大学出版社有限责任公司
社　　址 / 北京市丰台区四合庄路 6 号
邮　　编 / 100070
电　　话 / （010）68914026（教材售后服务热线）
　　　　　　（010）63726648（课件资源服务热线）
网　　址 / http://www.bitpress.com.cn

版 印 次 / 2025 年 1 月第 1 版第 1 次印刷
印　　刷 / 涿州市新华印刷有限公司
开　　本 / 787 mm×1092 mm　1/16
印　　张 / 17.5
字　　数 / 395 千字
定　　价 / 76.00 元

前　言

　　"交通设计"是教育部高等学校交通工程教学指导分委员会所确定的系列主干课程之一。本书依据交通工程专业人才培养的实际需求，系统阐述交通设计的知识体系、基本原理和设计方法，强调对学生应用交通设计基本原理与基本方法解决实际交通问题能力的培养。本书是满足新工科对交通类专业的新型教学需求，基于 OBE 和 CDIO 教育模式设计结构与内容，融入综合教学方式及课程德育理念整体架构的新形态教材。通过对本书的学习，学生将具备交通设计的基本理论知识和基本方法；具备交通工程设计规划的能力；具备交通设计服务于经济、社会的基本素质。

　　本书结构体系由以下三大部分组成。

　　(1)理论部分：交通设计概述、交通问题与对策。

　　(2)设计部分：交通组织设计、城市道路路段与交叉口交通设计、公交优先设计、慢行交通设计、交通枢纽场站交通设计、交通安全设施设计、道路照明设施设计、交通语言系统设计。

　　(3)评价部分：交通设计方案评价。

　　本书体现新形态教材的特色，即纸质教材+数字资源+在线教育平台的综合模式：将纸质教材设计、数字资源开发与在线教育平台相互融通，实现内容资源和信息资源的互通共享，进一步提高学校教学质量，优化人才培养模式，最大限度调动学习者的主观能动性，有效促进教与学的全面互动；使传统纸质教材的呈现状态由静到动、呈现形式由单一到多样、呈现效果由阅读到视听说触多感官融合，对教材数字资源、内容编辑等进行提升或再造；强化学生对知识点的理解，提升学生理解深度与学习效率。《交通设计》视频链接 https://coursehome.zhihuishu.com/courseHome/1000064356#teachTeam。

　　本书由刘立新、孟祥海、陈亮主编。本书共分 11 章，其中第 1 章、第 2 章、第 3 章、第 5 章、第 7 章、第 11 章由青岛理工大学刘立新副教授编写，第 8 章、第 9 章由哈尔滨工业大学孟祥海教授编写，第 4 章、第 6 章、第 10 章由河北工业大学陈亮副教授编写。另外，河北工业大学梁心雨老师、青岛理工大学曲大义教授、齐新宇副教授、魏金丽副教授、陈秀锋副教授参与了部分知识点的编写；青岛理工大学杨金顺老师、刘美君老师参与了部分图表制作。

　　由于编者水平有限，书中疏漏之处在所难免，恳请读者批评指正。

编　者

2024 年 1 月

目　录

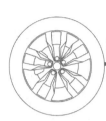

第1章
交通设计概述

知识目标

　　掌握：交通设计基本概念与基本特征；新建设施与改建设施的交通设计流程；交通设计的基本内容；交通设计的理论基础。

　　熟悉：交通设计的背景；交通资料调查与分析方法；交通设计所依据的规范与规程；正确的工程伦理观；交通设计的发展方向。

能力目标

掌握内容	知识要点	权重
交通设计的含义	交通设计的基本概念、性质、基本特征	0.3
交通设计的流程	新建设施的交通设计流程；改建设施的交通设计流程	0.2
交通设计的基本内容	交通设计的基本内容包括三大部分：理论部分、设计部分、评价部分	0.2
交通设计的理论基础	系统工程学；工业设计原理；城市设计原理；交通工程学（交通流理论、通行能力理论、交通冲突分析理论、交通行为与安全理论等）；交通土木工程学；交通资源与环境学等	0.3

1.1 背景

1.1.1 城市交通系统的作用

　　城市交通系统是城市社会、经济和物质结构的一个基本组成部分。城市交通系统把分散在各处的城市生产、生活等各种社会经济活动连接起来，在组织生产生活、提高城市客货流的有效运转、促进生产要素的流动及促进城市发展等方面起到十分重要的作用。

　　城市的布局结构、规模大小，甚至城市的生活方式在很大程度上取决于城市的交通系统。例如，洛杉矶的生活方式是由它的高速公路决定的，而伦敦的生活方式是由它的 19 世纪的铁路所决定的，纽约曼哈顿摩天大厦林立的中央商务区（Central Business District，CBD）则有赖于它的地铁系统，我国城市形态呈同心圆式高密度发展与普遍采用的自行车、公共汽车、电车作为客运工具和对城市发展边界的控制有关。人们通过一定的交通系统聚集并参与到城市的社会经济活动中。

人口的聚集看起来和经济发展水平密切相关，交通的发展，尤其区域性的公路、水路和铁路交通的发展，使城市与其经济腹地之间客运和货运成本都有所下降，为地区的经济发展提供了一个巨大的机会，创造了较多的就业岗位，促进了一个城市人口的聚集。城市人口集中程度随着交通的改善而变化。随着城市集聚程度的不断提高，尤其是进入城镇化的中后期，城市中心地带生存空间日益狭小、交通条件日益拥挤以及地价日益上涨，而城市大容量快速交通体系等高技术交通和现代通信手段的迅速发展，使人们可以方便地在城市的不同地区生活和工作。距离已不再是居民在城市生活中不可逾越的障碍。

1.1.2 交通问题与挑战

然而 20 世纪中叶以来，城市化进程的加快和机动车的快速发展引发了城市交通拥堵、交通事故及交通污染等问题，使城市交通亟待从交通设计、交通控制、交通管理、经济政策、交通法规等多层面对城市交通发展和居民出行进行引导、协调和控制。

城市交通治理的目标随着城市交通和社会环境的发展而不断变化，大致可以分为 3 个阶段。

(1)在城市交通发展初期，机动车数量较少，城市交通治理的主要目标是保障行车安全，减少交通事故的发生。

(2)随着汽车工业的迅猛发展，机动车保有量逐年增长，城市交通需求总量开始攀升，交通供需不平衡、交通拥堵问题开始显露，这个阶段城市交通治理的目标主要是缓解交通拥堵，实现交通供给与出行需求的平衡。例如，格威廉(Gwilliam)认为城市交通治理政策的战术层目标在于最大化公共交通方式比重，实现交通供需均衡；战略层目标在于实现社会福利最大化。

(3)近年来，随着可持续发展理念的提出，交通环境问题受到重视，节能减排、发展绿色低碳交通成为城市交通治理的目标。例如，葛天任认为未来的城市交通治理需要推进绿色交通发展。同时，城市交通治理开始关注社会公平问题。例如，斯图尔特(Stewart)认为管理部门制定城市交通治理政策的目标在于实现城市交通系统中不同利益者之间的平衡。

由城市交通治理政策目标的演变可以看出，城市交通治理逐渐由单一的社会经济目标转变为经济效益、环境保护及社会公平多目标协同发展，可持续发展的城市交通治理政策应实现经济、社会和环境之间的平衡。

1.2 交通设计的基本概念和基本特征

1.2.1 交通设计的基本概念

交通设计是为达到交通安全、通畅、便利、效率及环境友好的目标，基于交通工程

学、系统工程学、工业设计、交通环境学等的基本理论和原理，在城市规划与交通规划的
指导下，以交通系统的资源为约束条件，对现有和未来建设的交通系统及其设施加以优化
设计，寻求改善交通的最佳方案(图 1-1)。

交通设计上承交通规划，下接交通设施工程设计与交通管理，指导交通设施的土木工
程设计以及系统的最佳利用，具有中微观性。

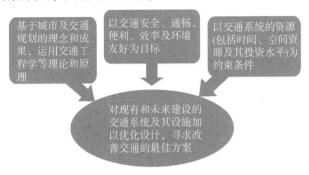

图 1-1　交通设计的基本概念

交通设计具有构思、优化、整合交通系统之意；交通设计基于交通工程学、系统工程
学、城市设计原理、工业设计原理而形成；交通设计既不是交通工程设计，亦不是交通设
施设计。交通设计是实现交通设施最佳建设的重要一环，它与交通设施设计犹如建筑设计
与结构设计的关系，一定意义上起前者统帅作用。交通设计突出交通的基本特征、功能、
目标。交通工程设计或交通设施设计仍然定位在交通或其系统硬件设施的设计上。

1.2.2　交通设计的基本特征

交通的显性特征是以交通流呈现的，而道路是交通流的载体，交通设计与道路空间设
计密切相关。通常，交通设计具有以下基本特征。

1. 目标性

交通设计以需求为导向，需要明确交通设计所要实现的功能及功能目标。应在资料收
集和实地调研分析的基础上，针对实现规划目标所要解决的问题，或实际交通运行中存在
的问题，制订交通设计的设计目标——交通安全、通畅、便利、效率及环境友好。

2. 系统性

道路交通运行状况受诸多因素影响，道路交通各子系统之间也存在相互制约的关系。
任何一个交通设计方案都会对道路网交通运行效果产生系统的影响。系统分析方法为实现
道路基础设施资源配置的最优化和交通运行效率的最大化提供了有效的手段。因此，交通
设计也是一种优化设计，即在各种限定条件(如土地、资金等)下，设计出最好的方案。优
化设计需要综合考虑多个要求，如最佳的运行效率、最少的交通事故、最低的环境污染和
最少的资金投入。然而，这些要求通常是互相矛盾的，而且它们之间的相对重要性因交通
设计目标的不同而异。交通设计者的任务是针对具体情况权衡轻重，统筹兼顾，使交通设
计方案能够产生最优的综合效益。

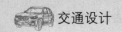

3. 综合性

交通设计需要综合应用交通工程学基本原理和交通设计相关体系知识。与其他工程类设计不同，交通设计既不是开发具有某种特定功能的产品，也不是完全独立于道路工程、交通工程设施和交通控制之外，相反，交通设计以道路工程设计、交通工程设施设计和交通控制方案设计的形式存在。道路工程设计、交通工程设施设计、交通控制方案设计都有相对完善的标准规范，在交通设计过程中，需要遵循这些标准规范并加以灵活应用，综合考虑多方面因素。

1.3 交通设计的流程与基本内容

1.3.1 交通设计的流程

交通设计的条件与其设施是新建还是改建有关，二者存在较大的差异。新建设施，规划上的功能定位与设计目标、用地条件等是交通设计的主要依据；改建设施，在相关规划条件的基础上，设施的现状、使用中存在的问题和改善的可能性则成为交通设计的重要基础信息。因此，交通设计的流程将区分为新建和改建两种情况。

1. 新建设施交通设计流程

新建设施的交通需求量为预测值，无法准确地反映其投入使用后的实际情况。因此，交通设计为原则性设计，是基于可预见性的设计，应保证设施在建成后即使发生问题也可以通过较为方便、易行的措施对其作进一步的改善。以道路交通设计为例，其设计流程如图 1-2 所示。

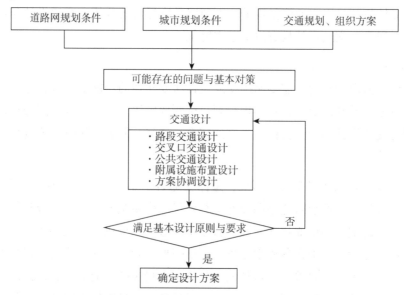

图 1-2 新建设施交通设计流程（以道路交通为例）

2. 改建与治理型交通设计流程

既有交通设施的改建和治理过程较为复杂，往往要基于交通管理规划等所制订的交通改善方案进行。这是因为在处理交通阻塞问题时，若某交叉口(或阻塞点)交通需求过大，在无法通过改建或治理措施加以改善时，需要采取新的交通流组织或需求管理措施，利用网络资源来改善交通。以道路交通设计为例，改建和治理型交通设计基本流程如图 1-3 所示，详细内容将在后续各章节中阐述。

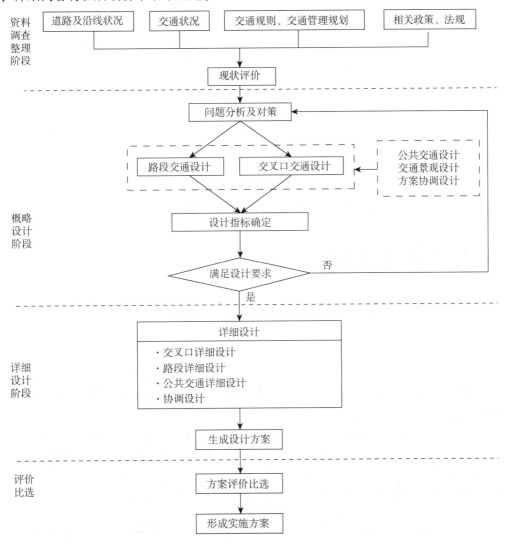

图 1-3　改建与治理型交通设计流程(以道路交通为例)

1.3.2　交通设计的基本内容

交通设计的基本内容包括以下三大部分。

(1)理论部分：包括交通系统分析与构筑；交通设计理论基础；交通问题及其特征分析。

(2)设计部分：包括城市交通组织设计；城市道路交通设计；慢行交通系统优化设计；公共交通设计；枢纽交通设计；交通安全设计；道路照明设施设计；交通语言系统设计。

(3)评价部分：交通设计技术评价。

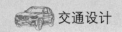

交通设计的基本内容如图1-4所示。

```
┌─────────────────────────────────────────────────────────────┐
│                      ╭──────────────────────────────────╮    │
│  第一部分：理论部分    │ 交通系统分析与构筑；交通设计理论基 │    │
│                      │ 础；交通问题及其特征分析           │    │
│                      ╰──────────────────────────────────╯    │
│                      ╭──────────────────────────────────╮    │
│                      │ 城市交通组织设计；城市道路交通设计； │    │
│                      │ 慢行交通系统优化设计；公共汽车交通设 │    │
│  第二部分：设计部分    │ 计；枢纽交通设计；交通安全设计；照明 │    │
│                      │ 设计；交通语言系统设计             │    │
│                      ╰──────────────────────────────────╯    │
│                      ╭──────────────────────────────────╮    │
│  第三部分：评价部分    │ 交通设计技术评价                   │    │
│                      ╰──────────────────────────────────╯    │
└─────────────────────────────────────────────────────────────┘
```

图1-4　交通设计的基本内容

1.4　交通设计依据

1.4.1　交通资料调查与分析

1. 交通资料调查

基础资料搜集和整理是交通设计准备阶段的主要工作。规划资料将用于确定交通设计的基本目的和目标，并帮助了解与交通设施相关的区位条件与需求预测信息等，是交通设计的输入条件。交通设施供给条件、需求条件、控制与管理条件、周边交通设施分布状况4项调查资料主要用于改建或治理型交通设计，特别是现状交通的供需条件与特征，是分析现状交通问题、确定交通设计优化方向的基础。交通设计约束条件的调查资料主要包括：交通设施的用地范围、规划红线、改建规模、突破红线的可能性、供给能力等。表1-1以道路交通设计为例给出了所需要搜集的基础资料、用途及要求。

表1-1　道路交通设计基础资料、用途及要求

资料内容		用途	要求
道路资料	道路等级	确定交叉口交通控制方式及几何设计原则	了解规划及实际情况
	设计车速、行驶车速	确定道路展宽渐变段长度及转弯半径等几何条件和信号相位衔接顺序	了解及实测获得
	横断面形式、纵坡、红线宽度、车道宽度、分隔带宽度等	交叉口空间设计及路段设计基础资料	在1∶500或1∶1000的电子地图中标出
	车道数、车道功能划分	改善交叉口进出口道及其与路段协调设计的基础	在1∶500或1∶1000的电子地图中标出

续表

	资料内容	用途	要求
道路沿线资料	道路沿线用地类型	停车及沿途进出交通和公共汽车停靠站设计	由规划部门提供
	沿线出入口、大型交通发生源位置等	路段交通安全及通行能力改善设计、公共汽车交通设计	在电子地图上标明
	公交线路、公交停靠站位置	公共汽车交通设计、行人过街交通设计	了解公交的所属
	停车设施的位置和管理措施	路段沿线安全及秩序设计	同时了解使用情况
交通资料	机动车设计交通量(分流向和车种)	确定车道功能划分与信号配时方案的基本依据	早晚高峰小时流量或15 min高峰小时流量
	公共汽车流量	公交优先方案设计基础数据	注意同时收集各进口流量流向
	非机动车与行人交通量	确定交叉口的渠化方案(主要是机非交通流的组织及停车空间、行人驻足空间和人行横道宽度)	区分平峰与高峰
	交通控制状况(信号配时方案)	分析现状问题、改善信号控制方案及改善方案前后对比评价等	控制方案与相应的标志标线位置(电子图)
	交通禁行状况	分析现状问题、提出通行权管理措施	在电子地图等中标出
	交通管理设施状况	分析现状问题、优化交通管理设施设计等	电子地图等中标出
事故资料	事故发生的时间	分析发生事故的时间分布	在电子地图等中标出
	事故发生的地点	分析事故空间分布	在电子地图等中标出
	事故类型、事故原因	明确事故特征和症结,为对策提供依据	图表表现
规划资料	城市总体规划、城市交通规划、城市交通管理规划(包括交通安全规划)	了解城市与道路的基本功能、土地利用、道路网及交通结构,宏观、中观交通管理基本措施与计划等	相应的文本
相关政策法规	交通管理法规、停车收费法规、交通发展政策、公交发展政策、环境保护方面的法规、政策	整合各类管理措施与规定	相应的文本
交通环境	废气、噪声、振动、水环境、城市景观	改善交通环境或污染的依据	了解污染源及污染程度
周边意见	交通的安全性、便利性、交通环境污染状况等	以人为本改善交通	听取足够多的意见,听取不同人群的意见

交通设计基础资料的调查方法包括：资料搜集、交通调查、实地踏勘、问卷调查等。资料搜集主要用于获取交通规划、道路条件、设计约束条件等资料；交通调查(定点调查和跟车调查)用于交通流量、交通控制与管理状况等信息的调查；实地踏勘用于了解道路交通实际运行状态以及定性地了解交通设施的运行质量，此外，设施供给条件、周边交通设施分布情况等信息也可以通过实地踏勘来获取；问卷调查主要用来了解交通设施使用者(机动车、非机动车、公交、行人等)和管理者对设施运行状态的评价，包括对运行效率、安全、秩序、行驶环境及便捷性的评价，并以此为依据进行交通特征与问题分析。

2. 现状评价

现状评价是分析交通问题、把握交通状况的首要工作，为交通设计方案可行性分析提供基础。现状评价内容包括：交通基础设施运行效率(通行能力、饱和度、延误、行程时间、服务水平等)、安全(现状事故统计、交通冲突特征、潜在事故情况等)、秩序(现状违法情况、冲突情况、因不当的设计和管理而导致的交通流混乱情况等)、便捷性(绕行距离、换乘时间和距离等)的评价。评价方法见第11章。

3. 交通问题分析与对策

交通问题分析主要针对改建和治理型交通系统与设施，以基础资料调查为依据，给出交通问题基本对策。交通问题及其产生的原因错综复杂，系统地把握问题是提出有效对策的关键。以道路交通为例，在以往的设计与交通管理工作中，存在诸多不被重视的问题，它们直接影响着交通流的安全、通畅、效率与服务水平。常见的交通问题与对策见第2章。

1.4.2 交通设计的理论基础

交通设计是以交通的通畅、安全、便利、节能、减排及高效率等为目标，以系统的资源、环境和(建设或改建)投资等条件为约束，以求最佳地分配交通系统的通行权和时间与空间等。因此，为了揭示交通系统要素、优化目标和约束条件之间的有机关系，分析交通问题与改善需求，形成交通问题对策的基本方案，确定设计要素与最佳方案等，其理论基础(图1-5)应包括：构筑与分析交通系统的理论基础——系统工程学；面向功能构思创造性方案的理论基础——工业设计原理；构筑城市的理论基础——城市设计原理；解析交通现象，揭示交通规律的理论基础——交通工程学(交通流理论、通行能力理论、交通冲突分析理论、交通行为与安全理论等)；建设交通基础设施的理论基础——交通土木工程学；揭示交通与资源和环境的关系的理论基础——交通资源与环境学等。

1.4.3 交通设计类规范

交通设计必须满足一定的规范和标准，主要包括：城市规划和交通规划类规范、交通设计类规范、道路设计类规范、交通信号控制类规范等。

1. 城市规划和交通规划类规范

交通设计将从城市规划和交通规划类规范中获取城市交通设施网络布局规划、城市公共交通规划、城市交通枢纽及停车场规划等的基本要求，包括其功能与性能、规模、规划指标等信息。部分常用的国家、行业和地方相关规范和标准如下。

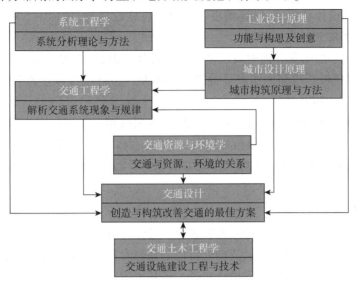

图 1-5 交通设计的理论基础

（1）城市规划类标准及规范，如《中华人民共和国城乡规划法》和《城市居住区规划设计标准》（GB 50180—2018）、《城市规划基本术语标准》（GB/T 50280—1998）、《城市规划基础资料搜集规范》（GB/T 50831—2012）、《城市规划制图标准》（CJJ/T 97—2003）。

（2）综合交通规划类标准规范或编制方法，如《城市综合交通体系规划标准》（GB/T 51328—2018）、《城市综合交通体系规划编制办法》（建城〔2010〕13 号）。

（3）城市道路交叉口规划类规范，如《城市道路交叉口规划规范》（GB 50647—2011）。

（4）城市公共交通及设施规划类标准或规范，如《城市轨道交通线网规划标准》（GB/T 50546-2018）、《快速公共汽车交通系统规划设计导则》（JT/T 960—2015）。

（5）停车场规划类规范，如《城市停车规划规范》（GB/T 51149—2016）等。

2. 交通设计类规范

交通设计相关的指南、导则及针对具体交通设施的设计规范较为丰富，可为各类道路、交通枢纽、停车场站、附属设施等交通设施的功能设计方法及具体设计给出要求。交通设计所需的标准、规范如下。

（1）城市道路交通组织类规范，如《城市道路交通组织设计规范》（GB/T 36670—2018）。

（2）城市道路交叉口交通设计类规范，如《城市道路交叉口设计规程》（CJJ 152—2010）。

（3）城市交通枢纽交通设计类规范，如《城市客运交通枢纽设计标准》（GB/T 51402—2021）、《汽车客运站级别划分和建设要求》（JT/T 200—2020）。

（4）城市停车场交通设计类规范，如《停车场规划设计规范（试行）》、《城市道路路内停车位设置规范》（GA/T 850—2021）、《城市道路路内停车管理设施应用指南》（GA/T 1271—2015）。

（5）交通语言设计类规范；如《城市道路交通标志和标线设置规范》（GB 51038—

2015）、《城市地下道路交通标志和标线设置规范》（DB31/T 1120—2018）、《道路交通标志和标线》（GB 5768—2022）。

（6）交通设施设计类规范，如《城市道路交通设施设计规范》（GB 50688—2011）、《无障碍设计规范》（GB 50763—2012）。

（7）道路绿化、照明及其他附属设施设计类规范，如《城市道路绿化规划与设计规范》（CJJ 75—2023）、《城市道路照明设计标准》（CJJ 45—2015）、《城市人行天桥与人行地道技术规范》（CJJ 69—1995）。

（8）公共交通设计类规范，如《城市道路公共交通站、场、厂工程设计规范》（CJJ/T 15—2011）、《城市公共交通规范》（ZBBZH/GJ 35）、《公共交通客运标志》（DB11/T 657）、《公共汽电车站台规范》（DB11/T 650—2016）、《公交专用车道设置规范》（DB11/T 1163—2022）。

3. 道路设计类规范

交通设计是道路等设施设计的基础和前提，其设计成果，如道路平面、横断面、纵断面设计的基本要素，以及符合交通流行驶特征的几何参数将作为确定道路设计条件和设计参数的主要依据，最终的道路工程设计应进一步基于道路设计规范加以进行。道路设计所需的规范、规程等如下。

（1）城市道路综合设计类标准，如《城市道路交通工程项目规范》（GB 55011—2021）、《城市道路工程设计规范》（CJJ 37—2012）。

（2）城市道路路线设计类标准，如《城市道路路线设计规范》（CJJ 193—2012）。

（3）城市道路路基、路面设计类标准，如《城市道路路基设计规范》（CJJ 194—2013）、《城市道路彩色沥青混凝土路面技术规程》（CJJ/T 218—2014）、《城市道路与轨道交通合建桥梁设计规范》（CJJ 242—2016）。

然而，我国以往的道路工程技术规范主要还是面向道路设施的土木工程设计要求编制的，因此，在满足一些强制性条文的原则下，应充分考虑交通设计以适应道路交通通畅与安全功能和性能的设计要求。

4. 交通信号控制类规范

交通信号控制与交通设计密切相关，共同影响着交通系统时空资源的优化，同时交通信号控制相关设备需要埋设或竖立在设施用地范围内，因此，在进行交通设计时需要为这些设备和设施设计场所并预留空间。交通控制方案设计类规范需要明确规定交通控制的实施条件、信号配时方法及相关配时参数、信号控制设备及其布设的要求等。目前，我国发布有关交通信号控制的标准、规范、规程等如下。

（1）交通信号控制类规范，如《道路交通信号控制方式》（GA/T 527）、《道路交通信号控制系统术语》（GB/T 31418—2015）。

（2）交通信号控制设施类标准及规范，如《道路交通信号控制机》（GB 25280—2016）、《道路交通信号控制机安装规范》（GA/T 489—2016）、《道路交通信号倒计时显示器》（GA/T 508—2014）、《道路交通信号灯设置与安装规范》（GB 14886—2016）、《道路交通信号灯》（GB 14887—2011）。

可见，我国交通信号控制相关标准局限于行业单纯的交通控制信号配时规定和信号控制硬件设施布设要求等，而缺乏与道路交通设计融合的交通控制标准或规范，因此，在运用相关规范标准时,除了一些强制性条文,应充分地应用科学、专业的交通设计方案成果。

1.5 交通设计发展方向

"四个交通(综合交通、智慧交通、绿色交通、平安交通)"的发展,是交通运输部综合分析形势任务,立足于交通运输发展的阶段性特征,为了更好地实现交通运输科学发展,服务好"两个百年目标",而提出的当前和今后一个时期的战略任务。综合交通是核心,智慧交通是关键,绿色交通是引领,平安交通是基础,"四个交通"相互关联,相辅相成,共同构成了推进交通运输现代化发展的有机体系。综合分析未来交通的发展方向,本书从交通智能化、绿色交通、交通人性化 3 个方面进行论述。

1.5.1 交通智能化

智能交通系统(Intelligent Transportation System,ITS)是将先进的信息技术、数据通信技术、计算机处理技术、传感器检测技术和电子自动控制技术进行有效集成,通过先进的交通信息采集与融合、交通对象交互及智能化交通控制与管理等专有技术而建立的一个高效、便捷、安全、环保、舒适的交通体系。它加强了载运工具、载体和用户之间的联系,可提高交通系统的运行效率,减少交通事故,降低环境污染。

ITS 使交通系统各要素之间形成有机联系,除了提高交通系统的运行效率和交通安全外,还使交通系统的时间资源和空间资源得到利用,环境影响得到有效控制,因而成为交通运输与信息技术(Information Technology,IT)范畴内科技竞争激烈的领域之一。社会信息化的逐步提高,ITS 研究的深入,以及相关项目和产品的开发,对解决现代交通问题具有重要的经济价值与现实意义。

交通智能信息包括静态信息和动态信息两大类。静态信息包括交通网络信息、土地使用信息与土地规划信息、交通调查信息、人口及岗位信息等基本信息,以及城市基础地理信息、公共设施信息、建筑信息、各类空间性规划和相关规划信息等扩展信息。动态信息包括道路交通量信息、道路行程车速信息、轨道交通客流量信息、公共汽电车客流量信息等基本信息,以及交通枢纽客流信息、货运交通信息、停车场信息、非机动车和行人信息、交通事件信息、交通环境信息等扩展信息。

交通智能化包含两个方面的目的:其一是充分利用各种数据资源,将其转化为管理者决策能力,提升交通规划编制、评估与实施水平;其二是通过智能信息化手段提升综合交通服务能力。交通智能信息化基础设施规划应与道路、轨道交通、场站、照明、通信等市政设施规划相协调。把智能工程与交通运输系统结合起来,进行 ITS 的研究和开发,应包括以下几个领域。

1. 居民出行与货物运输需求智能系统

居民出行智能系统是在建立居民出行数据库的基础上,对居民出行、出行结构、出行方式的选择进行智能化诱导的系统,包括出行动态演示系统、出行方案决策支持系统等。货物运输需求智能提供系统能够建立货物运输数据库、选择货物运输方式,对货物运输结构、货物运输方案提供决策支持等。

2. 运输组织智能化系统

运输组织智能化系统是在客货运输数据库的基础上,智能化编制列车运行图和运输组

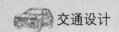

织方案，并动态自动化调整组织方案的系统。组织方案要在编制列车运行图的基础上进行，并结合线路运输能力合理地进行调整。

3. 综合交通枢纽协调、疏导信息服务

给枢纽用户提供各种运输工具(铁路、公路、水运、航空、城市交通等)，静态的出行信息(车次、航班、线路、时刻表、客票等)，货运信息(运价、车次、货物、班轮配载中心等)，动态交通信息(车、货流量，运行速度，车船定位及时刻表的变动等)。同时，还提供最优出行或换乘方案等供用户选择。

4. 先进交通管理系统

先进交通管理系统(Advanced Traffic Management System，ATMS)的主要特征是系统的高度集成化。它利用先进的通信、计算机、自动控制、视频监控技术，按照系统工程的原理进行系统的集成，通过计算机网络系统，实现对交通的实时控制与指挥管理。该系统在交通控制和信息处理技术的基础上保证列车、汽车的行驶安全，它使轨道、公路的道路状况与驾驶员之间建立通信联系，将控制中心接收到的各种信息，经过处理(包括对设备系统的处理)后向驾驶员和管理人员实时提供，从而使列车、汽车始终能安全通畅地运行，发挥交通网的最大承载能力。

目前，ATMS研究的主要方向有以下方面：城市道路中心式的交通信号控制系统；高速公路管理系统；事故管理系统；车辆排放检测和管理等。

5. 实时诱导系统

实时诱导系统以驾驶员为服务对象，其技术手段有多种，如通过值班室、办公室及家庭计算机终端等信息传播手段，向驾驶员提供当前的道路交通状况、列车和汽车位置、行驶信息及天气变化，通过自动导驶系统，使对道路环境陌生的驾驶员往来自如，列车和汽车会自动选择最佳路线驶向预定目的地，而自动路径诱导系统则根据控制中心发出的路况实时信息，"诱导"列车、汽车始终行驶在最佳路线上。

6. 车辆运营智能调度系统

车辆运营智能调度系统是专为运输企业提高盈利而开发的智能型运营管理技术，目的在于提高车辆的利用效率。企业的车辆调度中心通过卫星和路边信号装置，并通过车辆自动定位、识别和称重等设备，对运营车辆进行调度管理。

7. 智能公共交通系统

智能公共交通系统是通过信息技术落实公共交通优先发展的战略，使公共交通在城市客运交通中占有较大的运量比例，达到城市土地空间资源、能源的高效利用。它依据公路自身采集的信息、信息网及线路上反馈的交通流状况，进行调度，使系统保持最佳状态，并保证交通安全通畅。

8. 智能货物配载系统

智能货物配载系统根据货主和用户的要求，对运输货物的车辆、船舶、飞机进行合理装载，并根据用户的要求组织发送，确保用户的实时需要。该系统对货主、货场、仓库、车辆、列车编组运行、航班调度、卸货送货等都进行智能化管理，目前已在我国深圳盐田港研制使用。

9．先进的车辆控制和安全系统

该系统应用先进的传感、通信和自动控制系统，给驾驶员提供各种形式的安全保障措施，具有自动识别和报警、自动转向和制动、保持安全间距等避撞功能，有效提高了行车安全性、减少了交通阻塞，进一步提高了道路的通行能力和运输效益。

1.5.2　绿色交通

绿色交通核心是以资源环境承载力为基础，以节约资源、提高能效、控制排放、保护环境为目标，加快推进绿色循环低碳交通基础设施建设、节能环保运输装备应用、集约高效运输组织体系建设，推动交通运输转入集约内涵式的发展轨道；关键是在规划、建设、运营、养护等各个环节节约利用资源、保护生态环境，更加注重优化交通基础设施结构、运输装备结构、运输组织结构和能源消费结构，更加注重提升行业监管能力和企业组织管理水平，充分挖掘结构性和管理性绿色循环低碳发展潜力，提高交通运输设施装备节能环保水平，提高土地、岸线等资源利用效率，建成以低消耗、低排放、低污染、高效能、高效率、高效益为主要特征的绿色交通系统。

绿色交通系统的建设需要多层次的控制，从国家层面制定宏观政策、从城市层面制定中观策略、从社区层面制定微观实施方法。几个层次之间互相协调，相互支撑，共同发挥作用才能真正建设绿色生态城市。以低碳为导向的城市设计在建设绿色交通系统、降低交通碳源碳排放上要多管齐下，通过多维整合的设计方法，充分转变土地利用与交通资源之间的关系和矛盾，满足人们日常出行高效、便利的基本行为模式，建设以慢行交通和公共交通出行为主导的城市可持续交通系统，达到人流和物流在城市社区空间内的合理流通。

主要低碳交通策略包括建设多元的日常出行模式，调整交通耗能系统，缩短有效出行距离，从而降低日常出行的交通耗能需求。

1．以公共交通和慢行交通为导向的城市土地利用模式

随着我国城市化进程的推进，轨道交通已经成为大中心城市的交通主动脉，以轨道交通为主的公共交通将引领城市未来交通的发展方向。公共交通导向发展（Transit-Oriented Development，TOD）的城市发展模式被广泛应用和探索。TOD 周边地区的多元交通设计将有效解决"最后一公里"的出行问题。土地利用模式决定了交通模式的选择，二者结合才能真正实现社区居民低碳交通出行的需求。

2．公共交通优先

公共交通的优先建设对于缓解城市交通拥堵、促进节能减排、可持续发展具有重大意义。公共交通优先的策略充分体现战略化、系统化的原则，要从城市宏观管理做起。其核心内容其实就是在保障城市生活水平的前提下，如何在路权的分配上既满足公众利益，也满足低碳要求，在公平的基础上给予公共交通高于小汽车的优先通行权。

3．慢行交通系统的共享空间

低碳社区的建设先要从提供舒适、可达的慢行交通系统开始。以低碳为导向的城市设计希望促使人们在日常出行过程中放弃对小汽车的依赖，根据当斯定律，只有从人们的需求出发，提供舒适、便利、系统的慢行网络，才能充分满足人们选择非机动车出行的要求，使慢行交通系统的建设与使用落到实处。高密度的慢行交通系统可以串联大部分居住

地和社区配套服务设施，并结合绿地、公园系统营造环境宜人的慢行交通空间，从而使慢行交通方式逐渐成为居民日常出行的首选，只有这样才能真正实现人车友好分离、机非友好分离和动静友好分离。

使街道重新回归居民生活是低碳社区建设的重要内容。使街道空间成为人们日常使用的一个共享空间，而不仅仅是交通空间。共享空间的街道是交通多元化的街道，是融合步行、自行车和汽车交通等多种交通方式的街道，是一种满足人们日常生活步行需求的人性化街道。共享空间通过完善步行的主导功能，可以促使人们进行更多交流，实现社区中心的步行化。

4. 慢行交通与公共交通有效接驳

随着城市的不断更新发展、应结合轨道交通建设很多综合交通枢纽，通过投资和路线建设实现互相协调、各类低碳交通模式互相补充。通过发挥各类交通方式的特性，提高各类交通的连接性、可达性、便捷度、舒适度、通行速度及视觉效果等措施，将使公共交通更具有吸引力。

1.5.3　交通人性化

在社会经济不断发展和城镇现代化水平日益提高的背景下，城市道路交通拥堵等问题逐渐显露出来，原有城市道路也已经无法满足新时期道路功能要求，人性化理念在城市交通设计中渗透已是必然趋势。通过人性化交通道路设计，不仅可以改善城市交通状况和优化道路环境，还能够满足人们对交通便捷和道路安全的需求，使人们的出行质量得到进一步提升。

对城市交通进行人性化设计，就是将城市道路建设与人性化思维有效结合起来，使设计的城市道路更加贴合人们出行需求，当前城市交通存在的拥堵、环境恶劣等问题也能得到切实解决。实际操作中，也要积极参考以往城市交通设计经验，并引入人性化思维，对交通道路进行完善和优化，工作中也要把握交通流量、行人道路、交通景观等重点内容，使城市交通设计更加便捷、舒适和美观。

城市交通人性化设计遵循的原则如下。

(1)以人为本的原则。新时期背景下，开展城市交通道路建设，主要是为人们出行更加方便而服务，因此在交通人性化设计时，要遵循以人为本原则，使城市道路更加舒适和安全。城市交通也不仅仅是通行的重要载体，还能使人们在通行过程中获得舒适享受。

(2)整体协调性的原则。城市交通人性化设计不仅包含城市道路内容，还涉及居民区道路，实际操作中要准确把握两者之间关系，并在设计过程中严格把控车行道、人行道的比例，使城市交通更加协调、美观。

(3)可持续发展的原则。简单来说城市交通人性化设计要贴合城市发展实际，通过保持两者步伐一致，既能够满足城市居民道路出行要求，又能够协调好人与自然之间关系，并在人与自然和谐相处中实现健康可持续发展。

城市道路交通人性化设计通常关注以下内容。

1. 道路交叉口

道路交叉口作为城市交通系统中的关键节点，与其他道路相比较，路况更加复杂，再加上车流量和人流量都比较大，出现交通安全事故的概率也急剧升高。对道路交叉口进行人性化设计以后，就可以妥善解决这些问题，操作中可以采用设立分隔带的方式，对车流和人流进行有效分割，甚至还可以增加相应红绿灯提示音，促进车辆和行人有序通行，并保障通行安全。

2. 人行道

人行道是道路两侧供行人出行的道路，将人性化理念渗透到其中，就要对以下内容进行把握。

（1）根据现实需要，对人行道平坦程度和线条稠密程度进行计算和确定，并尽可能地使用防滑砖头对道路进行堆砌，使人行道功效得到充分发挥，操作中也要避免鲜艳色彩及图画的运用，以防对出行者视觉带来扰乱。

（2）协调好人行道和道路两侧车道坡度关系，可以通过人性化设计，将人行道与出入口车道直接联系起来，并运用不同颜色道路砖进行区分，为驾驶员和行人提供便利。

（3）注重人行道无障碍设计，操作中也要根据相关要求，对盲道和无障碍坡道进行科学设计，使人们出行活动各方面需求均得到有效满足，因为人行道无故中断引发的交通安全问题也能急剧减少。

（4）人行道建设最好使用透水性材料，渗入地下的雨水可以滋养道路周围植被，使城市交通道路环境得到极大改善。

3. 非机动车道

进行非机动车道人性化设计，可以将路肩设计成与路面呈 45°夹角，不仅可以帮助同行者更好预测自己行为，还能留给行人和自行车更多安全距离。操作中要取得这一效果，就要在开展城市交通道路设计时，预留给非机动车道足够宽度，路面也可使用彩色材料，将之与机动车道进行明确区分，针对非机动车道出入口，也要注意设置路标和增加通行障碍，在有效控制车辆通行的同时，保障行驶安全。

4. 绿化带与休闲广场

通常情况下，在道路两侧位置设有绿化带，可以起到美化道路环境、避免行人随意过路、保证交通顺畅等作用，实际设计时要注意控制好道路绿化带宽度，并配备乔木、灌木等适合植被，使绿化带作用得到最大程度发挥。针对人行道外侧的绿化带，可以将之设置为退缩绿化带，既能够提高路面利用率，又能够增加城市绿化面积。

随着城镇现代化水平不断提高，城市空闲土地被许多高楼大厦占据，相应地城市绿化面积也急剧减少，而人们随着生活节奏的加快，又对绿色环境和休闲空间十分渴求，这时候进行城市交通人性化设计，就要充分考虑人们的需求，在道路设计中增加适当休闲场所。实践中可以在较开阔位置打造城市公园、休闲广场等，并设立通透栏杆，让广场、公园优美的景观能够被更多人发现与欣赏，在发挥景观资源作用的同时，人们也能得到休闲空间。

综上，交通智能化、绿色交通、交通人性化彼此相关，并非独立。因此，交通设计今后的任务关键是通过综合交通战略规划、政策法规、标准规范促进各种运输方式深度融合，优化交通运输主要通道和主要枢纽节点布局，统筹各种运输方式在区域间、城市间、城乡间、城市内的协调发展，发挥组合效率和整体优势，实现各种运输方式从分散、独立发展转向一体化、集约化发展，加快构建网络设施配套衔接、技术装备先进适用、运输服务安全高效的综合交通系统。

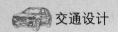

本章知识小结

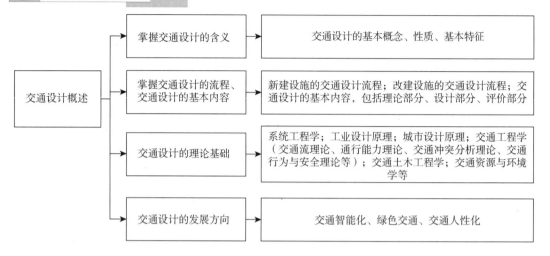

思考题

1. 如何理解交通设计与道路工程设计、交通工程设施设计的关系？
2. 交通设计与交通规划、交通管理的关系是怎样的？
3. 简述交通设计的定义及主要特征。
4. 规划阶段和治理阶段的交通设计流程有什么区别？
5. 交通设计的依据可分为哪几类？不同类型设计依据之间存在怎样的关系？

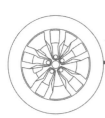

第 2 章
交通问题与对策

知识目标

掌握：当斯定律；交通供需特征；通行能力不足型交通阻塞、通行能力不匹配型交通阻塞、通行时空资源浪费及通行能力挖掘不足型交通阻塞；交通问题成因分析。

熟悉：交通运输系统基本特征；交通环境问题与特征；交通安全问题与特征。

能力目标

掌握内容	知识要点	权重
交通供需特征	当斯定律、交通供需的不平衡性	0.2
交通阻塞问题与特征	通行能力不足型交通阻塞、通行能力不匹配型交通阻塞、通行时空资源浪费及通行能力挖掘不足型交通阻塞	0.3
交通问题成因	交通规划与交通问题、交通设计与交通问题、交通管理与交通问题	0.3
基本对策	常见的交通问题及相应的解决对策	0.2

2.1 交通系统问题分析

2.1.1 交通系统基本特征

交通系统是国民经济最重要的组成部分之一，在整个社会机制中起着纽带作用，承担着人员/物资的集散、输送等重要任务，主要包括铁路、水运、道路、航空和管道 5 种基本运输方式，它们各有其适用的范围。铁路和道路组成了陆路运输系统，铁路的优势是长距离运输、速度快、成本低，但不够灵活，不适合短途运输，对运输计划的短时变化响应能力差，且其初期投资巨大，建设周期较长。相对而言，道路的优势是车辆的单体运量

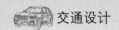

小、灵活性强，可以实现门到门的运输，但成本较高。

根据研究和应用的区域范围不同，交通系统可分为城际交通系统和城市交通系统，内外交通衔接是指城市内部交通与对外城际交通衔接。良好的衔接有利于提高城市客货运输系统的整体效率，更好地为乘客出行提供便捷、快速和安全的运输条件，并且保证城市货物流通的连续性、快速性、安全性，是对城市内外和城市内部交通的整合。如图2-1所示，城际交通系统是指城市之间的各级公路、航空、航运、铁路交通系统；城市交通系统则是在城市建成区内的各类道路交通、轨道交通、公共汽车交通、慢行交通等系统，因城市的规模、性质、结构、地理位置和政治经济地位的差异而各有特点。其交通需求具有明显的时空分布差异：空间分布差异一般是中心区交通需求强度高，外围区交通需求强度低；时间分布差异则在早晚上下班时间形成交通高峰，其他时间则交通量较少。因此，交通设计应在充分把握交通运输特征基础上，促进多方式交通在时空和性能上的有机协调，如图2-2所示。

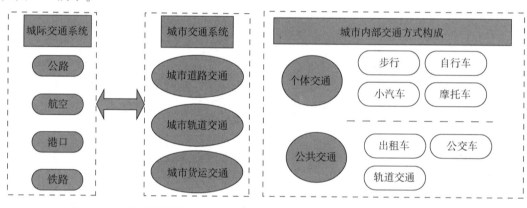

图2-1　内外交通衔接　　　　　　图2-2　城市内部交通方式构成

2.1.2　交通供需特征

交通问题的本质是交通供需矛盾。交通供给是交通系统在一定的条件下所能提供的交通服务能力，与交通设施、交通方式和通行环境等密切相关；交通需求是交通主体（人和物）移动的目的地、交通方式、路径等在时间和空间上的分布。以往人们总是试图从增加供给的角度，通过不断修建新的交通设施来达到供需平衡的目标。

美国公共政策与公共行政管理学者安东尼·当斯1962年在其论文"高峰期高速公路的拥堵法则"中，分析了高峰期交通拥堵以及交通拥堵与交通平衡理论之间的关系，提出"高峰期交通拥堵的当斯定律"。当斯定律解读为：在政府对城市交通不进行有效管制和控制的情况下，新建的道路设施会诱发新的交通量，而交通需求总是倾向于超过交通供给。

因此，缺乏对交通供需特征及其有机关系的深入认识和有效协调，是其矛盾产生的关键。城市交通供需具有如下的典型特征。

1. 交通供需的不平衡性

交通供需的不平衡性主要表现在交通供需间的不平衡、交通需求时空分布不均性。前者是由交通设施建设与规模（即交通供给）增长的非连续性以及交通需求增长和变化的连续性所致，特别是在我国，伴随着经济与社会的快速发展，交通需求的增长一直远远超过其设施供给能力的增长，从而导致交通供需呈现出严重的不平衡。后者则是由城市的不同区位、不同交通设施及不同方向上的交通需求存在差异，以及交通需求的年变、月变、周变、日变和时变性所致。

2. 交通需求的随机性与可控性

交通出行可分为刚性出行和弹性出行，对应的交通需求分别为刚性需求和弹性需求。刚性需求是指生产与生活活动中必须发生的人和物的流动，在确定的时间段和空间内是相对稳定的，受交通供给条件的影响相对较小，其直接的影响因素是城市规模、形态、布局及经济水平等。弹性需求是指生产与生活过程中具有一定弹性或灵活性，或可以通过其他方式替代的出行需求，其流向、大小与分布受交通方式、交通组织及交通设施等因素影响，具有一定的不确定性。

在人口规模及其构成一定的情况下，出行总量中的刚性出行是比较稳定的。与刚性需求相比，弹性需求的变换频率、变化程度及预测难度都比较大，其随机性、可控性及可调节性也比较明显。

3. 交通供给的储备性

交通设施的通行能力由其通行空间、时间、交通方式及各要素组合后的有机关系所决定，交通设计正是基于交通需求特征，试图调整交通供给的影响要素，使供给能力最佳化，即投入最少的资源(如交通设施用地最小化、通行时间最短化)，实现供给能力的最大化，而不是简单地追求提高供给能力。例如，城市道路信号控制交叉口通行能力与其信号周期及绿信比成正比，若简单地提高通行能力，则可能导致延误增加或道路资源浪费。因此，虽然交通的供给能力随其影响因素与组合的变化而存在最大值，但为降低其交通延误，往往以供给能力的最佳化为目标进行交通设计，交通供给能力的最大值与最佳值之差，体现的正是交通供给具有的储备性，当必须提高通行能力时可以进一步加以利用。

2.2　交通阻塞问题与特征

交通阻塞问题是指某类交通流因某种原因在某时间和空间位置上出现了一定程度排队或延误的现象。因此，交通阻塞问题特征随交通流的构成、阻塞原因、阻塞时间和空间而不同。交通流的构成主要有行人交通流、非机动车交通流和汽车交通流(包括小汽车与公共汽车等)，导致其阻塞的基本原因是交通供需的矛盾。交通需求是由不同目的和方式的出行而产生的，具有时空变化特征；交通供给则由交通基础设施和通行条件所决定。以道路交通为例，不同等级的道路、交叉节点、交通枢纽、停车场，以及交通管理和行驶环境等决定了道路的通行能力。因此，交通流的状态随交通供需条件不同而呈动态变化，交通阻塞程度和特征也具有相应的规律。

本节主要以道路交通为例，介绍各类因素导致的交通阻塞问题及其特征，特别讲述中国城市道路交通阻塞问题和特征，以及各类瓶颈现象与成因。交通阻塞问题与特征如图2-3 所示。

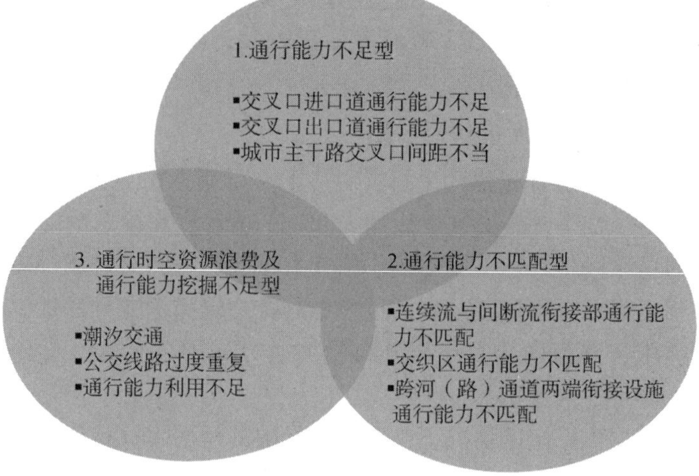

图 2-3　交通阻塞问题与特征

2.2.1　通行能力不足型交通阻塞

1. 交叉口进口道通行能力不足

道路交叉口承担着相交道路间通行权的交换功能，因此交叉口某进口道可能的通行时间必然较其上游路段减少，特别是信号控制交叉口。因此，适当地增加进口道车道数和优化车道功能，可提高交叉口进口道的通行能力。但是，当受资源条件所限或资源不能充分利用时，将导致交通拥堵。中国诸多城市的道路交叉口进口道车道数与路段常保持一致，多因通行时间损失，引起通行能力不足。以路段单向三车道，交叉口四相位信号控制为例，假定路段单车道通行能力为 1 000 pcu/h，交叉口单车道饱和流量平均为 1 800 pcu/h，各相位绿信比均取 0.25，进口道与路段通行能力对比如表 2-1 所示。

表 2-1　进口道与路段通行能力对比

路段车道数	进口道车道数	路段通行能力 /(pcu·h^{-1})	进口道通行能力 /(pcu·h^{-1})	进口道—路段通行能力比值	进口道—路段通行能力差值/(pcu·h^{-1})
3	3	3 000	1 350	0.45	−1 650
3	4	3 000	1 800	0.6	−1 200
3	5	3 000	2 250	0.75	−750
3	6	3 000	2 700	0.9	−300

对比结果表明，当进口道不拓宽时，其通行能力不足路段通行能力的一半；当车道数拓宽为路段的两倍时，其通行能力接近于路段值。因此，在进行交叉口交通设计时应特别考虑各类交通流通行能力的基本要求，对交叉口的通行空间(包括车道数、车道功能与组合、人行横道与非机动车道宽度)和通行时间(信号周期、相位数、相序及绿信比)等做出优化设计。

2. 交叉口出口道通行能力不足

城市道路交叉口出口道设计车道数通常与下游路段车道数相同，特别是治理型交叉口，受道路红线的限制，往往只能通过压缩出口道(宽度或车道数)增加进口道车道数，从而致使出口道通行能力不足。车流不能顺畅地流出而滞留在交叉口内部，进而可能导致整个交叉口的交通阻塞甚至瘫痪。

如图 2-4(a)所示的交叉口，北出口道仅有一个车道，常出现三股车流同时汇入该车道的现象，致使南向北的直行车流无法汇入，下一相位西进口的左转车流也无法汇入，从而产生严重的交通拥堵，甚至影响到整个交叉口的通行可靠性与效率。

解决方案如图 2-4(b)所示，交叉口出口道车道数，应基于汇入的进口道车道数及信号控制方案，以最不利汇入条件为约束加以确定。若难以满足汇入条件，则只能以流出条件为约束，对流入车道数及其信号控制方案进行优化。同时，为了预防阻塞还应考虑出口道的通行能力与其下游路段通行能力相匹配。

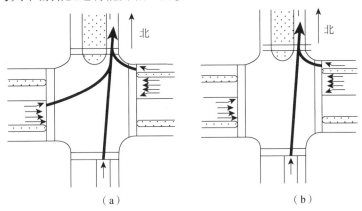

图 2-4   交叉口出口道通行能力不足问题

3. 城市主干路交叉口间距不当

城市的大部分主干路普遍存在 3 个典型特征，即交叉口间距较短、主干路相交道路等级过低、道路沿线单位开口密集。主干路交通流的通行常被频繁干扰，无法达到其设计车速，形成虚拟瓶颈，导致通行能力下降。

同时，城市主干路相交的道路等级缺乏合理性，很多支路直接与主干路相交，使原本承担长距离出行的主干路，还要同时为大量的短距离出行提供服务，削弱了主干路的功能，并降低其通行能力与运行速度。

此外，主干路沿线常有大量的路侧开口，其进出交通尤其是左进左出交通严重地影响了主干路车流的通行。

2.2.2   通行能力不匹配型交通阻塞

1. 连续流与间断流衔接部通行能力不匹配

连续流与间断流衔接部系城市快速路出入口或进出匝道与普通道路结合部。连续流出口与所衔接普通道路通行能力的不匹配，将导致出口车流滞留甚至排队延伸到快速路主线。同时，快速路出口所衔接的普通道路通行能力与其下游交叉口通行能力的不匹配，将进一步导致更大范围的交通阻塞。

2. 交织区通行能力不匹配

在立交的合流交织区、快速路进出口与主线的合流及分流交织区，常因汇入或分流的

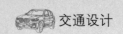

车道数不匹配，以及交织段或加减速车道长度不足，而出现通行能力不匹配的情况，导致不同程度的交通阻塞。

3. 跨河(路)通道两端衔接设施通行能力不匹配

对于跨越河流的桥梁或者跨越道路的跨线桥，一般上桥处通行能力大、下桥处通行能力小，会导致车流在下桥处拥挤，产生严重的交通阻塞。

2.2.3 通行时空资源浪费及通行能力挖掘不足型交通阻塞

1. 潮汐交通

潮汐交通是指在早晚高峰时段，不同方向交通需求不均衡的现象，常会导致道路的一侧空闲而另一侧交通拥堵，使交通系统的可靠性和效率下降。

2. 公交线路过度重复

在城市的一些道路，过多地集中通行公共汽车线路，不仅导致运能的过剩，还可能导致公交停靠站区域交通严重阻塞。特别是中国的诸多城市片面地追求直达率而产生这一状况，且公交线路多设于城市主干路上，低等级道路上的公共线路分布却甚少。因此，会导致一些不合理的交通现象，即公交覆盖率低、主干路交通压力过大、乘客过多地被吸引至主干路上。公交覆盖率低亦即服务半径过大，必将降低公交服务水平和吸引力，最终导致城市交通出行方式向个体交通方式转移，如向自行车、电动自行车、摩托车乃至小汽车交通转移，这无疑加剧了城市交通的阻塞和低效率。同时，公交线路的过度重复还将浪费其运能。此外，公交线路过多地设于主干路上，不仅加大乘客步行距离，还导致行人过多地集中于本以汽车交通为主的主干路。其频繁地穿越主干路，不仅会导致交通阻塞，而且还会增加交通事故率。

3. 通行能力利用不足

1) 交叉口通行能力利用不足

交叉口通行能力与饱和流量和有效绿灯时间密切相关。由于我国道路交通流具有较高的混合性，道路与车辆性能差异较大，因此交通流的饱和流量和有效绿灯时间明显低于先进水平。要提高路口通行能力，不仅要提高路口的饱和流量，同时还要提高交叉口运行效率、增加有效绿灯时间。

(1) 混合交通流无序导致通行能力降低的问题。

行人、自行车与机动车交通流在驶入交叉口内部时，不同进口道和不同流向的各类交通流易相互影响，使各类交通流在绿灯时段无法以饱和流率通过交叉口，从而影响其通行能力，降低通行效率。不受信号控制的进口道右转机动车常不按规定停让行人和自行车交通，不仅严重影响正当通行的行人交通流和自行车流，也降低右转车的通行能力。

(2) 交叉口渠化和信号配时资源分配不当导致通行能力下降的问题。

现实中常可发现道路交叉口车道功能划分与其交通需求分布、相位时间分配不匹配，相位饱和度不均衡，某些相位超长排队等现象。当交叉口为不同等级道路相交时，这些现象尤为明显。不少交叉口不能根据交通需求和交通状态的动态变化采用相应的交通控制信号配时，导致通行时间浪费或因通行时间不足而阻塞。对于交叉口间距较短的道路，常因交通控制信号的不协调，致使下游交叉口的绿灯时间不能有效利用，从而降低其通行能力。这类问题虽然主要与交通控制信号配时设计有关，但交叉口几何条件、车道数和车道功能，以及交叉口内部渠化设计等也至关重要，直接影响控制信号的优化条件和配时参数。

2）路段通行能力利用不足

（1）路段行驶条件组合不当导致通行能力降低的问题。

路段实际通行能力受道路条件（道路宽度、横断面形式、侧向净空、坡度、视距、沿途过街、进出口分布及停车条件等）和交通条件（车辆组成、交通混合状况）影响。长期以来，我国的道路建设主要侧重于土木工程，而对于其交通功能，特别是影响通行效率和安全的多因素优化设计甚是不足，因此道路路段实际通行能力只能达到其基本通行能力的一半，常导致严重的交通阻塞甚至事故。此外，又因实际通行能力的不足而进行了大量的道路扩建与改造，不仅造成土地资源和投资的巨大浪费，还带来新的交通问题。

（2）机动车路边停放不当导致路段通行能力下降的问题。

在路段通行能力不足的区段停车，或近交叉口处停车，将会极大地降低道路的通行能力。我国诸多城市机动车停车场建设相对滞后，由于路内停车便利，所以其成为停车者的首选，常引发违章停车。此外，大量的路内停车还占用人行道、非机动车道或机动车道，加之车辆的进出常导致路段通行能力和交通安全性的下降，进一步加剧交通阻塞问题。

3）快速路进出口通行能力利用不足

当快速路进出口采取先进后出模式时，往往由于交织区过短，以及辅路上设置公交停靠站等因素，导致各种车流相互交织，实际通行能力大大下降，严重地影响车辆通行效率。如图 2-5 所示，进站公交车与快速路进出交通流间的冲突，导致了整个路段通行能力的下降，甚至交通阻塞。

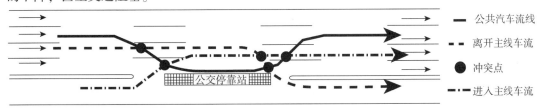

图 2-5　匝道与公交停靠站进出交通间的冲突

4）快速路交织区通行能力利用不足

交织区内的车辆变换车道时，必须在交织长度内完成。受到交织区长度的限制，交织车辆必须在有限的交织区内变换车道，否则，只能在交织区内被迫减速等候可能的交织机会，不仅影响本车道及相邻车道交通流的通行，还会对非交织车辆造成影响。因此，交织区长度、出口车速、入口车速、交织区间车速、出口流量等都将影响交织区通行能力。若不能最佳地进行交织区的优化设计，则可能造成交织区拥堵。此外，交织区长度不当还可能导致驾驶员冒险进行车道变换，引发交通事故。

2.3　交通环境问题与特征

本书所论述的交通环境不仅包括生态环境，还包括出行环境、视觉环境和心理环境等。

因此，交通环境问题的解析还应从步行环境(包括步行道环境、过街设施条件、步行信息指引环境、无障碍通行条件)、公交出行环境(包括公交车辆行驶环境、公交停靠站候车环境、公交系统换乘环境)、机动车出行环境(主要是机动车信息指引环境)等方面进行。

2.3.1 交通废气排放与交通噪声污染问题

1. 交通废气排放问题

交通阻塞问题的加剧，将导致机动车在交叉口、公交停靠站、出入口等交汇区减速、停车、怠速、加速现象频发，加大机动车运行速度的波动。车辆的频繁变速和怠速行驶不仅导致交通流不顺畅，也增加了机动车的油耗及废气排放量。具体废气排放清单可依据《道路机动车排放清单编制技术指南(试行)》编制。

根据交通废气排放的基本特征，道路交通空气污染防治主要有以下途径：采用新能源汽车；采用新燃料；对现有燃料进行改进及前处理；改进发动机结构及有关系统；在发动机外安装废气净化装置；控制燃料蒸发排放；加强和改进道路交通管理。

2. 交通噪声污染问题

随着交通阻塞问题的加剧，交叉口或道路连接部等区域的机动车驾驶员为降低其出行延误，常出现变换车道和违法抢行现象，而后方的车辆为了提示潜在的危险，多发生鸣笛和紧急制动现象，加剧了交通噪声污染问题。

根据交通噪声污染形成的特征，交通噪声控制措施主要如下。

1)控制道路沿线距环境敏感点的距离

噪声随传播距离的衰减和在传播途中的吸收衰减是声波的基本特性，利用该基本特性控制路线距敏感点的距离，是交通噪声防治的根本途径。道路选线除应保证行车安全、舒适、快捷、建设工程量小等原则外，还应根据环境噪声允许标准控制路线距环境敏感点的距离，最大程度上避免道路交通噪声扰民。

2)合理利用障碍物对噪声传播的附加衰减

噪声传播途中遇到障碍物，会发生反射、吸收和绕射而产生附加衰减。可利用土丘、山岗降低噪声；利用路堑边坡降低噪声；利用构筑物或建筑物降低噪声；利用林带降低噪声；改善城市道路设施，使快、慢车和行人各行其道，不仅能改善行车条件，而且能使道路噪声有所降低。

2.3.2 慢行交通通行环境问题

1. 安全性问题

慢行交通的主要参与者是行人和非机动车驾驶员，他们是城市交通系统中的弱势群体，在事故中容易受伤。由于行人及非机动车交通缺乏明确的通行权及保障措施，客观上造成行人及非机动车交通违法现象频繁。

在我国，相当多的城市道路交叉口及路段上的人行横道距离较长，缺乏中央安全驻足保护设施、行人及非机动车安全设施(包括与机动车道之间的有效隔离设施、慢行交通专用信号灯、安全岛等)，导致行人安全没有保障。

另外，我国大部分的人行道上皆设置了盲道，但不少仅流于形式，盲道的连续性及安全性缺乏保障，部分路段的盲道常中断或被侵占，存在严重的安全隐患。

2. 快捷性问题

城区街道慢行交通速度缓慢，为了方便居民出行，交通设计必须考虑道路上的坡道和其他无障碍设施的需要。此外，大部分交叉口行人正当过街时，常受到同向右转车或对向左转车的干扰，不仅易引发交通事故，而且降低了交叉口的通行能力。

3. 畅通性问题

我国一些城市道路的人行道存在被侵占情况，如某些地方人行道宽度不足，还被电线杆侵占，导致行人根本无法正常通行；或存在机动车、非机动车随意占用人行道停车现象，造成行人通行不畅，恶化了行人交通的通行环境，而且迫使行人违章在非机动车道甚至机动车道上通行，造成交通流的混合与相互干扰，进一步降低了交通的安全性及通行效率。

4. 便利性问题

在一些城市，慢行交通设施各自独立，与相关的交通设施之间缺乏有机联系。例如，有的城市地铁站与过街地道这两个距离相近的地下设施间并不相通，过街地道中的行人只能先上地面，行走一段距离再进入地铁站，极大地影响了慢行交通与公共交通的有机整合，降低了慢行交通系统的服务水平及交通系统的有机联系性。

交通缓慢的情况下帮助居民在现有的街道环境中顺利完成活动或到达目的地，必须考虑转乘设施的便利性和良好过路设施的必要性。

5. 舒适性问题

良好的慢行交通环境为居民提供舒适的体验，鼓励人们以低碳的方式通勤。此外，城市绿色基础设施为人们提供了一系列良好体验和各种健康益处。因此，需要考虑街道立面的通透性、道路的清洁度、休息设施的安装、道路的遮阳率等。

2.3.3　公共交通行驶环境问题

1. 安全性与通畅性问题

机非混行道路上公交车的停靠常会引发安全与阻塞问题，我国不少城市道路采用了"一块板"的道路横断面，导致公交车与非机动车在停靠站附近相互严重干扰。当公交车靠站时，常压迫或占用非机动车的通行空间，不仅引起公交车进站延误，还会导致路中停车、乘客不得不穿越非机动车道上下车等情况，增加了上下客的时间，对乘客安全也不利。此外，停靠的公交车占用了非机动车的通行空间，阻碍了非机动车流的正常通行，常使部分非机动车流绕至公交车的左侧通行，与左侧上游的机动车流互为干扰；部分在公交车右侧的非机动车流与上下公交的乘客也产生冲突。因此，这类道路上的公交停靠站附近常是交通拥堵点和事故多发点。

2. 可靠性问题

城市公交路线运行可靠性是反映公交车在既定道路环境中是否准点运行，或者各公交车班次之间是否实现间隔平衡的评价指标，主要有准点性和稳定性两个评价维度。准点性反映了公交车在指定时间到达指定地点的概率，主要是基于时刻表进行准点性评价，代表

性指标有发车准点率、到站准点率等。稳定性是对公交车运行过程中出现的波动情况进行评价，如在一定时间内的站点车头时距、站间行程时间的波动越小，公交线路运行可靠性越高。公交线路运行可靠性受到以下因素影响。

1）外部交通条件

公交车在城市道路上与社会车辆、非机动车混合行驶，混合交通流导致的相互干扰以及因道路通行能力不足引发的常态性交通拥堵，都将导致公交车的路段运行时间难以控制引发不可靠问题。另外，公交车在通过交叉口等待红绿灯时产生的延误也是导致运行不可靠的重要原因。

2）公交线网合理性

不合理的公交线网也将间接影响公交路线运行可靠性。例如，我国城市大多面临中心城区公交线路重复系数较高的问题，集中的进站需求与通行能力不匹配，公交车排队进站问题突出。公交线路过长、不合理绕行等线路设计问题易导致公交运行延误累积效应，造成线路整体运行可靠性的降低。

3）客流需求波动

客流需求具有时空分布不均衡、随机波动的特征，是导致公交车在站停留时间偏离预期的原因。某站点的突发客流需求高峰不仅延长公交车在该站的上车服务时间，还会导致后继站点潜在上下车需求增多，使整个趟次的运行偏离行车计划，造成沿途站点车头时距波动、出现串车现象等可靠性显著下降问题。

4）公交管理

公交车在运行过程中还受到驾驶员的驾驶行为与调度管理的影响。驾驶员的驾驶行为具有一定随机性，甚至在监管不足时存在争抢时间、不规范停靠等问题，易导致公交运行偏离行车计划。此外，公交企业编制行车计划手段落后，动态调度管理水平较低，当出现行车秩序波动后难以及时进行合理调整，都会导致持续性的不可靠问题。

5）非常态事件

公交运行还面临极端恶劣天气、突发灾害、交通事故、临时管制、大型活动等非常态事件的影响，此类事件具有随机性强、难以预见、影响较大等特点，如果应急管理水平较低极易造成较严重的运行可靠性问题。

公交线路运行可靠性可从保障公交优先通行、优化公交线网结构、完善公交信息系统、优化动态调度技术、提高应急管理能力等方面进行改善。

3. 舒适性与便利性问题

对于客流量大的公交停靠站，由于站台容量不足，高峰时期无法容纳候车乘客，常造成乘客占用道路候车。同时由于视距不良，乘客无法判断等待的公交车辆是否到达，致使乘客在道路上前后移动，不仅占用了机动车道资源，还降低了车辆通行效率，导致乘客候车环境恶化，交通安全无法保障，从而降低了公交的服务水平。

公交停靠站的站牌和站亭等设施是影响乘客候车环境的重要因素。近年来与此有关的改善措施方兴未艾，如某些公交停靠站添加了盲文信息等，但仍有极大的改善空间，如面向乘客需求特征设置遮雨棚、人性化服务设施、智能电子公交牌等。

2.4 交通安全问题与特征

交通事故是指车辆驾驶员、行人、乘车人及其他在道路上进行与交通有关活动的人员，因违反相关法律和规章的行为、过失造成人员伤亡或财产损失的事故。交通安全问题分析常从交通事故发生时间、空间、主体、肇事类型 4 个方面进行。交通事故的引发涉及 5 个关键因素，即人、车、路、环境、规则，其中人的行为不当是引发交通事故的主要原因，鉴于本章重点探讨交通设计方面的问题，所以关于交通安全问题的分析将侧重于交通规划、设计及管理对交通安全的影响。

2.4.1 超速型交通事故问题

1. 非高峰时段交通事故

发生于交通平峰期(9：00—11：00、14：00—16：00、0：00—1：00)的交通事故主要是因为非高峰时段的车辆行驶速度较高且驾驶员和行人易麻痹大意；夜间事故(尤其是重大交通事故)则主要由于车速过快或突变、照明条件不良。因此，有必要从交通设计和交通管理两个方面对交通流的行驶条件和行驶环境加以优化。

2. 城市主干路与快速路交通事故

城市主干路与快速路交通事故发生的原因是我国的城市主干路普遍还兼具次干路乃至支路的功能，且缺乏高品质的交通优化设计与管理。所以设计速度较高(40~60km/h)的主干路，与频繁进出和穿越的混合交通流间发生冲突的概率较高，导致交通事故高发。此外，我国的城市快速路及其进出口区域交通事故也呈多发之势，且多为追尾事故。这是因为快速路的交织区及进出口与普通道路衔接区等的交通优化设计不足，加之高速行驶的车辆频繁变换车道，且没有明确的交织行驶规则。

3. 机动车交通事故

机动车交通事故处于主导地位，且其事故危害程度及造成的经济损失均很严重。这主要是因为机动车行驶速度高、驾驶员行为不当、车辆自身原因(质量、维修保养、安全性能不过关)、交通安全设施不当或缺失及道路线形设计不当等。此外，机动车与行人及非机动车的交通事故主要发生在机非混行道路、人行横道过长和右转缘石半径过大的交叉口、人行横道设置不当等地。其主要原因是交通行驶条件与环境(交通安全设施等)优化设计的缺失，以及交通主体安全行为的不规范。

2.4.2 潜在交通事故问题

1. 无信号控制交叉口与交通事故

道路交叉口的交通效率和安全性与其信号控制方式密切相关。当交通量较小时，常采用无信号控制或基于停车让行、减速让行和干路先行标志管理交叉口，但易发生潜在的交通事故。深入考察可发现，一方面，是因为出行者无意识或无视停车让行规则；另一方面，是因为出行者不完全了解和理解停车让行规则；再一方面，与无信号控制及停车让行管理交叉口的道路线形、视距以及照明不良有关。

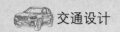

2. 混合交通与交通事故

当交通流存在冲突或交织且混合行驶时，由于其速度和质量的差异，若不遵守相关交通法规，则易导致交通的混乱乃至事故的发生。以"一块板"道路为例，因机动车与非机动车混行，超车或变道时常需要借用对方的道路资源，不同速度的交通流便出现交织，从而容易引起交通事故。同时，公交车进出停靠站时需要借用非机动车道，导致部分非机动车绕至机动车道上行驶，且公交乘客上下车时与非机动车冲突，机动车与非机动车之间及非机动车与行人之间交通事故多发。

此外，行人过街交通与行驶中的机动车交通混行，处理不当时也会发生交通事故。究其原因，除存在行人过街行为不规范的问题外，行人过街系统和设施的设置不当和缺失也是一个原因；而且，也与机动车在人行横道处很少按照相关规定的要求停车让路有关。因此，交通设计与管理应将改善混合交通的有序性和安全性作为主要任务之一。

2.5 交通问题成因剖析

现状调查和问题分析用于揭示问题成因，形成科学有效的防治方法和科学技术体系。从本质上讲，交通阻塞是由供给和需求不协调所致。影响供给能力及其分布的因素包括交通规划、交通设计、交通管理；影响交通需求总量及其时空分布的因素包括城市与交通规划、交通组织管理方式、交通控制方式、交通(尤其是公共交通)发展政策与方案、交通出行行为等。交通安全和秩序问题的主要成因是交通流在同一时间或空间存在冲突或干扰，其与交通安全主体的行为密切相关。本节将着重论述与交通设计相关的内容。

2.5.1 交通规划与交通问题

交通规划是基于城市的发展战略与规划，与城市规划互为关系的专业体系，广泛地涉及交通体系结构、交通与土地利用关系、交通设施功能结构与规模等。因此，交通规划对于交通问题具有结构化的影响。

1. 城市道路网规划与交通问题

长期以来，中国部分城市的交通基础设施建设主要侧重于主干路或城市快速路，而低等级道路的比重相对较低，与主干路相交的道路往往等级过低，主干路网的疏解能力不足，从而导致大量车流主要集中于主干路网。城市主干路网同时承担长距离、短距离及绕行交通，其交通压力及交通秩序必然矛盾突出，因此，在进行交通规划时需要对城市道路网络结构进行适当的调整，并通过用地功能的调整强化主干路的交通功能，或弱化其商业功能。

2. 红线规划方法与交通问题

道路红线规划方面存在的问题主要体现在两个方面：一是路口红线未考虑拓宽，二是规划红线缺乏前瞻性。由此间接地导致道路交叉口的空间条件先天不良，造成路口进口道与出口道通行能力不匹配等问题。此外，红线规划的量化依据不足，不能对一条道路做出前瞻性定位，导致很多道路规划红线经常变动，或因道路改建大幅度拆迁。

3. 公交规划与交通问题

在城市公交线网规划中，常因对各种公交方式之间的换乘衔接缺乏科学的考虑，从而形成地铁枢纽站、长途客运站与周边公交的"先天性"接驳不良问题。公交线网中，大量的公交线路布设在主干路及主要枢纽点，线路的重复率较高，出现一站多线、近邻住宅区的支路却无公交的问题。另外，公交站距过短及换乘距离过长，皆易降低公交线网的服务水平。大型枢纽换乘的不便，致使大量出行者不愿选择公交出行。这些问题将直接影响公共交通的服务水平、吸引力以及运营成本。

4. 停车规划与交通问题

停车场是道路交通极为重要的附属设施。停车场布局不当或建设不足，导致了大量的机动车和非机动车占用道路停放，迫使行人转至非机动车道通行，非机动车则行驶在机动车道，造成交通阻塞等一系列问题。此外，由于交通需求分布不均衡，停车泊位供应直接关系到机动车交通需求的分布，因此，利用静态交通供应调整动态交通需求分布，同样是停车规划应特别予以关注的问题。

2.5.2 交通设计与交通问题

1. 路段交通设计问题

1) 横断面设计问题

(1) 横断面形式问题。

国内城市道路多采用"三块板"或"一块板"的横断面形式，"三块板"的横断面形式在路段上能够实现机动车流与非机动车流的分离，对于非机动车流量较大的道路交通具有较好的适应性，但是仍留有诸多问题。一方面，伴随着我国交通的机动化，非机动车交通出行量迅速下降，"三块板"横断面的硬质分隔，使早期的非机动车道资源无法综合利用。另一方面，非机动车交通高峰早于机动车，高峰过后的非机动车道常处于闲置状态，而此时的机动车道却处于拥挤状态。因此，不当的道路横断面形式将直接影响到道路资源的有效利用，甚至导致道路资源的浪费。

(2) 机动车单车道宽度过宽问题。

机动车单车道宽度，我国早期规范采用 3.5~3.75 m，侧向安全距离为 0.5 m。对于以小型车为主或车速较低(低于 40 km/h)的城市道路交通流而言，该宽度过宽。采用宽车道不仅会导致土地资源和道路红线资源的浪费，增加建设成本，同时还会引起车辆违章超车或并行现象，影响交通安全与交通效率。

2) 道路沿线交通设计问题

(1) 路段进出交通问题。

在"三块板"及"一块板"断面形式的道路上，其沿线侧向开口的进出交通通常允许"左进左出"。当单位开口间距较小时，进出车辆频繁穿越主线车流，不仅影响道路交通的正常秩序与安全性，还降低了道路的通行能力。

(2) 路内停车与交通问题。

机动车路内停车是将车辆就近停放于人行道、自行车道及机动车道内，会占用一部分交通空间。其优点是停车方便、周转快、空间利用率较高等；但其缺点更甚，即缩减道路容量、导致交通拥挤与不安全。鉴于路内停车弊大于利，所以原则上应逐步取消，特别是会影响交通安全与通畅和通行能力不足的地点均应禁止路内停车。不得已时，如当路外停车设施严重短缺且停放此处不影响交通时，或其为紧急车辆时，可允许路内临时停车，同

时须辅以严格的限时和收费等管理措施。

（3）路段行人过街与交通问题。

第一，在我国的诸多城市中，与人行横道衔接的人行道及分隔带上一般欠缺无障碍处理或处理不当，不利于行人舒适、安全、通畅地通行。第二，用于确保行人交通安全、防止机动车或非机动车随意驶上人行道、避免行人任意横穿道路的安全设施也相对欠缺。第三，路段人行横道的设计没能做到既保障行人过街的安全性和便捷性，又尽量减少行人过街对车辆通行的干扰。

（4）附属设施设计与交通问题。

道路附属设施，如公共电话亭、电线杆、排水管道、各类标志标牌等，当设置不当时将对道路的交通功能产生诸多影响。例如，占用人行道空间、影响交叉口视距等；道路照明设施因受到遮挡而影响其照度，进而不利于交通安全；排水口若设置于行人通行区域或机动车行驶轨迹范围，则会影响其通行环境；各类隔离设施布局不当则可能影响到交通行驶轨迹和视觉环境。

（5）交通与景观协调设计问题。

道路空间范围除了设置有交通设施、附属设施，还设置有景观和绿化等，若交通设施与景观设施设置不协调，将降低道路的交通功能。例如，道路绿化空间侵占交通空间、绿化带的树冠遮蔽交通标志和照明、绿化高度和位置不当影响视距等。交通与景观的不协调将会直接或间接地影响到交通通畅性和安全性，并可能影响到交通设施的改善。

2. 交叉口交通设计问题

1）交叉口混合交通流混乱问题

我国城市道路平面交叉口混合交通现象较为突出，非机动车常采用与机动车相同的通行规则及信号，从而导致交叉口非机动车、行人、机动车三股交通流在有限的空间上严重交织和冲突，冲突点多且分布无序，导致了交通流的混乱，极大地降低了交叉口有序性、安全性和通行能力，尤其是无信号控制和两相位信号控制条件下的交叉口问题更为突出。

若非机动车采用与行人相同的通行规则，即慢行交通一体化设计，交叉口的交通冲突将大大降低。其冲突点均分布在慢行交通过街横道沿线，可有效地提高交叉口交通的秩序、交通安全和通行能力。

2）通行能力匹配性问题

交叉口进口道资源不足是引发道路交通阻塞的主要因素。当车辆通过信号控制交叉口时，可通车时间一般仅相当于路段可通行时间的一半，因此，交叉口进口道上每条车道的通行能力与路段通行能力相比均会折减。因此，平面交叉口规划设计须使进口道通行能力与其上游路段通行能力相匹配，首先增宽交叉口处的红线宽度，进而增加进出口的车道数。

此外，交叉口进口道车道还应与出口道相匹配，当交叉口某出口道车道数小于一个信号相位内其他进口道放行的车道数时，即进口道与出口道通行能力不匹配，交叉口内部将会出现拥挤堵塞状态。

3）内部空间设计问题

目前相当多的平面交叉口内部均缺乏必要的渠化设计，如缺乏左转导流线、直行导流线、右转导流线、安全岛、有效隔离渠化，以及停车线设置位置不科学等，所以车辆通过停车线后其行驶轨迹较为自由，在流量较大时，车流之间易互相干扰，从而导致通行效率低下、安全性差、秩序混乱。

4）安全设计问题

交叉口安全设计应从空间设计、信号控制、安全设施几方面着手改善。交叉口若缺乏视距设计、渠化设计、交通管制、信号控制方式与信号配时设计，将导致交叉口内部不同流向车流存在空间或时间冲突，对交通安全及通行效率极为不利。

5）行人过街设施问题

国内诸多城市，其道路交叉口人行横道过长，且无中央驻足区。当行人无法一次性通过交叉口时，只能站在路中高速行驶的机动车交通流之间等待通过，无安全保障。另外，行人过街同时还常受到同一相位的右转机动车或左转机动车交通流的干扰，致使其在绿灯时段依然无法安全过街。

3. 公共交通问题

1）公交专用车道在交叉口进口道的处理问题

公交专用车道在道路上的处理分为两个区段，其中路段部分设置于路侧或路中，通行权处理较为明确；在交叉口区域，受到其空间和交通条件的限制，公交专用车道或延续为专用进口道，或终止为回授线。若处理不当，不仅会影响公交专用车道的功能，而且会导致整个交叉口交通的通行效率下降。

2）公交乘客路段过街交通设计问题

当人行横道与公交停靠站未协调设计时，如紧挨着公交停靠站在下游设计人行横道，则行人过街易发生事故。这是因为，当公交站台上有车停靠，此时有行人过街时，来自站台上游的车辆难以发现被公交车遮挡的行人。所以，人行横道应尽量设置于公交停靠站的上游。当受到条件限制，必须设置于公交停靠站下游时，离开站台边缘的距离也应保证满足安全距离的要求，一般应大于 30 m，以保证公交车后续的车流视距良好。

3）公交停靠站附近非机动车交通处理问题

在横断面为"一块板"的道路上设置公交停靠站，当公交车辆进出站、乘客上下车时，必将占用非机动车道，非机动车只能在公交车后待行或者与公交车辆交织后进入机动车道行驶，从而导致公交停靠站处的交通秩序混乱，交通事故多发。因此，有必要系统地对公交停靠站周边的交通进行优化设计，以确保其交通的通畅与安全。

4）换乘交通设计问题

良好的换乘系统是提高公交服务水平和分担率的重要基础。我国不少城市的公共交通换乘尚未形成体系，而且普遍存在换乘距离和等候时间过长、缺乏换乘和指路信息服务、换乘不方便等问题，导致出行者不愿意选择公交换乘出行，习惯于一次到达；公交线网直达线路比重较高、线路重复严重。因此，增加了公交车流量，不仅加剧了交通系统的阻塞，恶化了公交服务水平，反而加大个体交通方式的选择比重；此外，还浪费公交运能，增加了公交运输成本。因此，有必要加强对公交换乘枢纽及其系统的优化设计。

4. 交通语言系统问题

1）交通语言标准化问题

交通语言（标志、标线、标识）系统是协调各类交通出行者、交通系统及交通管理等的重要手段。交通的普适性要求交通语言系统必须是标准化的。我国交通的机动化和改善交

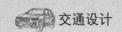

通服务方兴未艾，交通语言系统正在形成，标准化也在进行中。现实中，交通标志、标线和标识等的标准化程度尚不高，尺寸、颜色、内容、设置位置等尚未形成统一标准，各地多是自成体系。

2）标志可视性差

交通标志是交通语言系统最基本的组成部分。现实中的不少道路上，由于机动车交通标志设置在机动车道与非机动车道的分隔带上，受其上的绿化和广告牌等遮挡，标志的可视性差，常导致车辆为寻找交通标志而减速慢行。此外，短距离内常设置过多的交通标志和标识，使利用者无法快速提取有用信息，或为获取必要的信息而突然减速慢行，从而引发违章变道甚至追尾等。

3）交通语言内容不完整

交通标志、标线、标识不完整可导致一系列交通问题。例如，在施行禁行或限制管理的区域内缺乏交通指引标志，无法引导交通流改变行驶路径，导致绕行交通量增加，加大城市路网交通压力；无信号控制交叉口缺乏让行或停车让路标志导致事故；道路衔接段缺乏限速标志以及必要的警告标志，常导致车速突然变化，引发交通事故；道路线形或行驶环境发生变化的地段缺乏相应的标志、标线，存在安全隐患。

2.5.3 交通管理与交通问题

交通管理用于调节交通供需关系和各类交通流及其通行权，是改善交通的重要措施。主要的措施包括：交通流组织管理、通行权(限制、禁止或优先)管理、速度管理及交通信号控制管理等。交通管理措施使用不当会导致交通问题。

1. 交通控制与交通问题

1）右转车控制不当

对于主干路上的交叉口，其右转车流量均较大，由于其不受信号控制，常与同向直行的非机动车、行人交通流存在冲突，当不同流向车流或人流量均较大时，问题更为严重，易引发交通秩序混乱乃至事故。

2）行人信号控制不当

行人信号灯设置不当，或行人相位绿灯时间、行人黄灯清空时间不足等，都会导致行人和机动车交通流的冲突，从而导致交通事故。

3）绿间隔矩阵设置不当

绿间隔矩阵是信号控制中确保交通安全最重要的参数，必须按照道路与交通流的实际数据科学地设计。若绿间隔矩阵设计不合理，则绿灯末尾车辆未清空时紧接相位的车辆就驶出，从而导致交通冲突和安全隐患，而且容易发生交通死锁现象，无法保证交通的可靠性。

4）交通控制策略参数问题

交通控制策略参数主要包括：相位差、周期及配时、相位数及相序、绿信比。信号协调控制不当会导致上游或下游交叉口交通严重阻塞；单点控制参数设置不当会导致时空资源分配不均衡且不协调，造成空间资源浪费，导致交叉口可靠性及通行效率下降。

5）公交优先控制问题

公交优先控制是提高公交运行效率和服务水平的重要措施。然而，目前我国不少城市的交通控制系统尚未能有效地实施公交优先控制，特别是多方向优先协调控制、公交系统优先控制等很是不足。

6）信号控制与交通设计结合问题

道路时空资源与动态的交通需求需要合理的组合，即车道功能布置、绿灯时间分配与交通需求的有效结合，以实现提高通行能力、减小延误的目的。

交通设计与交通控制方案的不结合或不合理结合，将导致以下问题。

（1）不同相位的交通流饱和度不均衡，造成饱和度偏高的相位一直处于超负荷运行，而饱和度偏低的相位其绿灯末期无车辆通行。

（2）同一相位内各流向饱和度不均衡，造成在该相位绿灯期间，饱和度高的流向通行时间不足，而饱和度低的流向会出现车道闲置。

2. 交通组织管理与交通问题

1）网络交通组织问题

不少城市的主干路网与支路网级配不合理，支路网密度偏低，同时又没有进行必要的交通组织以最佳地调节道路网络的功能，从而致使主干路承担支路的集散和通达功能，整个道路网的综合功能下降；还造成交通秩序紊乱、冲突现象频发等问题。

2）微循环系统问题

城市交通基础设施建设常重视"主动脉"的主干路网，而关于"微循环"的支路网却始终未能得到有效的疏通和利用，使交通拥堵治理，往往只局限于主干路网的改善，未能挖掘支路网的功能，更加剧了主干路交通功能的混杂性，降低了改善交通的作用。

3. 交通秩序管理与交通问题

道路交通秩序管理是交通组织管理非常重要的内容之一，直接影响着整个交通系统的运转效率与安全。

1）交通枢纽秩序管理问题

不少城市的火车站、汽车站等对外交通和市内交通的集散场所，通常受到用地限制，公交车、出租车、行人交通空间均不足，导致各类交通流常相互影响，降低枢纽的服务水平。在我国，交通枢纽的通行空间常被商贩占用，缺乏专用有序的步行系统和有效的交通导向（地铁、公交与出租车的接驳位置）信息，对乘客亦缺乏有效的管理，致使场站内交通秩序混乱，旅客不能迅速、便利地集散。枢纽交通效率下降，且存安全隐患。

2）公交站点秩序管理问题

公交停靠站处常存在公交车间、公交车与社会车辆间及行人间相互严重干扰的现象。特别当同一站点停靠过多线路的公交车时，交通秩序更加混杂，采取系统而有效的交通管理对于改善公交站点交通状况至关重要。

3）路段及交叉口秩序管理问题

道路沿线常分布有大量的路侧进出口，有的路侧进出口交通吸引量大且高峰集中（如中小学校、医院或大型企事业单位等），若不能进行有效的交通组织（包括停车交通组织、进出交通组织等），必将导致路段路侧进出口处交通秩序混乱，特别在交通高峰期间出现交通阻塞，存在安全隐患。交叉口附近的支路或重要路侧进出口管理不当，会严重地影响交叉口的秩序、通行能力及安全性。

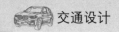

2.6 基本对策

交通问题及其产生的原因错综复杂，系统、准确地把握问题是制定其有效对策的关键。以道路交通为例，在以往的设计与交通管理工作中，存在诸多不被重视的问题，它们直接影响着交通流的安全、顺畅、效率与服务水平。常见的交通问题及相应的基本对策如表 2-2 所示。

表 2-2　常见的交通问题及相应的基本对策

交通问题				基本对策
交叉口	交通阻塞	供给条件	道路供给能力不足	通过压缩车道宽度或利用分隔带增加车道等
			车道过宽或过窄	结合红线条件和具体情况，适度调整车道宽度
			车道功能不合理	根据流量流向分布，合理确定车道功能
			机动车与非机动车混行	尽量避免非机动车与机动车混行现象，应将非机动车与行人放在一起处理
			信号周期过长	确定最佳周期，尽量缩短周期
			相位组合采用对称设置导致通行时间的浪费	根据流量与进出口道容量灵活组合相位
			信号相序不合理	以绿灯损失时间最少为目标优化相位衔接
		需求条件	路网交通组织不合理	根据交通需求的时空变化特征，调整交通组织设计方案
			交通组织设计方案交通需求时空分布不均衡、需求结构不合理	合理分配道路时空资源，保障公交优先及以人为本
	安全		交通岛的形式、大小与位置不合理	按交通安全与通畅的要求，修改交通岛设计
			绿化或其他设施影响行车视距	按视距的要求，去除障碍物；在难以去除的情况下，补充交通标志、标识与标线
			人行横道过长，行人过街安全无保障	过长的人行横道上应设置安全待行区或安全岛
	便捷		交叉口处无障碍设计不当	无障碍设计应与相衔接的交通设施平顺连接
			人行横道存在障碍	去除障碍物，或改变人行横道位置
			人行道被占用或其环境不良	梳理步行环境
	环境协调		视觉环境混杂，或道路不平整导致噪声及振动问题	梳理视觉环境，改善道路平整度
	其他设施		人行横道位置不合理	从行走习惯及安全上考虑，合理调整人行横道位置
			标志、标线不清	去除遮挡，或改变标志、标线位置
			信号灯功能不明确、不规范、不易辨认	按照驾驶员的视觉习惯及正确理解，合理设置信号位置及灯组

续表

		交通问题	基本对策
路段	动态瓶颈	路内乱停车	明确地划定禁停区和停车区
		进出交通干扰主路交通	通过合理的管制措施和设计方案，降低干扰
		行人乱穿道路	合理确定人行横道的位置与间距
	物理瓶颈	车道宽度及车道数变更	通过合理的标线及物理分隔措施，减少车道变更导致的问题
	虚拟瓶颈	坡道通行能力与安全问题	增加爬坡车道，或改善下坡车道衔接道路
		公交车或其他车辆临时停车，或交通秩序混乱	改善公交停靠条件，取消或限制一些车辆的停靠，改善交通秩序等
公共交通	公交优先	停靠站位置不合理	调整公交停靠站位置，或改善停车条件
		线路密集或停靠站形式不当	调整公交线路或改善停靠站形式
		轨道与公共汽电车换乘不便	协调设计
		公交专用车道设计与管理不当	整合公交线路、道路与管理条件

本章知识小结 ▶▶ ▶

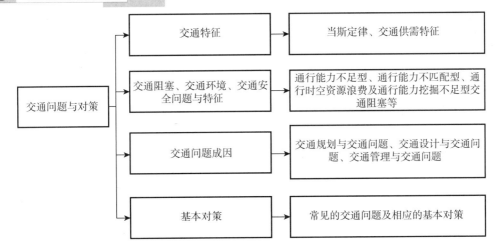

思考题 ▶▶ ▶

1. 论述处理好城际交通和城市交通内外交通衔接关系的重要性。
2. 解读当斯定律。
3. 论述交通阻塞问题与成因。
4. 如何从交通设计角度改善慢行交通环境问题？
5. 以某城市道路为例，针对路内乱停车问题，提出基本解决方案。

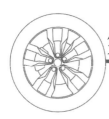

第3章
交通组织设计

3.1　概述

3.1.1　基本概念

　　交通组织设计，是根据国家相关法律法规、政策和标准规范，综合运用交通工程技术，改善道路交通秩序、保障道路交通安全、提高道路交通运行效率的设计工作。

　　城市道路交通组织设计的目的是促进道路交通条件、交通运行方式与交通流特征及需求相适应，以推动相关道路行人与车辆有序、安全地流动。交通组织设计应根据城市道路条件，追求社会效益、环境效益与经济效益的协调统一，合理采用技术标准，体现以人为本、资源节约、环境友好的设计要求。交通组织设计应优先考虑公共交通和行人、非机动车交通。

3.1.2　交通组织设计原则

交通组织设计原则如下。

（1）交通安全原则：充分保障各类交通流的有序流动，降低交通冲突概率。

（2）供需平衡原则：合理调节交通流的通行需求，使之与道路通行能力相匹配。

（3）均衡分布原则：在特定区域内，从空间和时间上调整疏导交通流，使之分布趋于均匀。

（4）交通分离原则：在时间和空间上，将行人、非机动车、机动车交通流分离，减少混合运行和互相干扰。

（5）交通连续原则：尽可能保证车辆和行人连续移动，减少停车次数和等候时间。

对于以下城市道路或情形应开展交通组织设计：新建道路；道路改建、扩建；道路沿线新增开口，对道路交通影响较大的情况；道路上交通流量显著变化的情况；高峰期经常发生交通拥堵的情况；交通事故多发的情况；其他交通管理的需要。

3.2　城市道路功能定位与路网衔接设计

3.2.1　城市道路功能定位

城市道路从等级上可分为快速路、主干路、次干路、支路等类型；从功能上，根据其为生产、生活服务等方面所起作用的不同，又可分为交通性道路、生活性道路、居住区道路和步行街等。为了使各类道路在城市路网中充分发挥其功能，并方便对其进行优化组织设计，必须明确各类道路的基本功能。

1. 道路功能定位原则

基于现行标准《城市道路工程设计规范》（CJJ 37—2012），将城市道路分为快速路、主干路、次干路和支路4类，并规定了各类道路的主要功能和建设要求。

与土地利用相适应原则：城市土地开发强度应与城市所提供的交通系统运输能力相协调，道路网络容量对城市土地开发强度也有一定的制约。由于城市规模和土地使用性质的不同，对城市道路功能也有不同的要求。为满足不同的出行目的和方式，作为交通主要承载设施的城市路网，不仅层次应分明，而且功能应该清晰，即各种交通工具与出行主体在各类道路上应有不同的通行优先权。

基于实际服务对象的功能定位原则：道路功能和等级划分不仅应确定道路规划标准，而且应考虑各类道路的优先服务对象，为制定建设标准提供依据。快速路为机动车服务，尤其是为大运量客运车辆服务；主干路优先服务机动车和公共交通，但需考虑非机动车和行人的通行与穿越；次干路需考虑机动车和非机动车通行，公共交通优先；支路除机动车通行外，应充分考虑慢行交通的通行需求。此外，还要通过管理措施，强化与保证道路的规划功能。基于道路等级和实际通行交通特征，可通过车速管理，进一步确定车道宽度，设置信号灯、出入口间距及公交停靠站等。

2. 各等级道路功能定位与规划设计标准

1) 快速路功能定位及规划设计标准

快速路具有很强的通过性交通特征,且交通容量大,行车速度快,服务于市域范围内的长距离交通及对外交通。快速路主要的交通特点是连续流、单车道通行能力达到1 400 pcu/h 以上、进出交通以匝道相连、主线中央设有分隔带、车辆可以保持 70~80 km/h 的行驶速度。单车道宽度一般为 3.5~3.75 m。

2) 主干路功能定位及规划设计标准

主干路以交通功能为主,它与快速路共同构成城市交通主骨架。主干路为市域范围内较长距离出行提供服务,其"通行"功能优于"通达"功能。一般为双向 6~8 车道,相向行驶的机动车道间应设中央分隔带或分隔栏,机动车与非机动车道间应设分隔带或分隔栏,相交道路交叉一般为平面交叉,交通流为间断流;信号控制交叉口间距一般为 500~800 m;设计车速为 40~60 km/h,单车道宽度为 3.25~3.5 m,干线公共汽车交通线路常布置于主干路上。

3) 次干路功能定位及规划设计标准

次干路是城市内部区域间的联络道路,兼有集散交通和服务性功能。其服务对象的多样性决定了其功能的多样性:既要集支路的交通,又要疏解来自主干路和部分快速路的出入交通,兼有"通"和"达"的功能。次干路两侧地块出入口对其主线交通影响较大;公交线路大量布置在次干路上;同时,次干路需要汇集较多的非机动车和行人交通。

一般而言,次干路交叉口间距为 300~500 m,与主干路之比以 1.5∶1 为宜。当骨架路网密度较高时,次干路密度可略微降低。一般情况下,次干路非机动车道和人行道的宽度较主干路的宽,次干路单车道宽度为 3~3.5 m(具体取用时应根据道路交通条件确定)。交通功能强的次干路中央宜设分隔带或分隔栏,机动车与非机动车道之间应设分隔带或分隔栏。

4) 支路功能定位及规划设计标准

支路是次干路与街坊内部道路的连接线,以服务性功能为主,主要服务于非机动车和行人交通,允许汽车低速通行。支路要求能通行公交车,非机动车交通系统一般也基于支路网络构筑。城市中必须建立一个密度足够的支路网,其长度应占路网总长的一半左右。在市区建筑容积率大的地区,支路网密度应为全市平均值的 2 倍以上。发达的支路网络是避免干道出现节点阻塞或局部瘫痪的重要基础。

城市道路系统的通达性或可达性功能主要由支路来实现,因此要求支路网具有较高的密度。城市的一般区域内支路密度应达到 6~8 km/km²;中心地区、商业繁华区,其支路网密度应达到 10~12 km/km²,以利于行人和非机动车交通流的集散。支路道路横断面可为"一块板",单车道宽度可采用 3 m。城市中心区车行道宽度 5.5 m 以上、能够通行机动车的道路均应纳入支路管理,可采用机动车单向行驶方式。在条件允许的情况下,路段范围可路内停车。

3. 各等级道路机动性和可达性特征

城市道路的等级可反映出道路的机动性和可达性特征,如图 3-1 所示。快速路系统是大都市道路交通网络的主骨架,主要承担长距离的快速出行,提供最高的机动性水平,同时又以严格限制出入为前提(即出入可达性最差);干路系统又可根据其承担的交通功能而区分为主干路和次干路,主要承担中长距离的出行;支路系统一般承担出行末端的交通功能，车辆出入道路频繁，慢行交通的优先度较高，具有很高的可达性，但速度较低，机动性水平低；生活区道路(不属于市政道路)主要承担社区的交通，以慢行交通为主，机动车速度最低。为兼顾出行对机动性和可达性的要求，必须将不同功能类别的道路组合成一个级配关系合理的网络系统。

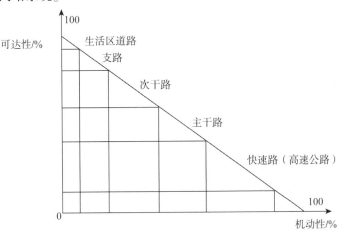

图 3-1　各等级道路的机动性和可达性

3.2.2　路网衔接设计

1. 城市道路网络衔接设计要点

城市道路网络必须具有合理的等级结构和衔接方式，以保障各类交通流由低一级道路向高一级道路有序汇集，并由高一级道路向低一级道路有序疏散，从而通过不同等级道路交叉的最佳管理与控制，实现不同出行距离和不同类别交通的合理分流，实现道路网络交通功能的最大化和交通运转的高效率。美国城市道路网络的建议级配结构为主干路、次干路、集散道路、地区道路的长度分别占道路总长度的 5% ~ 10%、10% ~ 20%、5% ~ 10%、60% ~ 80%。日本名古屋规划道路网络的级配结构为快速路、基干道路、其他道路，长度分别占路网总长度的 3.3%、13.3%、83.4%。国外交通机动化水平较高的城市其干路网规划指标大致处于同一水平，干路网密度为 2.5 ~ 3.5 km/km²，支路及以下水平道路的长度约占规划道路总长度的 80%。我国大城市现有规划道路网的干路网密度指标一般接近国际推荐值下限，超过上限的城市很少，如太原市的规划干路网密度为 2.49 km/km²、合肥市的规划干路网密度为 2.12 km/km²、福州市的规划干路网密度为 2.9 km/km²。

各等级道路网络的衔接关系制约其交通功能的发挥，应结合土地利用性质与规模对城市区域内的交通网络组成进行优化，以保证主干路、次干路、支路所承担交通功能的明确，充分利用道路资源。

支路功能定位为生活性道路，用以衔接日常活动与交通出行，主要承担工作、购物、休闲等进出集散交通。

次干路功能定位为连接性道路，用以汇集多条支路上的交通，并将其连接到交通主干路。

主干路功能定位为交通性干道，是城市交通的主通道，用于通行大量、高速的交通流。主干路沿线在原则上不设置各类产生或吸引交通的出入口。

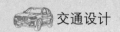

不同等级道路之间的衔接基本准则如表 3-1 所示。

表 3-1　不同等级道路之间的衔接基本准则

主线道路等级	相交道路等级
快速路	快速路、主干路(立交)
主干路	快速路(立交)、主干路、交通性次干路
次干路	主干路、次干路、支路
支路	次干路、支路

这种道路交通网络衔接基本准则，试图尽可能发挥各级道路的功能，减少主干路可能受到的干扰，以提高其运行速度、通行能力及交通流的平顺性；次干路充分发挥其辅助作用，同时也为非机动车交通提供通道；支路发挥其生活性道路的作用，成为主干路与道路沿线各单位连接的纽带。合理的道路网络衔接模式如图 3-2 所示。

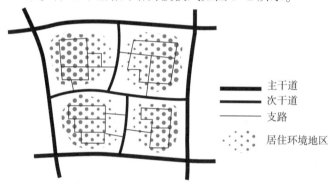

图 3-2　合理的道路网络衔接模式

2. 城市道路网络功能优化基本措施

对于城市道路网络现状，若其衔接模式和实际使用功能不协调，可参照道路网络衔接基本准则(表 3-1)，根据现状各道路的功能定位及衔接特征，通过交通组织和交通流微观优化设计等手段来强化或弱化道路的功能。

对于路网中的主干路，若与其相交的道路较密集，且道路等级过低，为强化主干路的交通功能，可将低等级的支路实施右进右出管理，以减少低等级道路对主干路交通的影响；增加主干路沿线交叉口间距，提高主干道车辆行驶速度。

对于路网中的次干路，当其通过性交通功能过强时，应适当弱化其功能，以强化其连接性作用。可以通过设置公交专用车道、适当允许沿线部分进出口交通左转进出等方法降低次干路过度的通过性。

3.3　路段交通组织设计

路段交通组织设计的总体要求，应根据路段的性质、其在路网中的作用、周边用地的需求，确定设计目标和策略，选择恰当的交通组织措施。路段上应合理设置行人、非机动车和机动车的通行空间，确保各类交通流各行其道、互不干扰。路段上设置的公交停靠站、停车泊位等交通设施不应影响道路的正常通行。

路段沿线的街巷出入口、单位出入口、商业设施出入口、住宅区出入口等，应根据实际采取让行、右进右出、信号灯控制等交通组织方式，确保出入的行人和车辆的安全，并减少其对路段交通流的影响。路段沿线出入口数量不宜过多，且不应设置在交叉口范围内，并应保持适当的间距。交通性道路宜通过设置隔离护栏等方式减少沿线出入口的横向干扰。

3.3.1 单向交通组织设计

单向交通也称为单行交通，即在规定的时间和路段，全部或部分车辆只能按同一方向行驶的道路交通组织形式。

1. 机动车单向交通组织设计实施条件

(1)交通流符合下列条件的次干路或支路，宜设置单向交通：全天交通流向比大于1.5 的；双向两车道，且高峰时间段内道路交通流向比大于 2 的；双向三车道，且高峰时间段内道路交通流向比大于 3 的。

(2)设置单向交通的道路应选择至少一条与之平行的道路，用以通行反向交通流，且道路间距不宜超过 450 m，如图 3-3 所示。

图 3-3 单向交通的平行道路

(3)单向交通的通行方向应与交通流的主要流向保持一致。可根据交通流的特点设置为时段性单行。

(4)行人和非机动车宜双向通行，公共交通可根据道路的空间条件规定单向或双向通行。

2. 相关考虑因素

设置单向交通网络需要充分论证交通流绕行距离和绕行量的增加值、对附近居民的影响(如噪声等)、引起的交通违法现象、单向交通网络中的行车方向是否最大程度地减少了交叉口的冲突点；同时，需要根据交通需求、城市交通基础设施的变化进行实时调整。

道路上有较多的公交线路或非机动车时，不宜实施单向交通组织设计方案，或需要谨慎论证方案的可行性。对于规模或影响较大的单行线方案，特别是在一些城市道路网络先天不足的条件下进行单向交通组织设计时，应充分考虑到不当方案可能导致的恶果，细致地做好前期论证与评估工作。

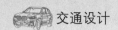

宏观上确立单向交通组织设计方案后，精细的交通管理与控制方案设计（包括交叉口渠化设计与信号配时优化、附属交通设施设计、交通语言系统设计等）可以减少车辆对单向交通系统不熟悉而导致的"非必要"绕行等问题。

3.3.2 潮汐车道交通组织设计

在道路路段，根据交通流需求可改变车辆行驶方向的车道，称为潮汐车道。城市内部根据早晚交通流量不同情况，对有条件的道路设置一个或多个车辆行驶方向随不同时段变化的车道，如图 3-4 所示。

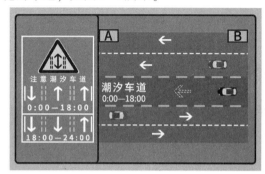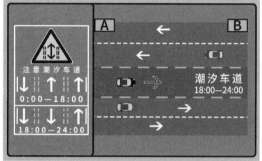

图 3-4　潮汐车道

1. 潮汐车道交通组织设计实施条件

符合以下全部条件的路段，可利用道路中间的 1 条或多条车道设置潮汐车道：机动车车道数双向为 3 车道及以上，流量较大的主干路的双向车道数不少于 5 条；主要方向与对向交通出现时段性的流量显著变化，流向比不小于 1.5；设置潮汐车道后，对向的道路通行能力能够满足交通需求。

2. 潮汐车道交通组织设计管制设施

（1）潮汐车道在交叉口处应结合进出口车道设置，合理设计车道导向方向，并用可变标志明确指示。

（2）潮汐车道应保持某一方向通行的时间不少于 30 min，且在进行方向切换时，转换过渡时间应保证能够清空潮汐车道内所有的行驶车辆。

（3）潮汐车道应配套设置相应的标志和标线、车道信号灯。在潮汐车道运行期间，所有交通管理设施表达的交通信息应保持一致，且能够明确告知潮汐车道的通行方向。

（4）与潮汐车道相交的横向道路上，应设置警告标志，告知驾驶员注意潮汐车道。

3.3.3 路段限制性交通组织

路段限制性交通组织设计主要包括速度管控、禁止掉头等措施。

1. 速度管控

为保证道路通行的安全性，应明确每条道路的限速值，限速标志的设置及限速值的确定应符合《道路交通标志和标线　第 5 部分：限制速度》（GB 5768.5—2017）的规定，一般情况下，应实施固定限速管理。在经常发生恶劣天气、交通事故、交通拥堵的路段，宜实施可变限速管理；学校、医院、养老院门口路段及街区内道路应采取强制降低车速的设计。

2. 禁止掉头

单向机动车车道数少于 3 条；需要掉头的大型车辆较多，无足够的掉头空间；掉头车辆过多，严重影响对向交通正常通行。以上任何一种情况下，可采取禁止在路段中间掉头的交通组织方式。

实施禁止掉头措施后，路段的掉头需求应能够通过交叉口掉头、路网绕行等方式实现。在禁止掉头的路段起始处，应设置禁止掉头标志，并用辅助标志说明范围、时段或车种。

3.3.4　公交优先交通组织设计

有公交线路的主、次干路且经常发生交通拥堵的路段，应设置公交专用车道。公交专用车道宽度宜为 3.5 m，公交专用车道不宜设置隔离设施进行封闭，根据通行情况，可设定公交专用车道的专用时段。

公交专用车道设置的位置分为路外侧式、路中式，可根据下列条件选择：一般主干路宜选择路外侧式；路段沿线设置的公交停靠站较为密集、间距较短时，宜选择路外侧式。有中央隔离带，且空间满足设置公交停靠站时，可选择路中式；快速公交(Bus Rapid Transit, BRT)专用车道宜选择路中式；路段沿线开口较多，为减少对公交车的影响，宜选择路中式。采用路外侧式时，沿线出入口与公交专用车道交织区域应设置黄色网状线。采用路中式时，应考虑乘客过街交通的组织，可采用立体过街通道、与上下游交叉口的行人过街设施衔接等方式。

3.3.5　其他路段交通组织设计方法

1. 路内停车管理

路内停车管理有助于道路交通有序行驶，避免因违章停车造成的虚拟瓶颈现象。经论证，道路空间足够、交通负荷度较低，不影响行人和非机动车通行时，路段上可设置路内停车泊位。当交通流发生变化时，路内停车泊位可取消。距路外停车场出入口 200 m 以内不应设置路内停车泊位。路内停车泊位不应设为专用停车泊位，其泊位内不应设置地锁。主干路和次干路上不宜设置大型停车泊位。路内停车泊位应避开水、电、气等地下管道工作井，并且不能影响路段沿线出入口的视距。路内停车泊位宜采用平行式布局，泊位内停放的车辆，应按照道路车流的方向顺向停放。路内停车泊位应配套设置相应的标志和标线，告知允许停放的时间段、允许停放的时长等。

2. 多乘员车辆优先通行设计

路段单向车道数在 3 条及以上，交通流量大较易发生拥堵，高峰期单位时间内空载车辆(不含驾驶员)交通量与总交通量之比超过 70% 的道路，可设置多乘员专用车道；多乘员专用车道应配套设置多乘员专用车道标志和标线，并在多乘员专用车道标志和地面上标明乘员人数。当多乘员车道有时间限制时，应使用标志说明，同时宜在路面用标线标识。多乘员专用车道实施前宜设置过渡期，并通过媒体向广大交通参与者进行宣传。

3. 行人过街交通组织设计

人流密集商业区或生活性道路，结合过街需求，宜每隔 150~250 m 设置一处人行横道；主干路或交通性道路，宜每隔 300~400 m 设置一处人行横道；路段人行横道优先采用

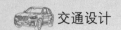

平面过街方式。在快速路上，应采用立体人行横道；路段设置的行人过街设施应充分考虑非机动车过街需求；人行横道可结合公交站台、减速丘、出入口等设施进行设置，一般设置在公交站台或出入口的上游、大型减速丘的台面上；当交通条件符合《道路交通信号灯设置与安装规范》(GB 14886—2016)的规定时，可设置人行横道信号灯；当路面宽度大于30 m或人行横道长度超过16 m时(不包括非机动车道)，应在道路适当位置设置安全岛。

3.4 交叉口交通组织设计

交叉口交通组织设计总体要求：对各类交通流的通行权、通行空间和路线进行精细化设计，并充分保障行人、非机动车的需求；通过设置交通标志、标线、隔离设施和优化信号控制等措施合理调配交叉口的空间、时间通行权和优先通行权；交叉口达到饱和或接近饱和，或部分流向交通流通行需求与通行能力严重不匹配时，可采取交通限制措施。

3.4.1 行人过街交通组织设计

行人过街交通组织设计，除快速路外的城市道路，交叉口应优先采用平面过街方式；行人过街的路线宜确保行人过街的总距离最短或使行人穿越机动车道的时间最短；允许行人过街的交叉口应设置人行横道等过街设施，保证行人过街的安全，人行横道宽度应不小于3 m。

采用交通信号灯控制的交叉口，应设置人行横道信号灯；路面宽度大于30 m或人行横道长度超过16 m时(不包括非机动车道)，应在中央分隔带或对向车行道分界线处的人行横道上设置安全岛；设置安全岛的交叉口为提高通行效率和保障行人过街时间，可采用行人分段过街的交通组织方式，在安全岛上增设人行横道信号灯指示行人分段过街。在行人过街交通量较大且持续时段较长的信号灯控制的交叉口，可采用行人对角线斜穿过街的交通组织方式。此时，应配套设置斜穿的人行横道线和专用的行人信号相位。

3.4.2 非机动车交通组织设计

非机动车通过交叉口的路线可分为与机动车同流线、与行人同流线、单独放行3种方式。

非机动车采用与机动车同流线通行方式的情况有：无信号灯控制的交叉口、机动车和非机动车混行的交叉口、未设置非机动车信号灯的信号灯控制交叉口、采用左转独立放行的多相位信号灯控制交叉口，停止线后左转、直行、右转的非机动车有足够的等候空间。

非机动车采用与行人同流线通行方式的情况有：交叉口设置了交通岛，且用于驻留非机动车和行人；采用各进口道轮放方式的信号灯控制交叉口；某进口道未设置左转专用放行相位；对向左转车流交汇处空间不满足非机动车安全通行所需；非机动车在人行道上通行的信号灯控制交叉口；设置了环岛的交叉口。

非机动车采用单独放行通行方式的情况有：禁止机动车通行或左转，但允许非机动车通行或左转；在机动车停止线前方设置了非机动车停车等候区。采用与行人同流线通行方式时，宜配套设置非机动车信号灯，交叉口内应通过施画标线、设置隔离护栏等方式明确非机动车通行、禁行和停车等候的空间。采用单独放行的通行方式时，应设置非机动车信号灯，并设置非机动车专用的通行相位。

非机动车停车等候区的位置不应阻挡相交方向车辆的通行。非机动车流量较大的交叉口，宜采用控制机动车右转的信号控制方案，减少对非机动车通行的影响。交叉口非机动车进口道宽度不应小于 2.5 m；交叉口内通行空间宽度不宜小于 3.0 m。

3.4.3　机动车交通组织设计

1. 机动车交通组织控制方式

交叉口应当采取合适的控制方式，确保各方向机动车安全、有序通过。达到 GB 14886—2016 规定的设置信号灯条件的交叉口，应采用信号灯控制。未达到设置信号灯条件的交叉口应采用让行控制，可根据下列情况选择让行方式：支路与主干路相交，支路应采用停车让行控制；相交道路中，视距不足或纵坡大于 2% 的道路应采用停车让行控制；相交的道路中，交通流量较低的道路宜采用停车让行控制；次要道路接入主要道路且有汇流车道时，次要道路应采用减速让行控制；设置环岛的交叉口宜采用停车让行控制。

2. 进出口道机动车交通组织设计

进出口道机动车交通组织设计包括进口数量和功能的设计，应符合如下要求：交通性道路交叉口进口道车道数应大于或等于上游路段车道数；当进口道车道数为 2 条及以上时，应根据交通需求，合理设置导向车道的组合；信号灯控制交叉口高峰时段平均每周期内左转车辆不超过 2 辆时，不宜设置左转专用车道；最右侧车道宜优先设置为直右车道；当进口道车道数比上游路段车道数多 2 条或 2 条以上时，或信号灯控制交叉口高峰时段平均每周期右转车辆大于 4 辆时，宜设置右转专用车道；当道路有中央隔离带且对向车道不少于 3 条时，可在停止线后设置专用的掉头通道，其宽度应满足车辆掉头的需要；左转、直行和右转车道的数量应综合考虑相应方向机动车交通量和排队长度来确定。

进口道布局应符合通行习惯，但在某些情形可采用非常规布局设计：如当快速路匝道与地面道路相交时，或交叉口附近出入口高峰期有大量左转机动车汇入并且交织严重时，可将左转车道放置在进口道右侧；当大型车辆在最左侧掉头困难时，可在右侧设置专用的掉头车道。非常规布局应采用信号灯控制，并设置醒目的交通标志进行指引。

进口道每条机动车道宽度不宜小于 3.0 m，没有大型车辆通行的机动车进口道宽度不应小于 2.8 m。进口道车道的长度应满足车辆排队的要求。为维持排队车辆的通行秩序，进口道车道应在停止线后设置不少于 30 m 的禁止变换车道区。

出口道车道数一般不小于与其连接的下游路段车道数。对于信号灯控制交叉口，出口道车道数应与上游各进口道同一相位流入的车流股数相匹配。当条件受限，出口道车道数不能满足要求时，宜采取措施减少上游进口道流入的车流股数。出口道每条机动车道宽度不宜小于 3.25 m，没有大型车辆通行的机动车出口道宽度不应小于 3.0 m。

3. 特殊进口道交通组织设计

1) 公交专用进口道

如下情况交叉口可设置公交专用进口道：路段设置有公交专用车道；进口道车道数不少于 5 条，且该进口高峰期每周期平均至少有 1 辆公交车到达；交叉口公交线路较多，高峰期间公交车在交叉口形成较长排队。交叉口设置公交专用车道时，车道宽度不应小于 3.0 m，应配套设置相应的交通标志、标线，宜配套设置给公交车专用的信号灯。

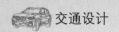

2）可变导向车道

进口道直行与转向交通出现时段性流量显著变化，且进口道车道数不少于 3 条时，可设置可变导向车道。可变导向车道应配套设置相应的标线、可变交通标志，停止线前方不应设置导流标线、左弯待转区。

4. 交叉口内通行交通组织设计

交叉口内应通过施画导向线、导流线或中心圈等方式引导车流顺利通行，并确保车流之间有足够的安全间距。当进口道直行车道与出口道车道偏离较大时，应通过设置直行导向线等方式对直行车流进行引导。采用左转和直行分开放行的交叉口，当交叉口内有足够的空间时，可设置左弯待转区或直行待行区，引导左转或直行车流提前进入交叉口待驶。

5. 交叉口限制性交通组织设计

1）禁止机动车左转

交叉口在下列情况之一时，可采取禁止机动车左转的交通组织方式：左转交通量较小，但左转交通量对直行车的通行产生较大影响；交叉口流量接近饱和，左转交通在交通流构成中相对处于次要地位；左转车道长度不足，高峰期左转车辆排队严重影响直行车辆通行。

实施禁止左转后，本交叉口左转需求应能够通过绕行方式实现。绕行方式包括直行后掉头、右转后掉头、上游交叉口提前左转、下游交叉口左转等，但绕行方式不应造成新的堵点。

2）禁止机动车掉头

交叉口在下列情况之一时，可采用禁止机动车掉头的交通组织方式：掉头车辆对左转或直行交通流通行效率影响较大；掉头空间不足，且没有条件在右侧设置专用掉头车道；视距不良，掉头存在交通安全隐患。

3）其他限制性交通组织设计

当交叉口某个方向为单向通行，应配套采用禁止直行、左转、右转等交通组织方式。

采用交通组织方式交叉口应设置显著的禁令标志，必要时应设置绕行指示标志。可以根据交通流的变化，采用时段性限制交通组织方式。

3.4.4 交叉口信号控制优化与智能化

1. 信号控制方案组织设计

1）新建交叉口信号控制设计

新建交叉口可根据道路类型、车道分布、预测交通流量进行初始方案设计。人行横道信号灯的绿灯时间应保证行人安全过街，行人过街步速宜按 1 m/s 计算。人行横道信号灯的红灯时间不宜大于 90 s。交叉口信号周期根据交通需求和流量预测设计初始方案，实际运行一段时间之后，应根据交通流量对配时方案进行调整。

2）已建交叉口信号控制优化

根据工作日、周末、节假日等不同时期，统计分析全天交通流量，根据流量划分控制时段。控制时段应至少包含高峰、平峰和夜间。根据交叉口交通流的运行特点，合理优化控制相位；在对相位进行优化时，应尽量减少交通流冲突，同时兼顾行人及非机动车过街需求。根据交通流量和控制相位确定信号配时，设计不同时段的控制方案和信号配时方案，信号周期宜不超过 180 s。当交叉口面积较大，仅靠黄灯时间不足以避免不同交通流之间的交织时，应根据交叉口实际交通流运行情况设置全红时间，以保障交叉口通行安全。

2. 信号控制智能化

交通信号控制宜采用智能化的信号控制设备，其主要功能如下。

1）控制类型

可实现手动控制、时间表控制、无电缆线协调控制、感应控制、动态方案选择控制、自适应控制、中心强制手动控制和路段行人过街协调控制，可应用于控制路口、路段行人过街还可同时进行两个路口或行人二次过街控制。

2）信号时间、闪动频率、转换过渡

信号持续时间可设置，调节步长不高于 1 s。交通信号控制机内部时钟 24 h 的累积误差不超过 1 s。黄闪信号频率为 60 次/min，并可设置，设置步长为 1 次/min，其中信号亮暗时间比为 1∶1。绿闪信号频率、信号亮暗时间比与黄闪信号相同。在控制方式转换、配时方案变化时，能够实现平滑过渡，信号状态不突变，平滑过渡在 0~3 个信号周期内可选择设置。

3）启动时序

通电开始运行时先进行自检，自检后按如下时序启动：各信号相位先进入黄闪信号；黄闪信号结束后，各信号相位进入路口清空灯色相位；清空灯色相位结束后，交通信号控制机按预设置的方式运行。

4）信号转换

由于每路信号灯都单独控制，因此可任意定义信号转换序列，可任意设置信号的转换顺序及调用。

5）控制模式转换

从自动控制模式转入手动控制模式时，手动开关作用以后，保持原有相位的最小安全时间，最小安全时间根据控制点实际情况设定；从手动控制模式转入自动控制模式时，信号状态不突变，各相位信号应保持转换时刻的状态，并从当前信号状态开始以自动控制方式运行。自动控制模式间的转换实现平滑过渡。在平滑过渡中，交通信号保证在路口内等候的车辆能够安全驶离路口。

3.5　区域与专项交通组织设计

3.5.1　区域交通组织设计

区域交通组织设计总体要求：根据各区域交通吸引、发生的特点，城市区域可分为城市中心区、外围区、城市重点功能片区、特定时段临时管制区等，可采用不同的管理对策和交通组织方式；区域交通组织宜以促进交通流均衡分布、确保交通通行需求与路网通行能力相匹配为目标，通过合理的措施，引导区域内交通有序流动；区域交通组织应满足城市交通出行与客货运输的基本要求，还可以根据城市交通容量、社会安全、环境保护等方面的要求采取区域性限制措施。

1. 对外交通组织设计

1）城市出入口交通组织设计

城市出入口的范围根据城市主干路和城市周边干线公路的衔接情况、交通流分布情况

和出行习惯确定，包括相关交叉口和连接路段。出城和进城主要交通流线设计，应充分考虑城市各片区规模、区位条件、空间布局和产业分布，结合路网结构、道路条件、交通方式运输需求等确定。按照"快出缓进、分散组织"的原则，引导出城交通流快捷、顺畅地进入干线公路，引导进城交通流分散、缓速地进入城市主干路网。出城路线上的指路标志应连续指引城市出入口连接的高速公路、国道、省道等。按照交通管理的需要，在城市出入口处可以对危化品运输车、拖拉机、货运车辆的进城路线和时间采用交通限制措施。进城路段上宜采取设置限速标志逐级降速、交叉口宜设置信号灯逐步分流等方式，缓解进城交通流压力，减少交通拥堵。

2）对外客运交通组织设计

大型客运枢纽宜配套设置市内公交起（终）点站、市内轨道交通站点。客运枢纽设置在中心城区的，客运车辆的出入口不宜设置在主干路上。出入口宜分离设置，优先采用"右进右出"交通组织方式，必要时采用信号灯控制。城市对外客运线应以客运枢纽和城市出入口为起、终点进行设计，应选择快速路、主干路为主要途径，尽量避免或绕开易发生交通拥堵的城市道路。路段上应减少大型客运车辆掉头现象，可通过远端绕行的方式合理设计线路。

3）对外货运交通组织设计

对外货运集散场站应设置在城市外围区。城市的重要货源点与集散场站之间应设定通道，通道不宜设置在城市快速路、生活性道路上。当受路网条件限制，需要将其设置在生活性道路上时，应配套设置隔离、隔声等设施。货物运输的时段宜避开高峰期。货运通道的交通流线应避免采用掉头的组织方式。货运通道道路条件许可的情况下，可设置专用的货车行驶车道。危险品运输线路和停车场的设计应当避开人口密集区、重要单位和水源保护地点等。

2. 区域限制性交通组织设计

1）车辆限行

当城市中心区、重点功能片区在高峰期交通较为拥堵时，宜采取部分车辆限行等交通组织方式。当城市区域空气污染或噪声污染较为严重时，或在环境保护要求较高的区域，宜对排放不达标车辆、重型货车等采取限制通行的措施。限制通行的区域应选择环路、贯通性主干路为区域的边界，设置明显的禁令标志和辅助标志。说明限制的范围、车种、车型和时段等。在限行的范围和时间内，应有公共交通等替代出行方式满足被限制车辆驾驶员和乘客的交通需求，并根据需要在限行区域外围设置停车换乘场地。

2）区域限速

在住宅较为集中的城市片区、大型社区等地，为提高道路的安全性，宜采用区域限速的交通组织方式。区域限速值宜为 30 km/h，宜配套设置减速丘、减速垄等强制降速设施。采取区域限速的范围应当明确，宜选择城市主干路作为限速区域的边界。进出限速区域的交叉口均应设置区域限速标志和解除限速标志，宜用辅助标志说明限速区域的范围。

3. 重点片区交通组织设计

火车站、长途汽车站及机场等大型交通枢纽及周边道路的交通组织设计应符合如下要求：枢纽内部应采用人车分流的交通流线设计；枢纽乘客的出发进口与抵达出口应分开设置，并设计安全、便捷的乘客通道与枢纽停车场、周边公共交通站点相连；送站停车点和接站停车点应分离。送站停车点宜采取"即停即走"的限时停车管理方式；长途汽车站营运车辆的出入口应分开设置，交通流线不应与接送站车辆流线产生较大冲突；公共交通站点应尽可能靠近枢纽；出租车的上客等待区应单独设置，并设计出租车专用通道；枢纽周边临近路段宜采取禁止停车管理策略。

医院周边区域交通组织设计应符合如下要求：根据医院的规模宜设计多个出入口，且出入口应分开设置；干路上出入口宜采用右进右出交通组织方式或设置信号灯进行控制；急救车辆设置单独的进出通道；合理规划设计社会车辆、出租车的停车场和临时停靠站点，避免在周边主干路上设置长时间停车泊位；由于停车场停车满位、在入口道路上经常形成车辆排队时，可沿入口道路一侧临时设置排队通道，并设置隔离设施、交通标志等进行引导；出租车的上、下客停车区宜单独设置。

学校周边区域的交通组织设计应符合如下要求：学校出入口宜距离交叉口范围100 m外，且不宜设置在城市主干路或国省道上；学校周边道路宜采用人行天桥、地道或机动车下穿等立交行人过街设施；学校周边适当位置可设置接送学生车辆停放的固定或临时停车泊位，并设置安全、便捷的学生步行专用通道与学校门口相连；对有校车接送的学校，应设置校车专用通道，校车停靠站点应设置在学校门口附近但不宜占用主干路；在接送学生高峰期，可对学校周边交通拥堵严重的道路，采取分时段单行、禁止左转等临时性交通管制措施；学校周边的道路应设置限制速度、禁止鸣笛等标志，交叉口应设置交通信号灯及交通违法监测记录设备。

商业集中区周边的交通组织设计，应充分考虑行人和非机动车通行需求；交通流通过商业集中区，应提前设置指路标志或诱导标志进行远端分流；在条件许可的情况下，片区内的次干路及支路宜采取单向交通组织方式；集中区内公共停车场的出入口应避免设置在主干路上，宜将出入口分离设置，并实施右进右出交通组织方式；商业集中区内的货运路线、时段、停车上下货的地点设计应不影响主要道路通行。

旅游景点周边的交通组织设计，大型旅游客车、社会车辆、出租车、内部车辆、非机动车的停车区域应分开设置；中心城区的旅游景点，应优先满足大型旅游客车、出租车等车辆的停车和临时上下乘客需求，社会车辆停车区宜通过交通标志指引到附近的公共停车场。合理设计从高速公路出口、国省道连接线到达景点的通行路线，并沿途设置旅游区交通标志进行指引。在节假日旅游高峰期，可对旅游景点周边实施临时性道路限行、封闭道路开口、禁止左转等交通管制，当需要设置临时性停车泊位时，宜在次干路和支路上设置。

3.5.2　交通组织专项设计

交通组织专项设计通常考虑大型活动交通组织专项设计和占路作业区交通组织专项设计。

1. 大型活动交通组织专项设计

大型活动交通组织设计方案应优先保障行人、公交车、活动专属大型客车的通行。

1）行人交通组织设计

通过连续设置的临时交通标志，明确停车场、公交停靠站、停车换乘地点至大型活动举办地点的步行路线；大型活动举办地点入口处应设置标志、标线和隔离设施，明确不同人群的等待区域与入场路线；大型活动举办地点内部，应根据出口位置、通行能力、步行距离等因素，设计不同人群离场路线。

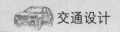

2)车辆交通组织设计

大型活动入场、离场时段，宜根据机动车、非机动车的主要交通流向在举办地点周边的次干路、支路实施临时性单向交通组织设计或潮汐交通组织设计；可根据道路基础条件、停车场位置、交通流特性等因素，对大型活动举办地点周边部分道路采取禁限行交通组织方式，并通过停车换乘、车辆绕行等措施满足禁限行车辆的交通需求；可在大型活动举办地点周边满足条件的主干路、次干路设置临时性公交专用车道或活动专属大型客车的专用车道；停车换乘地点的选择应与参加活动群众的出行路线相匹配；特殊车辆的入场、离场线路应尽量避开易发生交通拥堵的路段和交叉口，且道路沿线应便于实施交通管制等应急措施。

3)停车交通组织

机动车、非机动车停车场入口应与行人口分离设置，且宜对进出停车场的机动车采取右进右出交通组织方式；可结合区域内禁行道路设置路边(路内)停车场，或利用周边闲置场地、公共用地等设置临时停车场；临时性公交停靠站和活动专属大型客车停靠站应设置在靠近大型活动举办地点入口处；特殊车辆停车场应设置在最靠近大型活动举办地点的停车场。

2. 占路作业区交通组织专项设计

占路作业区交通组织设计方案应满足作业控制区沿线居民、单位工作人员的基本出行需求，优先保障行人、非机动车及公交车通行。

占用部分或全部车道进行作业时，应修建同等数量的临时便道，降低占路作业对交通的影响。因占路作业调整公交线路、站点时，临时公交停靠站应能保障乘客安全上下车。在占路作业区内和周边道路应设置相关标志、标线等，保障作业区内交通安全运行，并对作业区周边交通流提前引导分流。

3.6 交通组织设计方案的评价

3.6.1 评价方法

实施交通组织设计方案的交叉口、路段、区域，应对实施前、实施后的道路交通运行状态进行评估验证，对比评价交通组织设计方案实施效果。交通组织设计方案的评价方法包括仿真模拟评价、现场调查评价等方法。

交通组织设计方案实施前后的仿真模拟评价应保证道路交通流量、转向比例等交通需求参数和道路设计车速、道路宽度等道路基础参数的前后一致性。交通组织设计方案实施前后的现场调查评价，应在实施前和实施后交通流稳定时进行，在不同观测日的同一时段进行交通流运行数据采集；观测日的选择应避开节假日、异常天气及其他特殊情况，宜为不同周内的同一天。

应根据评价指标预先设定评价体系，可采用单项指标评估对比、多项指标加权综合评估对比等方式。

3.6.2 评价指标

交叉口交通组织设计方案评价的主要指标有交通流量、最大流量比、交叉口平均延误、交叉口平均等候信号灯周期个数、交叉口内冲突点数、行人过街平均延误等。

交通流量：单位时间内，各进口道通过机动车车辆数的总和。最大流量比：各进口道的交通流量与饱和流量之比的最大值。交叉口平均延误：各进口道车辆在通过交叉口的过程中所造成的平均时间损失。交叉口平均等候信号灯周期个数：单位时间内，在通过交叉口停车线前车辆排队等候信号周期的个数的平均值。交叉口内冲突点数：各方向车辆、行人轨迹在同一地点、时间产生交叉，可能会发生碰撞的冲突点数量。行人过街平均延误：路口某方向的行人过街平均等待时长。

路段交通组织设计方案评价的主要指标有路段主流向交通总流量、路段平均行程时间、路段平均行程速度、停车次数、公交车平均行程速度等。

路段主流向交通总流量：单位时间内，路段各交叉口沿主流向方向的交通流量总和。路段平均行程时间：车辆通过某一特定长度路段所耗费时间的平均值（包括信号控制和交通拥堵造成的延误）。路段平均行程速度：行驶在某一特定长度路段内全部车辆的车速的平均值。停车次数：车辆通过某一特定长度路段停车次数的平均值。公交车平均行程速度：行驶在某一特定长度路段内公交车的车速平均值。

区域交通组织设计方案评价的主要指标有区域内交叉口交通总流量、道路交通拥堵率、高峰期拥堵延时指数等。

区域内交叉口交通总流量：单位时间内各交叉口交通流量总和，主要用于判别区域内的总体通行量。道路交通拥堵率：特定时段内道路处于拥堵状态的里程数之和，与该时段区域内所有道路里程数之和的比值。高峰期拥堵延时指数：区域内典型道路上，机动车在高峰期拥堵状态时通过某些路段所花费的时间，与畅通状态下通过同样路段所花费的时间的比值。

本章知识小结

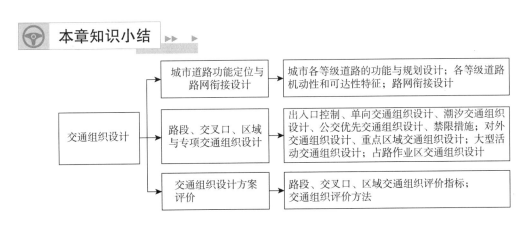

思考题

1. 何为单向交通组织设计？机动车单向交通组织设计实施条件是什么？

2. 何为潮汐车道交通组织设计？潮汐车道交通组织设计的实施条件是什么？

3. 交叉口与路段交通组织设计评价的主要指标分别有哪些？

4. 如何评价道路交通拥堵率？

5. 以某区域交通为例，评价高峰期拥堵延时指数。

第4章
城市道路路段与交叉口
交通设计

4.1　交通量与通行能力

　　交通量是拟定道路设计技术标准的基础要素，通过对道路通行能力和交通量进行合理分析可以确定道路等级、线形、几何尺寸等重要指标，也可确保道路规划、道路管理、道路控制、以及道路交通组织设计的合理性。除此之外，在进行道路改扩建时，交通量及通行能力作为一项重要的评定指标，通过对未来年交通量、通行能力、服务水平的预测，对道路是否需要进行改扩建以及改扩建方案的方向进行判定，并在此基础上提出合理方案。

4.1.1　交通量

交通量是指在选定时间段内，通过道路某一地点、某一断面或某一条车道的交通实体数，可分为机动车交通量、非机动车交通量和行人交通量 3 种，在无特殊说明时交通量指道路双向的机动车车辆数之和。交通量随时间和空间的变化而不断变化，通常以平均交通量进行统计，研究交通量在不同环境下的变化，是交通规划、管理和控制、经济分析等多方面工作的必要环节。

平均交通量是指在某一时间段内交通量的平均值，表达式为

$$平均交通量 = \frac{1}{n} \sum_{i=1}^{n} Q_i \tag{4-1}$$

式中，Q_i——统计时间内的日交通量(辆/d)；

　　　n——统计时间段的时间(d)。

按照所选取的时间段的差异，对平均交通量进行如下划分。

(1)年平均日交通量(Annual Average Daily Traffic，AADT)：指某年内平均每日的交通量，是交通工程中一项重要的指标，是道路交通设施规划、管理与控制，以及设计的重要依据。以全年 365 天为例，其表达式为

$$AADT = \frac{1}{365} \sum_{i=1}^{365} Q_i \tag{4-2}$$

(2)月平均日交通量(Monthly Average Daily Traffic，MADT)：指某月内平均每日的交通量。其表达式为

$$MADT = \frac{一个月的日交通量总和}{本月的天数} \tag{4-3}$$

(3)周平均日交通量(Week Average Daily Traffic，WADT)：指某周内平均每日的交通量。其表达式为

$$WADT = \frac{1}{7} \sum_{i=1}^{7} Q_i \tag{4-4}$$

除此之外，在进行交通设计时，常常以高峰小时交通量作为参考依据，并对其系数进行计算。交通量时变图一般呈马鞍形，具有上下午两个高峰，呈现高峰时的小时称为高峰小时，该小时的交通量称为高峰小时交通量。高峰小时交通量占全天交通量之比称为高峰小时流量比(以%表示)，高峰小时流量比可以反映高峰小时交通量的密集程度，同时方便进行日交通量的计算。高峰小时交通量与高峰小时内某一时段的交通量扩大为高峰小时的交通量之比称为高峰小时系数(Peak Hour Factor，PHF)。一般将高峰小时划分为 5 min、10 min 或 15 min 的连续时段内的统计交通量，此连续 5 min、10 min 或 15 min 所计交通量中最大的那个时段，就是高峰小时内的高峰时段，并将其扩大为一小时交通量。高峰小时系数的一般表达式为

$$PHF_{(t)} = \frac{高峰小时交通量}{(t \text{ 时段内统计所得最高交通量}) \frac{60}{t}} \tag{4-5}$$

影响交通量特性的因素有很多，主要如下。

(1)道路的类型和等级。道路类型(城市道路、公路)和等级的不同会导致交通量的构成和大小有所差异。

（2）道路功能。道路功能的差异会导致道路交通量特性的差异。例如，乡村道路、城市道路、旅游公路、专用车道等其交通量均有明显的差异。

（3）时间特征。不同时段的交通量特性差异显著。例如，白天与夜间、平时与假期。

（4）地区差异。用地性质、时间特性、所处位置及环境均对交通量特性具有很大的影响。

4.1.2 通行能力

在一定的道路和交通条件下，某一特定路段在单位时间内通过断面的最大车辆数即为通行能力，通常以 pcu/h 表示。按性质可将通行能力分为理想通行能力、可能通行能力和设计通行能力。

（1）理想通行能力：在理想的道路与交通环境下，每一车道（或每一条道路）在单位时间内能够通过的最大交通量。

（2）可能通行能力：在实际已知的道路与交通环境下，每一车道（或每一条道路）在特定时间内（通常采用 15 min）能够通过的最大车辆数。

（3）设计通行能力：设计中的公路的某一组成部分在预测的道路、交通、控制及环境条件下，每一车道（或每一条道路）的均匀段或横断面上，在所选用的设计服务水平下，单位时间内能够通过的最大交通量。

城市道路系统中快速路应根据交通流行驶特征依据基本路段、分合流区和交织区采用相应的通行能力。其他等级道路应根据交通流特性和交通管理方式依据路段、信号交叉口、无信号交叉口等采用相应的通行能力。各级城市道路路段一条车道的通行能力如表4-1、表4-2所示。

表 4-1 快速路路段一条车道通行能力

设计速度（km/h）	100	80	60
基本通行能力（pcu/h）	2 200	2 100	1 800
设计通行能力（pcu/h）	2 000	1 750	1 400

表 4-2 其他等级道路路段一条车道通行能力

设计速度（km/h）	60	50	40	30	20
基本通行能力（pcu/h）	1 800	1 700	1 650	1 600	1 400
设计通行能力（pcu/h）	1 400	1 350	1 300	1 300	1 100

影响道路通行能力的因素主要如下：

（1）道路条件：指道路的几何条件，包括道路横、纵线形，交通环境、布设的管理与控制设施种类。

（2）管制条件：指道路交通标志标线、道路管制设施、信号灯的设置、车道限制、管制措施等。

（3）交通条件：指道路上的车辆的交通特性，包括设计速度，交通组成和分布，车道中交通流量、流向及方向分布等。

（4）其他条件：地域、环境、驾驶员心理等因素。

道路通行能力是道路交通特征的重要指标，确定道路通行能力是道路交通规划设计、管理与养护的必要环节，同时也可以为确定道路等级、线形几何要素，提出道路改扩建方案，进行道路及枢纽规划、设计、管理，以及为出行者出行选择提供基础依据。

4.1.3　服务水平

服务水平是指道路使用者从道路状况、交通与管制条件、道路环境等方面可能得到的服务程度或服务质量。服务水平通过道路运行速度和交通量与基本通行能力之比综合反映。服务水平的好坏受到交通情况、环境情况、道路情况、管理与控制措施等的影响。车流量越小、车速越快、延误时间越短、舒适性与安全性越高、行驶自由度越大，道路的服务水平越好。服务水平也称为服务等级，是用来衡量道路为使用者提供的服务质量的等级。目前按照行驶车速、运行时间、车辆延误、干扰程度、车道密度、通畅性、舒适性、安全性、经济性等指标将服务水平分为不同的等级。在进行服务水平等级评定时，以表示道路拥挤程度的 V/C 值作为主要评价指标，以小客车实际行驶速度与自由流速度之差作为次要评价指标。快速路路段服务水平分级如表 4-3 所示。信号交叉口服务水平分级如表 4-4 所示。

表 4-3　快速路路段服务水平分级

设计速度 （km/h）	服务水平 等级		密度 [pcu/(km·ln)]	平均速度 （km/h）	负荷度 V/C	最大服务交通量 [pcu/(h·ln)]
100	一级 （自由流）		≤10	≥88	0.4	880
	二级 （稳定流上段）		≤20	≥76	0.69	1 520
	三级 （稳定流）		≤32	≥62	0.91	2 000
	四级	（饱和流）	≤42	≥53	≈1.00	2 200
		（强制流）	>42	<53	>1.00	—
80	一级 （自由流）		≤10	≥72	0.34	720
	二级 （稳定流上段）		≤20	≥64	0.61	1 280
	三级 （稳定流）		≤32	≥55	0.83	1 750
	四级	（饱和流）	≤50	≥40	≈1.00	2 100
		（强制流）	>50	<40	>1.00	—
60	一级 （自由流）		≤10	≥55	0.30	590
	二级 （稳定流上段）		≤20	≥50	0.55	990
	三级 （稳定流）		≤32	≥44	0.77	1 400
	四级	（饱和流）	≤57	≥30	≈1.00	1 800
		（强制流）	>57	<30	>1.00	—

注：负荷度 V/C 是在基准条件下，最大服务交通量与基准通行能力之比。

表 4-4　信号交叉口服务水平分级

设计速度（km/h）	一级	二级	三级	四级
控制延误（s/veh）	<30	30~50	50~60	>60
负荷度 V/C	<0.6	0.6~0.8	0.8~0.9	>0.9
排队长度（m）	<30	30~80	80~100	>100

注：负荷度 V/C 是在基准条件下，最大服务交通量与基准通行能力之比。

确定道路的服务水平，可以为道路设计、道路规划及道路的交通管理提供依据。

4.2　横断面设计

道路横断面是指道路中线上任意一点的法向切面，由横断面设计线和地面线组成。其中，设计线包括行车道、路肩、分隔带、边沟、边坡、截水沟、护坡道以及取土坑、弃土堆、环境保护设施等。地面线是表征地面起伏变化的线，通过现场实测或由大比例尺地形图、航测像片、数字地面模型等途径获得。道路横断面通常由机动车道、非机动车道、人行道、分隔带、路缘带、绿化带以及停车带等要素组成，设计范围为两侧路肩外缘（城市道路为规划红线）之间的组成部分，对其宽度、横向坡度等进行设计。横断面设计需要依照行车对公路的要求，结合当地的地形、地质、气候、水文等自然因素，根据交通性质、交通量、车速，确定横断面的形式、组成部分，以及各组成部分的位置和几何尺寸。设计的目的是确保足够的断面尺寸、强度和稳定性，同时在经济合理的基础上，保证道路的安全性、合理性及舒适程度，使行车安全、流畅，并且还要为路基土石方工程数量计算、公路的施工和养护提供依据。

4.2.1　横断面类型

道路横断面设计是交通设计的重要部分，可以确保交通安全并确保道路具有一定的通行能力。依据车道布设形式可以将道路横断面分为单幅路、双幅路、三幅路、四幅路 4 种形式，俗称为"一块板、两块板、三块板和四块板"，具体内容如下。

1. 单幅路

单幅路是指无分隔带划分车行道，采用机非混行的道路横断面，在布设时可视道路情况判定是否需要对快车道与慢车道进行划分，一般情况下采用快车在道路中间部分行驶，慢车及非机动车靠近两侧行驶，在必要时慢车可临时靠道路中线行驶。该形式横断面道路具有通行效率较高、灵活性高、建设费用低、占地面积小等特点，主要适用于机动车、非机动车流量均不大的次干路或支路。

2. 双幅路

双幅路是指利用分隔设施将车行道分为两条，机动车分方向行驶的道路横断面，其上机动车与非机动车仍然采用混行方式且可视情况设定快车道与慢车道。该形式横断面道路能够有效降低对向车辆间的相互干扰，在一定程度上可以提高道路的通行能力和服务水平，同时还能增强道路上行驶车辆的安全性。该形式横断面道路上可以布设较宽的绿化分隔带，有利于形成良好的景观绿化环境，主要适用于机动车流量较大，非机动车流量较小的主干路、次干路。

3. 三幅路

三幅路是指用分隔带将车行道划分为三部分的道路横断面。该形式横断面道路有利于进行机非分离，从而更好地维持交通秩序，保证道路使用者的安全。但是，存在对向机动车间相互干扰，机动车与沿街用地、非机动车与街道另一侧的联系不便，交叉口通行能力低等问题，且建设费用较高、占地面积大。一般在非机动车较多、机动车较少且对于车速有一定要求的生活性道路或交通性客运干道上使用。

4. 四幅路

四幅路是指在"三块板"的基础上增加一条中央分隔带将车行道划分为四部分的道路横断面。该形式横断面道路可以阻断对向车辆间的相互影响，且通过三条分隔带的设计，实现了机动车道与非机动车道的完全分离，这有助于提高车速并显著减少交通事故的风险，具有较好的交通秩序和较高的道路景观质量。

但是该形式横断面道路的占地面积最大、建设费用最高。因此，一般在机动车、非机动车流量均较大的干线道路上使用。

在进行设计时主要依照道路的等级和功能、使用性质、地形等进行城市道路横断面选择和组合，同时还需兼顾经济、工程可行性和发展趋势，其基本原则如下。

(1)满足道路上各类交通流的流量及其发展的要求。

(2)从路网规划方案出发，考虑道路交通构成、地下管道与线路布设等的现状及发展趋势，满足建设道路的等级、功能、使用性质及红线宽度的要求，并综合考虑交通性与生活性、混行与分行的功能要求，从而确定横断面各组成部分的基本构成和形式。

(3)确保道路交通行驶过程中的安全性、流畅性及舒适性。

(4)从实际情况出发，综合考虑混行道路的通行能力、机动车与非机动车间的过渡形式、专用车道的设置需求、交叉口形式等，保证道路整体的协调。

(5)合理布设道路绿化设施，增加道路使用者的安全系数并提升道路的景观效果，必要时还可作为道路改扩建用。

(6)设置合理的排水设施，如路拱、边沟等。

(7)保证建设道路与公共设施、沿路建筑及周边交通组织的协调。

(8)考虑道路建设的经济性及占地面积的合理性，尽可能减少投资、节约资源，提高经济效益。

4.2.2　机动车道设计

机动车道作为道路重要组成部分，影响道路的通行能力、安全性等指标，因此在进行机动车道设计时应确保机动车连续、安全通行，避免其对非机动车和行人的干扰，还要尽量减轻机动车之间的相互冲突。

1. 车道数设计

对于新建道路和改建道路的车道数由不同因素决定。新建道路的车道数由规划年设计小时交通量、设计通行能力、道路红线决定；改建道路的车道数可由规划年设计小时交通量、现状交通运行状况、道路红线、改建工程量等决定。

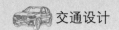

2. 车道宽度设计

车道宽度由车辆宽度和侧向安全距离组成。侧向安全距离是指同向或对向行驶时两车厢之间的安全间隙,以及车厢与侧石之间的侧向安全距离。其应为单车道宽度的整数倍,单车道的宽度需根据道路等级、车型、设计车速等来确定。车道宽度 B' 主要分为以下几种情况进行计算。

(1)一侧靠边,一侧同向行驶的车道。

$$B' = d + a + y \qquad (4-6)$$

(2)一侧靠边,一侧对向行驶的车道,其形式如图 4-1 所示。

$$B' = x + a + y \qquad (4-7)$$

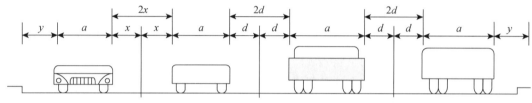

a—车厢宽度(m);$2d$—同向行驶车辆间的安全间隙(m);

$2x$—对向行驶车辆间的安全间隙(m);y—车辆边缘与路沿石边缘间的安全距离(m)。

图 4-1 车道示意图

(3)同向行驶的中间车道。

$$B' = 2d + a \qquad (4-8)$$

(4)反向行驶的中间车道。

$$B' = x + a + d \qquad (4-9)$$

据经验所得,y、d、x 可由车速 $v(\mathrm{km/h})$ 计算,即

$$y = 0.4 + 0.02v^{\frac{3}{4}} \qquad (4-10)$$

$$2d = 0.7 + 0.02v^{\frac{3}{4}} \qquad (4-11)$$

$$2x = 0.7 + 0.016(v_1 + v_2)^{\frac{3}{4}} \qquad (4-12)$$

根据我国相关标准,单车道宽度一般为 2.8~3.75 m,在除城市快速路外的一般道路上,且有大型车混行车道设计车速低于 60 km/h,或小型专用车道设计速度大于 60 km/h,以及城市道路交叉口,大型车混行车道出口道车道宽度一般采用 3.5 m;在城市快速路、主干路、大型车混行车道,且设计车速高于 60 km/h 时一般采用 3.75 m。车道过宽时车辆速度较高,会频繁出现超速和超车现象,当流量较大时车辆可能违法并行,影响交通效率,造成秩序混乱、安全性下降等问题;车道过窄会降低道路通行能力,造成交通拥挤,增加驾驶压力,易发生交通事故。对于靠近中央分隔带、机非分隔带,或人行横道的机动车道,外侧应有不低于 0.25 m 的安全距离。合理设计机动车道宽度可以提高车辆行驶的安全性与效率,改善交通秩序,且能够降低土地资源消耗,节省成本。

(5)公交专用车道宽度。

公交专用车道由于其使用形式及公交车宽度与其他机动车道有所差异,所以在设计时应当适当加宽车道宽度,其推荐值如表 4-5 所示。

表 4-5　公交专用车道宽度推荐值　　　　　　　　　　单位：m

设置位置	路段	出口道	进口道
路侧	3.45～3.75	3.40～3.75	3.25～3.65
路中	3.30～3.50	3.25～3.50	3.20～3.40

4.2.3　非机动车道设计

非机动车道是指在公路、城市道路上的车行道上自右侧人行道线至第一条车辆分道线（或隔离带、墩）之间，或者在人行道上划出的车道，除特殊情况外，专供自行车、电动车、三轮车等非机动车行驶，对道路通行能力、道路安全及交通环境具有重要影响。随着我国社会环境的改变，非机动车的数量逐渐回升，其产生的影响也在不断增大，因此，合理的非机动车道设计尤为重要，在设计时既要保证非机动车通行的安全性、连续性，也应该避免其与行人、机动车之间的相互干扰。非机动车道一般情况下沿道路两侧对称布置，与机动车道之间利用分隔带或者标线进行分隔，遵循"宁宽勿窄、适当留余"的原则进行设计。

非机动车道的宽度需结合车辆类型、车身宽度、车间安全距离及道路通行能力综合考虑。据调查，只有一条自行车带的非机动车道宽度应为 1.5 m，其通行能力为 800～1 000 辆/h，需根据通行能力确定所需的车带数量，从而确定车道宽度，其中每增加一条车带则车道宽度增加 1 m。例如，设置两条自行车带的非机动车道宽度为 2.5 m，设置三条自行车带的非机动车道宽度为 3.5 m，以此类推。同时，需考虑多种类型车辆混行、并行的情况。非机动车道单车道宽度及通行能力经验值如表 4-6 所示。

表 4-6　非机动车道单车道宽度及通行能力经验值

车辆类型	三轮车	小板车	大板车
单车道宽度/m	2.0	1.6	2.8
单车道通行能力/(辆·h⁻¹)	300	380	200

4.2.4　路侧带设计

路侧带是由人行道、绿化带、设施带等组成的。路侧带的宽度受到各组成部分宽度的影响。

1. 路侧带宽度

1）人行道宽度

人行道不但为行人提供道路，也会在其地下空间埋设管道。其宽度应该根据道路类别、功能、行人流量、沿街建筑性质及布设公用设施要求等确定，同时也应该使行人的通行顺畅与安全。其计算公式为

$$\omega_P = \frac{N_W}{N_{W1}} \tag{4-13}$$

式中，ω_P——人行道宽度（m）；

N_W——人行道高峰小时行人流量（人/h）；

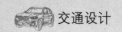

N_{W1}——一条步行带通行能力（人/h）。

行人所占用宽度与行人所携带物品的大小和携带方式有关，一般在 0.60~0.90 m。车站、码头、大型商场附近的道路及全市主干路上，一条步行带宽度取 0.90 m，其余情况取 0.75 m。一条步行带的通行能力，可采用式(4-14)式或式(4-15)进行计算，即

$$N_P = \frac{1\,000\,v}{L} \tag{4-14}$$

式中，N_P——一条步行带的通行能力（人/h）；

v——行人步行速度（km/h）；

L——行人间距（m）。

$$N_P = 3\,600 \times \omega_P v \rho \tag{4-15}$$

式中，ω_P——人行道宽度（m）；

v——行人步行速度（m/s）；

ρ——人群密度（人/m^2）。

根据观察和计算，不同性质道路一条步行带的通行能力如表 4-7 所示。

表 4-7　一条步行带的通行能力

道路性质	步行速度 $v/(\mathrm{km \cdot h^{-1}})$	行人间距 L/m	一条步行带的通行能力 $N/(人 \cdot \mathrm{h^{-1}})$
一般道路	3~4	3~4	800~1 000
闹市及游览区道路	2~3	3~4	600~700
供散步、休息的道路	1~2	3~4	300~500
供运动场、影剧院散场的道路	4~5	3~4	1 000~1 200

根据我国部分城市的调查资料：大城市现有单侧人行道宽度为 3~10 m，中等城市为 2.5~8 m，小城市为 2~6 m。

2）绿化带宽度

在人行道上靠车行道一侧应种植行道树或者草皮与花丛。行道树的株距一般为 4~6 m，树池可采用 1.5 m×1.5 m 的正方形或 1.2 m×1.8 m 的矩形。车行道两侧的绿化应满足侧向净宽度的要求，并不得侵入道路建筑限界和影响视距。

3）设施带宽度

设施带宽度应满足设置护栏、照明灯柱、标志牌、信号灯、城市公共服务设施等的要求。红线宽度较窄及条件困难时，设施带可与景观绿植合并，但应避免各种设施与绿植之间的相互干扰。常用宽度为 0.25~0.50 m 的护栏或 1.0~1.5 m 的杆柱。

路拱的宽度除了需要考虑以上人行道、绿化带及设施带的宽度，还应该考虑地下埋设管线所需的宽度，一般认为街道宽与单侧路侧带宽之比在 5：1 到 7：1 范围内比较合理。

2. 路侧带布置

路侧带通常对称布置在道路两侧，当受到地形、地物限制时，可取不等宽或不在一个平面上的方式进行布置。常见的路侧带布置形式如图 4-2 所示。

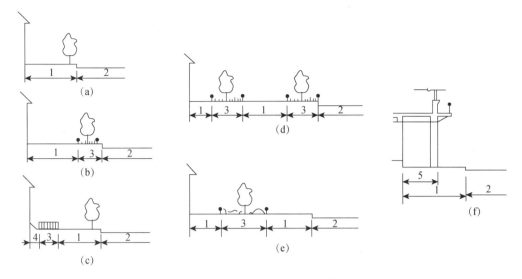

1—人行道；2—车行道；3—绿化带；4—护坡；5—骑楼。

图4-2　常见的路侧带布置形式

图4-2(a)中，仅在小圆穴中种植单行树。这种形式适用于路侧带宽度受限制或两侧有商业、公共文化设施而用地不足的路段。

图4-2(b)中，用绿化带分隔机动车与行人，并在人行横道处将绿化带断开。这种形式适用于交通密度大的路段，利于进行交通组织并保障行人的交通安全和提高车行道的通行能力。

图4-2(c)中，在建筑物前布置绿化带，为防止积水影响房屋基础稳定，须沿房屋墙脚砌筑护坡以利排水，适用于住宅区街道。

图4-2(d)、(e)中，绿化带将路侧带划分成两个部分，靠近建筑物的人行道供进出商店的行人使用，另一条供过路行人使用，适用于城市中心商业区或公共建筑物较多的街道。

图4-2(f)为骑楼式路侧带，为拓宽路幅将沿街两旁的房屋底层改建为骑楼，适用于原车行道和路侧带均狭窄的道路。

4.2.5　中间带设计

中间带由中央分隔带与路缘带组成。其中，中央分隔带包括齐平式、凹式、凸式3种形式。作为保证道路安全的重要组成部分，四车道及以上道路必须设置中间带，其他道路可综合考虑用地面积、交通情况、费用等进行中间带的设置。在设置中间带的道路中，当中央分隔带大于或等于3 m时，应采用凹式且应适当种植草皮；当道路易受到恶劣天气的影响时，中央分隔带应采用齐平式。合理有效的中间带设置可以分隔对向车流，减少车辆间的相互干扰，提高通行效率，维持整体系统协调、稳定；降低驾驶员出现眩晕的可能，增加驾驶舒适性和安全性；也可以为设置交通设施或后续改扩建提供用地，方便行人过街；除此之外，还增加了道路的景观性，起到了美化作用。

1. 中间带宽度设置

中间带的组成如图4-3所示，其宽度设置需充分考虑其分隔车流、保证安全的功能所需的宽度，并根据设施带的宽度、用地面积的大小确定。例如，所需的内侧净距、侧向净距、防眩设施、护栏等需要的宽度。一般情况下，中间带越宽作用越明显，但因用地面积的限制，较多采用窄中间带。

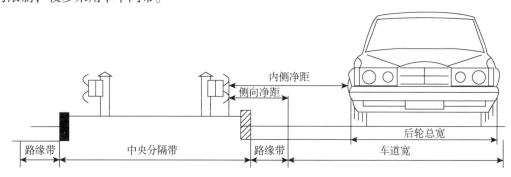

图 4-3　中间带的组成

内侧净距的宽度与车辆类型、车速有关，其计算方式如表 4-8 所示；侧向净距的宽度与设计车速、中间带缘石的形式有关，其推荐值如表 4-9 所示。

表 4-8　内侧净距宽度的计算方式

车辆类型	内侧净距宽度的计算方式/m
小型车	$c = 0.010\ 1v + 1.03$
中型车	$c = 0.009\ 5v + 1.05$
大型车	$c = 0.008\ 1v + 0.94$

注：v 为车速(m)。

表 4-9　侧向净距的推荐值

设计车速/(km·h⁻¹)	路缘石凸起，位于护栏外侧		路缘石与路面齐平	
	一般值/m	最小值/m	一般值/m	最小值/m
60	0.90	0.65	0.80	0.70
80	0.95	0.80	0.85	0.80
100	1.15	0.95	1.00	0.90
120	1.35	1.10	1.15	1.00

2. 过渡段设置

一般情况下采用等宽的中间带，当中间带的宽度需要增宽或减窄时，需在变化点设置过渡段，从而保证线形顺畅圆滑。过渡段设在回旋线范围内为宜，长度应与回旋线长度相等；当宽度变化较大时，应考虑在中间带的两侧边缘设置回旋线进行过渡，或采用左右分幅进行线形设计。在条件受限制且设计速度小于 80 km/h、宽度变化小于 3.0 m 时，可采用渐变过渡段，但渐变率不应大于 1/100。当路基由整体式转变为分离式或由分离式汇合为整体式时，对于中间带的宽度变化应设置过渡段。过渡段应设置在圆曲线半径较大的路段。

4.2.6　路拱及路肩设计

1. 路拱设计

路拱是指为了迅速排除路面上的雨水,将路面做成自中间向两侧倾斜的拱形。其有抛物线、折线、直线接曲线等多种形式。

车辆在经过有水的路段时,与路面间的摩擦力减小,存在侧向滑移的现象,增加了行驶的危险性。使用路拱可以有效解决道路积水问题,但是也会给行车带来不利。车辆在有路拱的道路上行驶时,稳定性较低,从而对车辆的行驶速度和安全性造成一定的影响。因此,在进行路拱设置时既应该保证其能够起到迅速排除路面上积水的作用,又需要兼顾车辆行驶要求及行驶安全性。对于不同的路面类型和车行道宽度,应结合当地的自然条件、降雨强度等采用不同的路拱坡度。

一般采用与路面同一横坡或稍大于路面的硬路肩。除此之外,对于分离式路基,在积雪冻融地区应设置双向路拱,其他地区可根据实际情况设置向路基外侧倾斜的单向横坡或双向路基;对于土路肩,在进行设置时其横坡度一般应较路拱横坡度增加 1%~2%,从而保证其可以迅速排除路面积水。硬路肩一般与路面采用同一横坡,也可稍大于路面。

2. 路肩设计

路肩是指位于车行道外边缘至路基边缘的带状部分,分为土路肩和硬路肩两种。硬路肩是指在车行道邻侧设置的具有一定强度的路肩部分,其中包括路缘带。硬路肩按照位置可以分为左侧硬路肩和右侧硬路肩,按照材料可分为水泥硬路肩和沥青硬路肩。土路肩是指紧邻硬路肩或者紧邻没有硬路肩的车道的道路组成部分。路肩主要起到支撑道路面结构、方便紧急停靠、布设地下管道线路、留余的作用。在城市道路中一般不需要设置路肩,采用地下管道进行布设管线和排水设施。如需设置边沟进行排水且设计车速大于或等于 40 km/h 时,则应设置路肩,一般采用土路肩或者进行简单的布设,从而为道路指示牌、护栏等提供场所。无行人通行时,最小采用 0.5 m 的路肩;有行人通行时,最小采用 1.5 m 的路肩。

4.3　连续流与间断流协调设计

连续流是指只受道路线形、交通环境等影响,不受信号灯等会使交通流被迫间断的设施影响的交通流。间断流是指含有周期性间断的交通流,如受交通信号相位、道路标志等控制的交通流。由此可知,城际间高速公路、城市快速道路等以匝道进出的道路上的交通流为连续流,与交叉口相连的道路上的交通流为间断流。连续流与间断流在城市路网中共存,两者的协调设计可以有效保证道路畅通、减少拥堵。

4.3.1　快速路出入口交通问题

1. 出入口定义及分类

出入口是供车辆驶出或进入快速路的单向交通路口,设置于快速路右侧,一般通过互通式立交匝道、高架路匝道、辅路匝道连接。

　　根据快速路出入口所处的位置与功能不同,可以分为两类节点出入口,分别为立交匝道和路段辅路出入口。这两类节点出入口,不仅指那些转向交通通过匝道以连续流形式运行的大型立交,也包括高架道路通过上下匝道与灯控平交路口连接的立交,如简易的菱形立交。

　　2. 快速路出入口主要交通问题

　　车辆在快速路出入口处进行分、合流,在分、合流运行过程中,交通流由稳定运行变为紊动运行,这种紊动的交通流形式是潜在的事故黑点和事故发生点,影响主线车流的稳定运行,这也是出入口成为拥堵点的根本原因。由于交织流线复杂,交织流量很大,当交织长度不能被满足时,出入口的车辆很容易形成堵塞。因此,出入口交通问题的核心在于交织问题。结合现实情况,对出入口的主要交通问题总结如下。

　　(1)出入口的设置没有达到快速路的标准。
　　(2)出入口的组合形式不符合主、辅路上车流量比例。
　　(3)辅路与地面干道相交处车流易受到从支路或附近大型建筑物内部驶出车辆的干扰。
　　(4)快速路的出入口间距过短。
　　(5)高架桥出入口匝道与相邻主干道交叉口距离过短。
　　(6)出入口处视距不良、标志设置不规范、交通执法管理不到位。

4.3.2　快速路出入口匝道分类

　　通常城市快速路的匝道与普通城市道路相连接,其布置方式由其地形和土地性质等原因决定,如道路几何条件和城市用地的限制。按照其功能可分为进入快速路的匝道(入口匝道或上匝道)和驶出快速路的匝道(出口匝道或下匝道)。

　　1. 匝道定义及组合

　　匝道是专门为连接两条道路而设置的一段专用道路,包括互通式立体交叉连接道路、快速路与辅路的连接道路、高架桥或堑式路与地面道路的连接道路。针对快速路匝道组合,常用的分类方法有两种:一是根据匝道的出入组合形式分为先入后入、先出后出、先出后入和先入后出4种;二是根据匝道所处位置分为立交、路段。

　　2. 出入口匝道位置分类

　　出入口匝道可按照纵向位置、横向位置进行分类,其中,纵向位置是指匝道(匝道衔接点)和普通道路(交叉口)纵向衔接的位置,横向位置是指匝道与普通道路连接点在横断面上的位置。

　　(1)按照纵向位置可将出入口匝道分为连接路段式匝道和连接交叉口式匝道两种。连接路段式匝道是指车辆在路段上完成进出匝道和车道转换时,进口匝道位于交叉口进口道上游,而出口匝道位于进口道下游的匝道形式;连接交叉口式匝道是指出(入)口匝道落地点与下(上)游交叉口距离较短,进出匝道车流直接通过交叉口进出口道集散,交叉口车流运行明显受到匝道车流影响的匝道形式。

　　(2)按照横向位置可将出入口匝道分为内侧式匝道(图4-4)、中间式匝道(图4-5)、外侧式匝道(图4-6)3种。内侧式匝道是指连接普通道路靠近中央分隔带的1～2条车道的匝道,中间式匝道是指连接道路横断面中间及两侧伴有普通道路机动车流通行的匝道,外侧式匝道是指连接机动车道外侧、与非机动车道或人行道相邻的匝道。各类型匝道的适用情况如表 4-10 所示。匝道的横向位置与交织类型和衔接路段的交通流组织方式密切相关。当不采取禁行和分隔措施时，外侧式匝道和中间式匝道都可对应于左转交织区或混合交织区，内侧式匝道对应于右转交织区和混合交织区。具体的交织类型视具体的路段和交叉口交通情况确定。

表 4-10　各类型匝道适用情况

匝道类型	适用情况
内侧式匝道	匝道驶出流向为左转和直行、普通道路交叉口流向为直行和右转
中间式匝道	匝道驶出流向主要为直行
外侧式匝道	匝道驶出流向主要为直行和右转

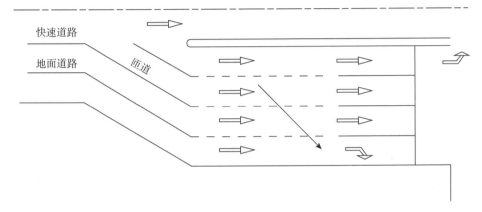

图 4-4　内侧式匝道横向位置示意图

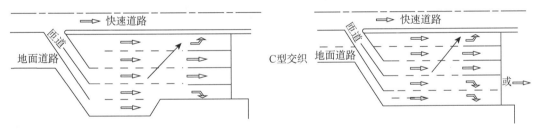

图 4-5　中间式匝道横向位置示意图

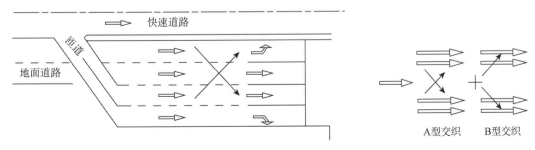

图 4-6　外侧式匝道横向位置示意图

4.3.3　快速路出入口交通设计方法

通过出入口可以进行快速路主路和辅路间交通流的转换，为保证主线上的直行交通流不受影响，对出入口的位置间距及端部进行合理的几何设计，可使主线上的车辆能稳定、安全、迅速地实现合流及分流。

出入口根据城市快速路的性质可以分为两类：一类是与立交匝道相连接的出入口（A型），如图4-7所示；另一类是与平行辅路相连接的出入口（B型），如图4-8所示。对于B型出入口，为了保证车流通畅运行，可以在主路上设置变速车道，同时也应在辅路上增设一条车道。

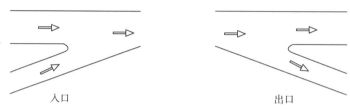

图4-7　A型出入口

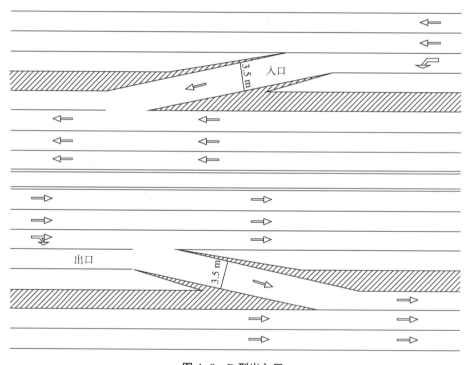

图4-8　B型出入口

1．出入口位置

出入口位置一般情况下应设在主线车行道的右侧，其设置也应该尽量明显且易于识别。因此，在设置快速路出入口时应注意如下几点。

（1）若位于主线的平、竖曲线路段，则出入口处及其附近的平曲线、竖曲线尽可能采用大的半径，以保证良好的行车视距。

（2）一般情况下出口设置在道路跨线桥等构造物之前，避免道路上的跨线桥等构造物遮挡驾驶员的视线。当存在其他特殊情况使出口必须设置在跨线桥之后时，出口离跨线桥的距离应大于 150 m。其目的是尽可能减少道路跨线桥等构造物对驶离车辆驾驶员视线的干扰，以利于行车安全。

（3）为了便于重型车辆利用下坡加速，入口应设在主线的下坡路段，反之同理。另外，为了保证合流安全，需要保证合流车辆在汇入主线之前保持充分的视距，如图 4-9 所示。

（4）主线出口（主线分流处）应给误行车辆提供返回主线的富余空间，通过设置车行道偏置值，并用圆弧连接主线和匝道路面边缘。

（5）出入口应设在平缓路段，设置出入口处纵坡度不应大于 2%。

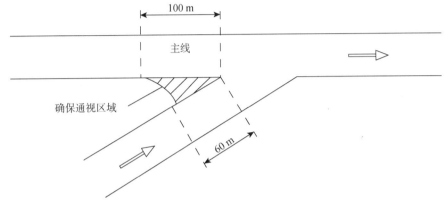

图 4-9　入口处的通视区域

2. 出入口间距

如果快速路出入口设置得过于频繁，会影响主线交通流的连续性和通畅性。因此，在出入口间距设计时，不仅要保证分、合流交通不会过分影响主线交通，还要选择合理、安全的道路几何条件，保证分、合流交通的正常运行，从而在最大程度上发挥快速路的功能。

出入口间距是指两出入口端部之间的距离。出入口间距组成类型有以下 4 类：出-出、入-入、出-入、入-出，如图 4-10 所示。

根据交通流流入、流出主路的交通特征，车辆通过出入口时，都存在一个加速、减速、交织运行的过程，这个过程表现出非常明显的交通紊流状态。整体上看，快速路主路交通流就是由一系列的稳态交通段和紊流交通段组成。那么出入口之间最小间距的确定，理论上就应该保证相邻两个紊流交通段不产生重叠。实践表明，只有出入口采用较大间距设置的快速路，其运行速度才有可能达到设计速度。

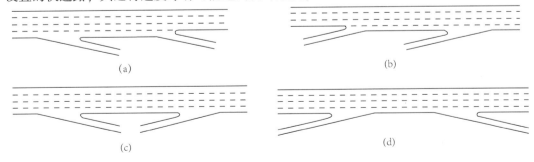

图 4-10　出入口间距组成类型
(a)出-出；(b)入-入；(c)出-入；(d)入-出

《城市道路路线设计规范》(CJJ 193—2012)规定，主线上出入口的最小间距应满足表4-11的要求。

表4-11　出入口最小间距

项目		出入口最小间距/m			
		出-出	入-入	出-入	入-出
主线设计车速/(km·h^{-1})	100	760	760	260	1 270
	80	610	610	210	1 020
	60	460	460	160	760

3. 辅助车道

在快速路出入口处，车辆的分、合流频繁，交通呈紊流态。设置辅助车道是为了减小紊流对道路的影响所采取的措施。通过设置适当长度的辅助车道，使"保证基本车道数"和"分合流点车道数平衡"两者不产生矛盾。所谓"保证基本车道数"是指道路上在全长或较长路段内必须保持的车道数；"分合流点车道数平衡"则是指在分合流点处主路车道数与匝道车道数应该保证的基本关系，参见图4-11和式(4-16)。道路相邻两段路的基本车道数每次增减不得多于一条，变化点距互通式立体交叉0.5～1.0 km，并设渐变率不大于1/50的过渡段。

$$N_C \geqslant N_F + N_E - 1 \tag{4-16}$$

式中，N_C——分流前或合流点的主线车道数；

N_F——分流点或合流前的主线车道数；

N_E——匝道车道数。

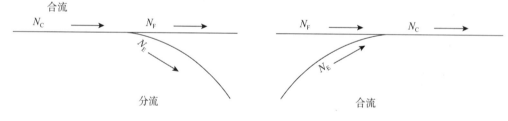

图4-11　车道数平衡

4.4　平面交叉口交通设计

作为路网通行能力降低的节点，平面交叉口为制约整条道路乃至路网服务水平的关键。通过对进、出口道和路段的有效管理和设计，对进、出口道和交叉口内部各类交通流渠化设计达到道路平面交叉口交通设计的目的。在交叉口有限的范围内，希望达到车辆有序、安全通行的前提下，既能充分利用交叉口的时间和空间资源，又能充分发挥交叉口的通行能力。交叉口基本要素示例如图4-12所示。

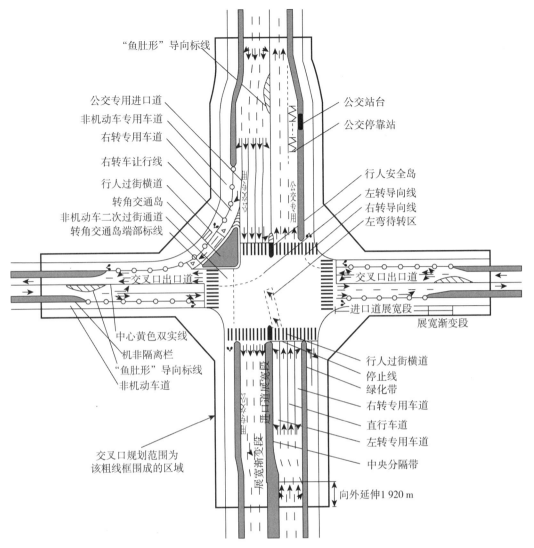

图 4-12　交叉口基本要素示例

4.4.1　交叉口形式设计

为保障交通流行驶的安全性，交叉口的交叉形式宜选择规则的四路十字交叉，应避免五叉及其以上的多路交叉、畸形交叉或斜交角小于 45° 的交叉。根据交通管控方式不同，平面交叉口可分为信号控制交叉口（A 类）、无信号控制交叉口（B 类）和环形交叉口（C 类）3 种。其中，无信号控制交叉口又可分为低等级道路只允许右转通行交叉口（B1 类）、减速让行或停车让行交叉口（B2 类），以及全无管制交叉口（B3 类）3 类。确定平面交叉口的类型时应满足安全、舒适、通达、节约用地及生活服务功能的要求。道路交叉口应用类型推荐如表 4-12 所示。

表 4-12　道路交叉口应用类型推荐

相交道路	主干路	次干路	支路	公共通道
主干路	A	—	—	—
次干路	A	A	—	—
支路	A, B1	A	A, B2, B3	—
公共通道	—	A, B1	A, B2	B3

4.4.2　信号控制交叉口交通设计

城市中的部分道路交叉口具有占地面积大、交通流量较大的特点，对于这类交叉口，一般需要使用信号灯进行控制，以提升交叉口处车辆行驶的安全性，以及提高交叉口的通行能力。同时，平面交叉口在进行信号灯设计时，还需一系列相匹配的设计，如与信号灯配时相适应的车道布置、路口交通渠化及交叉口处行人的交通组织等。

1. 平面交叉口拓宽渠化

交通流量大和使用多相位信号控制的交叉口，依据信号控制要求进行车行道拓宽渠化设计，如图 4-13 所示。

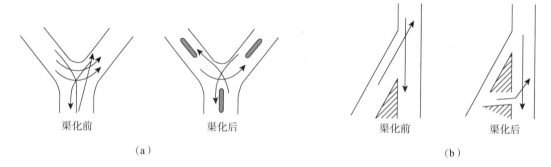

渠化前　　　　　渠化后　　　　　　　　　渠化前　　　　　渠化后

（a）　　　　　　　　　　　　　　　　　　（b）

图 4-13　交叉口渠化设计

交叉口拓宽渠化设计原则如下。

（1）应根据交通流量及流向，合理增设交叉口进口道的候驶（待行）车道数。

（2）进、出口道分隔带或交通标志、标线应根据渠化要求进行布置。做到导向清晰，避免分流、合流集中于一点，造成相互干扰。

（3）无汇合和交织的穿越车流，应以直角或接近直角相交叉，汇合和交织交通流的交叉角应尽可能小。

在设置交通岛时应根据交叉口形状、交通量、交通流向和用地条件多方面因素综合考虑。交通岛按照其功能不同，可分为分隔岛、安全岛、中心岛（环岛）和导流岛等，如图4-14所示。在某些特殊情况下，一个交通岛可以同时拥有多种功能，如设在交叉口中央的环岛，它既是导流岛也可作为安全岛。

为实现交通岛的基本功能，对交通岛面积的要求较为严格。一般来说，交通岛面积不宜小于 7.0 m²，且不应设在道路竖曲线顶部。交通岛通常采用路缘石围砌成一个岛状台地，若面积过小，则可用路面斑马标线表示。转角交通岛兼作行人过街安全岛时，面积

(包括岛端尖角标线部分)不宜小于 20 m²。

在设置导流岛之间导流车道的宽度时应适当,避免因过宽而引起多辆车并行、抢道。当需设右转专用车道而布设转角交通岛时,右转专用车道曲线半径应大于 25 m,并应按设计车速及曲线半径大小进行道加宽,加宽后的车道宽度应符合表 4-13 的规定。

表 4-13　右转专用车道加宽后的宽度　　　　　　　　　　　　　单位:m

曲线半径	车道宽度	
	大型车	小型车
25~30	5.0	4.0
>30	4.5	3.75

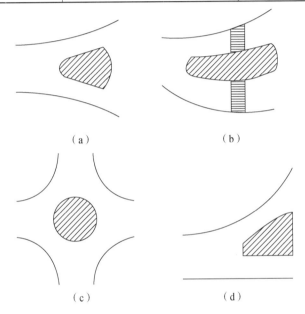

图 4-14　交通岛类型

(a)分隔岛;(b)安全岛;(c)中心岛(环岛);(d)导流岛

2. 交叉口进口专用车道设置

信号控制平面交叉口都存在红灯车辆候驶(待行)问题。为了提高交叉口的通行能力,交叉口处的车道布置不宜与路段一样,而应根据具体情况论证后布设。

进口道左转专用车道的设置,可采用以下方法。

(1)在直行车道中分出一条左转专用车道。

(2)压缩较宽的中央分隔带,新辟一条左转专用车道,但缩窄后的中央分隔带的宽度应大于或等于 0.5 m,其端部宜为半圆形。

(3)进口道中线向左侧偏移,新增一条左转专用车道。

(4)加宽进口道,以便新增一条或两条左转专用车道。

采用压缩中央分隔带和偏移进口道中线的方法形成左转专用车道时,其长度 L_s 应保证左转车不受相邻停、候车队长度的影响,如图 4-15 所示。

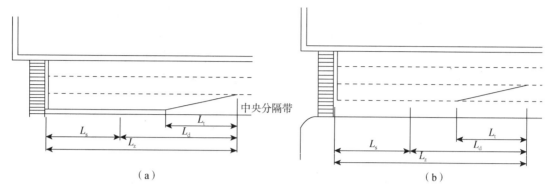

L_t—变换车道所需的渐变段长度(m)；L_d—减速车道长度(m)；

L_s—候驶车辆所需的滞留长度(m)；L_z—左转专用车道最小长度(m)。

图4-15 左转专用车道设置

（a)压缩中央分隔带；（b)偏移中线

进口道专用右转车道的设置，可采用以下方法。

(1)在直行车道中分出一条右转专用车道(现有直行车道至少有两条或通过压缩中央分隔带、偏移中线等措施增加车道，从而保证直行车道至少有两条)。

(2)加宽进口道，新增一条或者两条右转专用车道，其长度 L_y 应保证右转车不受相邻直行待行车队长度的影响，如图4-16所示。

(3)交叉口进口道设右转专用车道时，右侧横向相交道路的出口道应设加速车道，加速车道的长度 L'_y 应经调查计算确定。

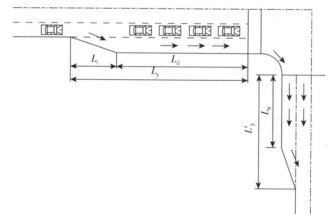

L_t—渐变段长度(m)；L_d—相邻候驶车队长度(m)；L_a—车辆加速所需距离(m)；

L_y—拓宽右转专用车道长度(m)；L'_y—拓宽加速车道长度(m)。

图4-16 拓宽设置右转专用道

4.4.3 无信号控制交叉口交通设计

无信号控制交叉口是指没有采取特别控制方式的交叉口，管制方式主要有两种形式：一是若道路等级存在差距，则应设定主次道路，次要道路让行主要道路，即所谓的让行管制交叉口；二是若道路等级相当，则应根据法规，让右侧车辆先行，即所谓的全无管制交叉口。

1. 无信号控制交叉口形式及设计原则

(1)根据几何形状，平面交叉口形式有十字形、X 形、T 形、错位、Y 形、多路、畸形等，如图 4-17 所示。新建交叉口进行形式设计时，需要综合考虑相交道路等级、性质、设计小时交通量、交通性质、交通组织及平面交叉口的规划用地等因素。

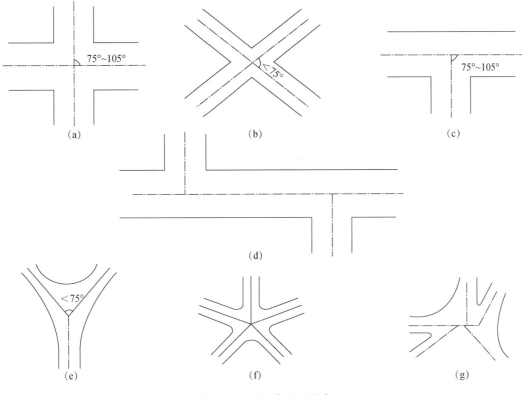

图 4-17　平面交叉口形式

(a)十字形交叉口；(b)X 形交叉口；(c)T 形交叉口；(d)错位交叉口；
(e)Y 形交叉口；(f)多路交叉口；(g)畸形交叉口

(2)新建平面交叉口不得出现超过 4 岔的多路交叉口、错位交叉口、畸形交叉口及交角小于 70°(特殊困难时为 45°)的斜交交叉口。已有的错位交叉口、多路交叉口、畸形交叉口等应加强交通组织与管理，并尽可能加以改造成为简洁的十字交叉口或 T 形交叉口。

(3)平面交叉口间距应根据城市规模、路网规划、道路类型及其在城市中的区域位置而定；城市干线道路交叉口间距通常为 800 ～ 1 500 m，且间距应大致相等；各类交叉口最小间距应能满足转向车辆变换车道所需最短长度、红灯期间待行车辆最大排队长度，以及交叉口进、出口车道总长度的基本要求，且不应小于 150 m。

(4)交叉口附近设置公交停靠站应根据公交线路走向、道路类型、交叉口交通状况，结合站点类别、规模、用地条件合理确定，保证乘客安全，方便其候乘、换乘、过街，有利于公交车安全停靠、顺利驶出，且不影响交叉口的通行能力。

(5)当交叉口范围内有轨道交通线路时，应做好轨道交通与地面道路公共交通的换乘设计。

(6)建筑物、机动车出入口不得设在交叉口范围内，且不宜设置在主干路上，经支路或为集散车辆专用地块内部道路与次干路相通，且宜采取"右进右出"的交通组织方式。

（7）桥梁、隧道两端接线附近不宜设置平面交叉。

2. 交叉口道路平面线形与纵断面

（1）平面交叉路线宜采用直线并尽量正交，当必须斜交时，交叉角不宜小于45°；当平面线形需要采用曲线时，其曲线半径不宜小于布设超高的最小圆曲线半径。

（2）路段上平曲线的起、终点宜设在交叉口范围以外。

（3）两条道路相交，主要道路的纵断面宜保持不变，次要道路的纵坡度应作相应的调整，以适应主要道路。

（4）交叉口进口道的纵坡度，宜小于或等于2.5%，困难情况下应小于或等于3%，以避免交叉口处转弯车辆存在"急弯陡坡"行车线形。山区城市道路等特殊情况，在保证行车安全的条件下，道路纵坡可适当增加。

（5）桥梁（隧道）引道处应尽量避免设置平面交叉。

需要说明的是，交叉口各道路平面线形与纵断面设计，会直接影响平面交叉口竖向设计（也称立面设计），尤其是道路纵坡坡向的组合。

3. 交叉口缘石平曲线

平面交叉口转角处缘石宜为圆曲线或复曲线，其转弯半径应满足机动车和非机动车的行驶要求，可按表4-14选定。

表4-14　路缘石转弯半径

右转弯设计速度/(km·h⁻¹)	30	25	20	15
无非机动车道路缘石转弯半径/m	25	20	15	10

4. 交叉口视距

平面交叉口的视距控制通过视距三角形实现。视距三角形范围内（图4-18），不得有任何高于路面1.2 m的妨碍驾驶员视线的障碍物。交叉口视距三角形要求的停车视距应符合表4-15的规定。

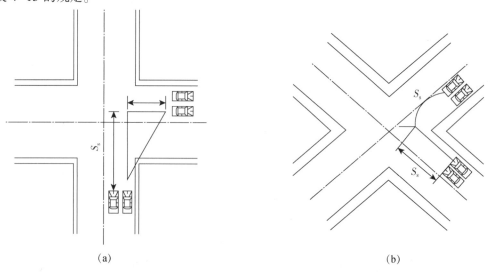

图4-18　交叉口视距三角形

（a）十字形交叉口；（b）X形交叉口

表 4-15　交叉口视距三角形要求的停车视距

交叉口直行设计速度/(km·h^{-1})	60	50	45	40	35	30	25	20	15	10
安全停车视距 S_s/m	75	60	50	40	35	30	25	20	15	10

5. 交叉口的设计与布置

交叉口的设计与布置应充分考虑交通问题，特别是人、车、路三者的关系，一般情况下，应符合下列要求。

(1)交叉口进口道应采用交通标志和标线，指明各类车道，有利于车辆安全候驶与行驶。

(2)交叉口进口道宽度，一般可采用 3.25 m，困难情况下进口道的最小宽度可取 2.80 m。转角导流交通岛右侧右转专用车道应按设计速度及转弯半径大小设置车道加宽。

(3)人行横道应尽量沿人行道延伸方向设置，减少行人绕行距离。

(4)停止线在人行横道线后至少 1 m 处，并应与相交道路中心线平行。停止线位置应靠近交叉口，使交叉口的公共区域不致过大。

(5)交叉口的照明应符合《城市道路照明设计标准》(CJJ 45—2015)的有关规定。

(6)交叉口附近设公交停靠站时，公交停靠站离交叉口缘石切点的距离不应小于 50 m，以减少对进出交叉口车辆交通的影响。公交停靠站应设置在交叉口的出口道，改建交叉口在出口道布设公交停靠站确有困难时，可将直行或右转公交线路的停靠站设在进口道。

6. 无信号控制交叉口的管制形式

1)全无管制交叉口

在全无管制交叉口中，车辆须让行人先行，车辆之间的通行规则如下。

(1)先到先行。

(2)如相交方向两辆车同时到达，让右侧来车先行。

(3)相对方向同类型车同时到达，左转车让直行车先行，次要道路车辆到达交叉口必须停车。

2)让行管制交叉口

在让行管制交叉口中，车辆间的通行规则如下。

(1)设置停车让行标志的交叉口，次要道路车辆到达交叉口必须停车观察过街行人与主路车辆，在保证安全的前提下才能通行。

(2)设置减速让行标志的交叉口，次要道路车辆到达交叉口必须减速观察过街行人与主路车辆，在保证安全的前提下才能通过。

7. 无信号控制交叉口的交通组织设计

1)全无管制交叉口

全无管制交叉口必须布设人行横道线(斑马线)，并配设人行横道标志与人行横道预告标识，并保证交叉口的视距良好；改建、治理规划中，应把视距不能改善的交叉口改为停车让行交叉口或在其上布设限速措施。

2)让行管制交叉口

让行管制交叉口中，次要道路进口道上应设置减速让行或停车让行标志，次要道路必须布设人行横道线。主要道路进口道上游应设置优先通行标志，并保证交叉口视距良好；

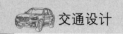

改建、治理规划中，应在视距不能改善的交叉口上布设限速措施或反光镜，或把减速让行标志交叉口改为停车让行标志交叉口。

4.4.4　环形交叉口交通设计

环形交叉口是指道路交会处设有中心岛，所有横穿交通流均被交织运行所代替，形成单向行驶的环形交通系统，其中心岛称为环岛。

环形交叉与一般交叉相比，一方面减少了冲突点，提高了车辆行驶的安全性；另一方面由路口进入环道的车辆可不采用信号管制，以一定的速度连续通过环岛，避免了一般交叉口内信号控制产生的周期性交通阻滞，因而提高了交叉口的运行效率。

无信号控制环形交叉口受交织段的影响，无论进口道车道数为多少，参与交织的交通流均需在环岛上交织行驶，当交织段长度小于2倍的最小允许交织长度时，其通过量实际上只相当于一条车道的通过量，故其通行能力只能达到一条车道的最大理论值。因此，当各进口道的总流入流量（不包括右转交通量）较低时，环形交叉口的通行效率尚可维持较高水平；而当该流入交通量接近或超过环形交叉口的通行能力时，就会造成环道上交通拥挤和堵塞，并进一步导致各进口道的交通阻塞。当有非机动车交通流及行人混行时，其问题将更加严重。

环形交叉口不同于一般交叉口，在环形控制交叉口中增设信号控制不能按照一般信号控制交叉口的标准进行设置。环岛加信号控制的方式可分为进口控制和进出口控制两种方式。

1. 进口控制方式

这种控制方式要求环形交叉口在原渠化的基础上，在环形交叉口入口处施画停车线并设置信号灯，一般采用两相位放行的方式或四面轮放的方式。

该种控制方式经常用于内部容易发生堵塞导致交通瘫痪的小型环岛。该类交叉口的信号配时周期不宜过长，避免环形交叉口内车辆累积造成拥堵。由于车辆进入环形交叉口后往各个方向均需绕环岛行驶，通过环形交叉口所用时间较长，因此配时计算时饱和流量不宜取值太高。

此外，该方式控制进入环岛的车流量，将交通拥堵的矛盾转移至相交道路的进出口处，环岛内堵车的风险较小，通行秩序可维持较好，不会造成岛内瘫痪。但其只解决了环岛内的通行秩序问题，对提升环岛的通行能力效果有限。如有条件适当扩宽环岛入口，分离出一条右转弯导向车道，则可有效缓解环岛入口处拥堵。

2. 进出口控制方式

该种控制方式一般用于大型环岛。对于大型环岛，不仅入口需进行信号灯控制，在出口处需同步进行信号灯控制。将环岛四对进出口组织形成单个信号灯控制的路口，利用交织段存放主路的车辆，并进行信号与流量协调控制，使环岛形成一个高效运转的小型信号面控区。该种控制方式可有效减少岛内空间浪费，改善效果较单纯环岛进口控制有较大提升。

4.4.5　特殊交叉口交通设计

1. 斜交交叉口的交通管理设计

1）渠化交通组织

通过布置导流岛，使斜交对冲的车流变为直角交叉或近似直角交织，可增加交叉口的绿化面积，有利于道路环境的改善，也可使交叉口内机动车道与非机动车道分离，同时缩短过街人行横道长度，使导流岛起到提升交通安全的作用。

2）设置专用车道

斜交交叉口通行能力小、行车安全性差，其主要原因是存在相互交叉的行车线，易产生冲突点和交织点，而冲突点的形成主要来源于左转和直行车辆的交通冲突。因此，斜交交叉口交通管理应着重解决左转车辆和直行车辆的交通组织。可在斜交交叉口的每个进口处设置一条左转弯车道和一条右转弯车道，右转弯车道设在导流岛外侧。

2. 多支交叉口的交通管理设计

平面交叉口不同交通流向产生的冲突点、分流点、合流点均随道路条数的增加而急剧增加。与此同时，发生交通事故的可能性亦随之增加。5 条以上道路相交的平面交叉口，不仅其通行能力会因各交通流向相互之间的严重干扰而大大降低，而且在交通管理和控制上也带来很大的困难。因此，交叉口的相交道路条数原则上应规划成 4 条或 4 条以下。

多支交叉口的交通管理设计思路如下。

（1）利用其中的 1~2 条支路设置单行线。

（2）分离其中的 1~2 条支路，将次要道路在进入交叉口前引离主交叉，从而避免 5 条以上的道路交叉。

（3）当确实难以避免 5 条以上的道路相交叉时，应在交通量条件允许时，采用环交形式。

3. 错位交叉口的管理设计

错位交叉口是一种特殊的平面交口。其特点为：一般位于主干道上，由两个距离较近的 T 形交叉口和主干道组成，两 T 形交叉口间距在 100~500 m 之间，主干道交通量大，且双向交通量基本均衡。由于主干道通常交通负荷沉重，若错位交叉口位于主干道上，则可能造成通过该区间车辆较大的停车延误。若对主干道上的错位交叉口进行改造，如修建立交，则会因交叉口间距过短而使立交间的交织段长度不能满足车辆行驶的要求，同时改造投资较大，故改造方案难以实施。错位交叉口渠化改造方案如图 4-19 所示。

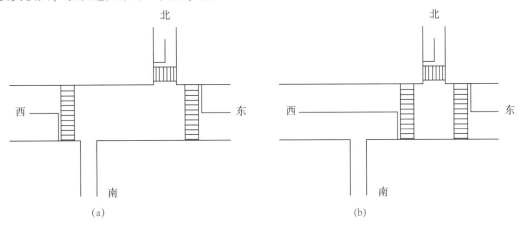

图 4-19 错位交叉口渠化改造方案

（a）改造前；（b）改造后

4. 高架路下的平面交叉口

高架路下的平面交叉是随城市高架路的修建而出现的一种新型交叉口。此种平面交叉口是菱形立交的一种特殊形式，即高架路与被交道路存在互通关系。由于受高架桥墩柱的影响通视条件较差，特别是高架路与被交道路斜交时影响将会加剧。因此，应通过交通组织和交通标志标线布设或重新设计桥下的平面交叉口，以确保行车视距、通行能力和行车安全，同时需要考虑行人过街的安全问题，如图 4-20 所示。

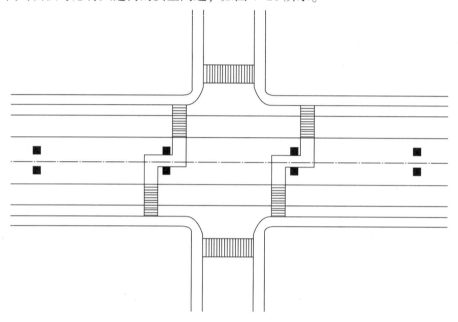

图 4-20　高架路下人行横道布置示意图

由于设有高架路上、下匝道，交叉口处应根据上、下匝道交通量情况对相关进出口道路进行拓宽。在设计时特别应注意通过适当拓宽顺桥向路口来设置足够条数的候驶车道，为交叉口信号灯配时设计提供必要的道路空间。

另外，下匝道落地点距交叉口停车线距离应大于红灯时路口排队车辆长度与下匝道车辆变换车道所需交织长度(≥100 m)之和，以避免平面交叉口候驶车辆排队延至桥上，进而影响高架路上的交通秩序。

4.5　立体交叉交通设计

立体交叉(简称立交)作为一种交通设施，通过跨线构造物使处于不同高度平面上的道路与道路(或铁路)相互交叉并进行连接。立交是高速道路(高速公路和城市快速路的统称)必不可少的组成部分，在道路系统中发挥重要的作用。在道路交通中运用立交设施，既可以消除和减少平面上行驶车流的冲突与干扰，也可以保持车流的稳态运行，提升道路的通行能力和减少运行时间，为车辆提供安全、高效、舒适的行驶环境。

4.5.1　立交概述

1. 立交的定义

立交作为一种现代化桥梁工程，在三维空间上将多层道路进行连接，形成一个稳定运行的整体。狭义立交是一种桥梁工程，利用高架桥形式将位于交叉口处的多条道路进行平面分离和立体交叉达到半、全互通。广义立交是一种桥隧工程，是为解决多方向车辆在多条陆地运输线路(包括水上水下的桥隧路面)交汇处产生的冲突问题而建设的多层结构和立体交叉。狭义立交针对的对象仅包括汽车和公路，而广义立交针对的对象泛指所有陆地车辆运输工具及其所在的线路主体结构设施。

立交的出现是人类交通现代化和生活地区城镇化的必然产物，是对城市公共基础设施的补充，对保障运输体系的高效运行具有十分重要的作用。

2. 立交的组成

1) 互通式立交的组成

互通式立交通常由跨线构造物、主线(也称正线)、匝道、出入口、变速车道、辅助车道、绿化地带和集散道路等组成。

(1) 跨线构造物：通常是指布设在地面上的跨越线或者布设于地面下的地道或者隧道，是一种有利于相交道路上的车流在空间上能够实现分离的主体构造物。

(2) 主线：也称正线，是组成立交的主体，指相交道路(含被交道路)的直行车行道，主要包括连接跨线构造物两端到地坪标高的引道和立交范围内引道以外的直行路段。

(3) 匝道：作为立交的重要组成之一，通过连接上、下相交道路以供转弯车辆行驶，可分为右转匝道和左转匝道。同时，匝道也可以通过连接空间上分离的两主线使不同标高的道路形成互通式结构。

(4) 出口和入口：是主线与匝道的组合部位。由主线驶出进入匝道的道口为出口，由匝道驶入主线的道口为入口。

(5) 变速车道：由于车辆进出需要进行车速变换，为了适应这一需求而增设的附加车道，位于主线右侧出入口附近。根据车速变化，可将变速车道分为加速车道和减速车道两种类型，出口端为减速车道，入口端为加速车道。

(6) 辅助车道：在高速道路立体交叉的分、合流附近，为使匝道与高速道路车道数平衡和保持主线的基本车道数而在主线外侧设置的附加车道。

(7) 绿化地带：立交的匝道和主线之间或匝道和匝道之间围成的封闭区域。在规划过程中，大多数情况下将此封闭区域作为美化环境的绿化地带，同时也布设一些基本设施，如照明灯、排水渠等。

(8) 集散道路：在城市附近，为了减少车流进出高速道路的交织和出入口数量，在高速道路的一侧或两侧设置与之平行且分离的专用道路。

2) 分离式立交的组成

相交道路或路线在空间上完全分离，彼此间无匝道连接，车辆不能相互转换的立交形

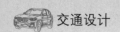

式称为分离式立交。分离式立交一般由跨线构造物和引道组成。其中，引道是指道路或路线为了跨越或下穿相交路线所设置的上坡或下坡的连接道。

3. 立交问题归纳及成因分析

立交的出现在一定程度上可以缓解车流冲突、减少拥堵情况的发生，从而提升道路的通行能力和行车舒适感，且能降低交通事故发生率、减少车辆运行时间。然而，受到立交组成要素及交通流向复杂、交通流量较大等因素影响，目前大部分的立交在规划及设计中仍存在一些问题，具体如表 4-16 所示。

表 4-16　立交规划及设计中出现的问题

实际问题	问题成因	成因分析	理论问题
交通阻塞	规划问题	立交设置条件过于概念与宏观	立交设置条件问题
		立交间距不足	
		立交形式与交通需求不适应	立交选型问题
		立交形式与相交道路不匹配	
		立交形式与路网不匹配	
		地面路网集散能力不够	
	设计问题	上匝道加速车道长度不够	立交组成单元设计问题
		下匝道减速车道长度不够	
		上、下匝道组合不合理	
		交织区设计不合理	
		上、下匝道与地面道路衔接不合理	
	管理问题	交通流方向转换、速度变化引导与指示不当或缺乏	交通流动态管理
交通事故	规划问题	立交形式与相交道路不匹配	立交选型问题
	设计问题	上匝道加速车道长度不够	立交组成单元设计问题
		上匝道减速车道长度不够	
		上、下匝道组合不合理	
		上、下匝道与地面道路衔接不合理	
	管理问题	车速管理和冲突管理缺乏	安全管理问题

4.5.2　立交分类

1. 按相交道路结构物形式分类

立交可按相交道路结构物形式分为两类：上跨式和下穿式。

(1)上跨式立交：用跨线桥从相交道路上方跨过。

(2)下穿式立交：用地道(或隧道)从相交道路下方穿过。

2. 按交通功能分类

立交可按交通功能划分为分离式立交和互通式立交两类。

(1)分离式立交：仅设跨线构造物一座，使相交道路空间分离，上、下道路无匝道连接，如图 4-21 所示。

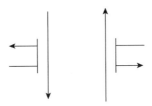

图 4-21　分离式立交结构示意图

(2)互通式立交：设置跨线构造物使相交道路空间上分离，且上、下放道路可用匝道连接，以供转弯车辆行驶。

不同立交优缺点及适用情况如表 4-17 所示。

表 4-17　不同立交优缺点及适用情况

类型		优点	缺点	适用情况
相交道路结构物形式	上跨式立交	施工方便，造价较低，排水易处理	占地大，引道较长，跨线桥影响视线和周围景观，不利于非机动车辆行驶	乡村及城郊等用地比较充裕、地面建筑物干扰较小的地区
	下穿式立交	占地较少，立面易处理，下穿构造物对视线和周围景观影响小	施工期较长且对地下管线干扰大，造价较高，排水困难，养护和管理费用大	多用于城市市区
交通功能	分离式立交	结构简单，占地少，造价低	相交道路的车辆不能转弯行驶	适用于高速公路与铁路或次要道路之间的交叉
	互通式立交	车辆可转弯行驶，全部或部分消灭了冲突点，各方向行车干扰较小	立交结构复杂，构造物多，占地多，造价较高	适用于高速公路与其他各类道路相交处

3. 按相交道路等级划分

公路立交按相交道路等级分为枢纽立交(立 A 类)、一般立交(立 B 类)、分离式立交(立 C 类)，其类型划分与功能特征如表 4-18 所示。

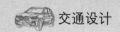

表4-18　立交类型划分与功能特征

立交类型	主线直行车流行驶特征	转向(主要指左转) 车流行驶特征	非机动车及行人干扰情况
立A$_1$类	快速或按设计速度快速行驶	经定向匝道或经集散、变速车道行驶	机非分行,无干扰;车辆与行人无干扰
立A$_2$类	快速或按设计速度快速行驶	一般经定向匝道或经集散、变速车道行驶,或部分左转车减速行驶	机非分行,无干扰;车辆与行人无干扰
立B类	快速或按设计速度快速行驶,次要主线受转向车流交织干扰或受平面交叉口左转车冲突影响,为间断流	减速交织行驶,或受平面交叉口影响减速交织行驶,为间断流	机非分行或混行,有干扰;主线车辆与行人无干扰
立C类	快速或按设计速度快速行驶	—	—

4.5.3　立交交通特性

由于交通流的合流、分流、交织及冲突等行为导致各单元间的衔接部分交通流特性较为复杂、难以管控。因此,研究立交时应首先分析合流区和交织区的交通特性,这样既有利于立交车流高效、有序的运行,同时也有利于立交交通设计。

1. 交织区交通特性

当立交中进、出匝道之间的距离较近时,从匝道驶入主线和从主线中驶出的车辆由于距离过短导致车辆间行驶轨迹重合,进而形成交织区。车辆的频繁变道导致交织区内交通流变得愈加复杂,其主要原因为车辆在进行变道时,首先需要寻找合适的空隙,之后调整车速实施变道,变道完成后重新调整车头时距,流程如图4-22所示。

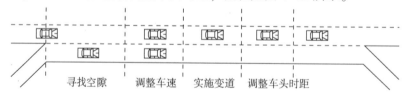

图4-22　单向变换车道基本流程

进、出匝道交织区的交通流包括流入与流出两股车流,交织区内车辆变道模式可分为3种:A型(匝道车辆向主线车道变道)、B型(主线车辆向辅助车道变道)、C型(A型和B型两种变道在较短的时间和空间内的合成),如图4-23所示。需要注意的是,由于C型变道是两种类型的合成,所以变道过程中需接受更短的车头时距,以使车流维持正常的运行速度。

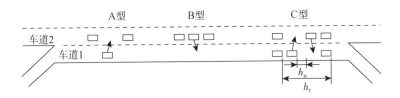

图 4-23　进出交织车辆变道模式

综合考虑车流在交织区的运行特性，可知交织区的长度、宽度是影响交织区通行能力的主要因素。在交织车辆变道过程中，需提供充足的交织长度以保证交织速度，以免影响交织区的通行能力。同时，当流出匝道的车流量逐渐增大时，匝道的通行能力会相应减小，对于流入而言也是如此。因此，出入匝道的车流量反映了匝道的通行能力，也反映了交织区的通行能力。

2. 合流区交通特性

匝道交通流进入主线，通常存在匝道交通流与主线交通流合流的过程，即两股车流有不同行车速度、行车角度，在有限的空间内通过调整行驶方向、行驶速度、车头时距，实现车流的汇合。观察其过程可以将合流区内交通流的运行特性分为 3 类，即：自由合流（主路车流优先）、强制合流、交替通行合流（主路和次路车流优先等级相同）。

1）自由合流运行特性

按照交通规则，当主线车流中出现可插入间隙时次要道路车辆方可驶入。在理想的情况下，每辆车将接受一个临界间隙 T_C，当主线车流中车头时距 t 小于临界间隙 T_C 时，匝道车辆须减速或停车等待，并寻找主线中的可接受间隙，直到出现大于临界间隙的车头时距时，匝道车辆才能驶入主线，如图 4-24 所示。

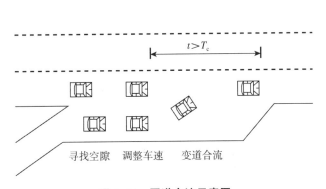

图 4-24　匝道合流示意图

2）强制合流运行特性

当主线交通量较大，车流中出现临界间隙的概率较小时，匝道车辆往往因为不能容忍过长的等行时间，会在主线没有出现可接受间隙的情况下强行合流，其临界空隙与主线交通量、匝道车辆（延误）等待时间有关。临界间隙与主线交通量成反比，车流越多，车辆的车头时距越小，车辆变道进入主线的机会就越低。同时，两者之间的关系与延误对临界间隙的影响也有联系。随着延误的增大，临界间隙逐渐减小，并呈简单的线性关系，如图

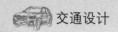

4-25 所示。

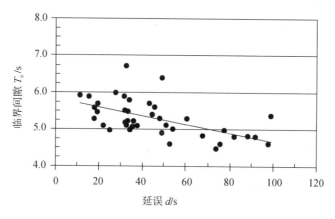

图 4-25 临界间隙与延误的关系

3)交替通行合流运行特性

交替通行是针对城市立交匝道汇入处交通量过大而实行的通行规则。此时，匝道车辆与主线车辆进入合流区具有相同的优先等级。交替通行合流的原理是：不同流向交通流在通过冲突点时，各向交通流都没有优先权，车辆按 1∶1 的比例逐辆通过交汇路段。此时，主线车流中形成激荡波，沿着主线方向向后传播。按照此规则，主线车辆延误增大、效率降低，而匝道车辆延误减小、效率提高。

4.5.4 立交形式的选择

立交形式的选择是为了提高行车效率，适应设计交通量和计算行车速度，满足车辆转弯需求，并与环境相协调。一定程度上，立交形式的选取受多种因素的限制，如道路的交通需求现状、地理位置、项目成本等。如果立交形式未能充分考虑影响因素，不仅无法解决现存问题，甚至还会产生新的交通问题，并造成资源的浪费。因此，立交形式的选择显得尤为重要。结合多方面因素进行考虑，立交形式的选择问题可以描述为：在确定设置立交的前提下，根据有限约束条件(用地约束、通行能力约束等)，基于效用评判指标，从多个立交形式中选择综合效用最高，且满足其约束条件的立交形式作为推荐方案。

1. 立交形式

不同类型匝道在拓扑空间上通过组合即构成各种类型的立交。以四肢立交为例，根据其组成匝道的拓扑形状和结构，可以大致分为 8 类，即：菱形、单点菱形、喇叭形、环形、单象限式、苜蓿叶、部分苜蓿叶、定向式，如图 4-26 所示。

2. 立交形式选择应考虑的基本因素

立交形式选择应考虑的基本因素有：相交道路条件、交通条件、自然条件、环境条件等，如图 4-27 所示。

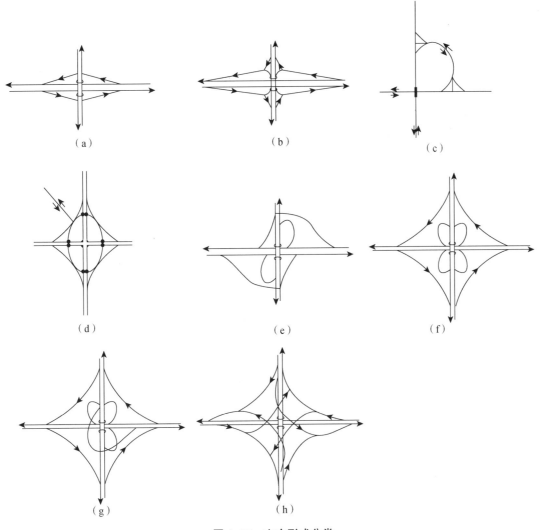

（a）　　　　　　　　　　　　　（b）　　　　　　　　　　　　　（c）

（d）　　　　　　　　　　　　　（e）　　　　　　　　　　　　　（f）

（g）　　　　　　　　　　　　　（h）

图 4-26　立交形式分类

（a）菱形；（b）单点菱形；（c）喇叭形；（d）环形；（e）单象限式；（f）苜蓿叶；（g）部分苜蓿叶；（h）定向式

3. 立交形式选择的基本原则

（1）考虑相交道路的性质、任务和远景交通量等，确保行车安全畅通和车流的连续。

（2）充分考虑区域规划、地形地质条件、可能提供的用地范围、周围建筑物及设施分布现状等。

（3）考虑近远期结合，减少投资成本以及未来改建的可能性。

（4）从实际出发，便于施工，尽量采用新技术、新工艺、新结构，提高质量、缩短工期、降低成本。

（5）形式选择和总体布置要全面安排，分清主次，考虑平面线性指标和竖向标高的要求。

4. 立交形式选择分类

立交形式选择主要分为公路立交形式选择和城市道路立交形式选择。

1）公路立交形式选择

（1）两条干线公路或高速公路相交时，可选择全定向、半定向式立交，当部分左转弯交通量较小时，可选择组合式立交。

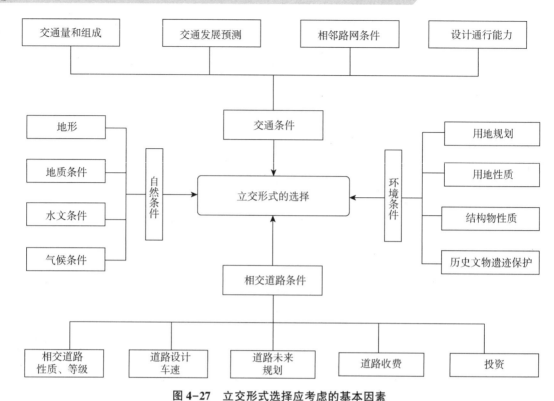

图 4-27 立交形式选择应考虑的基本因素

（2）两条一级公路相交时，宜采用部分苜蓿叶形、苜蓿叶形、环形或组合式立交。

（3）高速公路同一级公路或交通量大的二级公路相交，且设置收费站时，宜采用双喇叭形。与交通量小的二级公路相交时，宜采用在被交公路上设置平面交叉的旁置式单喇叭形、部分苜蓿叶形。匝道上不设收费站时，宜采用菱形。

（4）一级公路与二、三、四级公路相交，因交通转换而设置互通式立交时，宜采用菱形、部分苜蓿叶形。

2）城市道路立交形式选择

（1）枢纽立交应选择全定向、半定向、组合式等立交形式。一般立交可选择苜蓿叶形、部分苜蓿叶形、喇叭形、菱形、环形及组合式等立交形式。

（2）直行和转弯交通量均较大并需高速集散车辆的快速路与快速路相交的枢纽立交，应选用全定向式或半定向式立交；左转弯交通量差别较大的枢纽立交，可选用组合式立交。

（3）相交道路等级相差较大，且转弯交通量不大的一般立交，可选用菱形、部分苜蓿叶形或喇叭形立交。

（4）城市不宜选用占地较大的苜蓿叶形立交，左转交通量较大的立交不应选用环形立交。

城市道路立交类型选择如表 4-19 所示。

表 4-19　城市道路立交类型选择

城市道路	立交类型选择	
	推荐类型	可用类型
快速路—高速公路	立 A_1 类	—
快速路—快速路（一级公路）	立 A_1 类	—

续表

城市道路	立交类型选择	
	推荐类型	可用类型
快速路—主干路	立 B 类	立 A_2 类、立 C 类
快速路—次干路	立 C 类	立 B 类
快速路—支路	—	立 C 类
主干路—高速公路	立 B 类	立 A_2 类、立 C 类
主干路—主干路	—	立 B 类
主干路—次干路	—	立 B 类
次干路—高速公路	—	立 C 类
支路—高速公路	—	立 C 类

5. 立交方案综合评价方法

立交方案综合评价作为立交设计过程中的一个必不可少的环节，起十分重要的作用。对于立交设计优劣的评价，最重要的在于立交方案的整体合理性，此外还应对其技术、经济、效益、管理等方面进行综合评估，以寻求最优的立交方案，使立交在道路网中发挥更大的社会和经济作用。

近年来，随着立交规划建设技术的不断发展，立交方案的评价方法也日趋成熟，目前常用的方法有分项评分法、技术经济比较法、综合评价法(层次分析法和模糊数学法)、成本效益比评价法、经济比值评价法、环境协调与造型比较评价法及计算机仿真评价法等。

4.6　交叉口群协调设计

城市道路中不乏大量交叉口连线较短、交叉口处车辆排队较长、路网中路径关联紧密等现象，从而形成多个密切相关的交叉口。并且，在这些交叉口之间运行的交通流联系密切、随机性较弱。改变这类交叉口中某一道路的交通管理条件，会影响整体的交通状况。因此，该类交叉口的协调控制逐渐开始受到重视。通过对该类交叉口的协调控制进行研究，可使交通控制方式变得更加灵活、效果更显著、交叉口群内交通流运行更加稳定。

4.6.1　交叉口群概述

1. 交叉口群定义

城市道路交叉口群为城市道路网中若干地理位置相邻且彼此存在较强关联性的交叉口的集合。后续伴随着研究的逐渐深入。

从拓扑结构上看，大部分交叉口群普遍存在一些特点，如间距较小、密度高等。此外，由于交叉口群的网络规模较小，路网内存在大量的次干路和支路，导致路网内交通需求和车辆需求具备以下特征。

(1)交通需求内生性强，集聚力高。由于交叉口大部分位于城市中心区域，就业中心、购物商场等场所辐射力强，能吸引较多人车，极易出现交通拥堵和交通事故。

(2)网络通达度好，车流路径选择灵活度高。在因为交通拥堵、交通事故、交通设施

故障导致车辆行驶中断时，易找到替代路径，保持车流稳定运行。

（3）交叉口间距短，车流脉冲式到达特征明显。交叉口间距普遍较短，车流呈组团行驶状态突出，适宜"绿波交通"的组织。

（4）道路等级差异性小，网络负荷分布较均匀。交叉口群内存在大量的次干路和支路，由于干道交通流运行特征不明显，对于交通主流向的分布难以清晰直观地确定，一般情况下，可以通过交通流的实时运行状态来确定如何进行交通协调控制。

城市道路信号控制交叉口群是关联性较强的若干交叉口的集合，是交通管理及协调控制的最小网络，也是研究复杂交通系统的基本单元。实际中交叉口群的各个交叉口的空间距离较小，在发生交通拥堵情况下会出现交叉口群中相关联的交叉口处的道路由于长度不足，从而发生车辆排队溢出的现象，进而导致交叉口处的交通运行紊乱，更严重情况下会导致整个交叉口群内的交通瘫痪。交叉口群在城市路网中只占一小部分，但因其交通流运行状态的特殊性，使之成为城市路网防治拥堵的关键所在。因此，通过合理的管理与控制手段对交叉口进行协调设计，对于城市交通路网的高效、安全运行起着十分重要的作用。

2. 交叉口群范围划分

我国在研究交叉口群的起始阶段，对于交叉口群范围的划分主要依照美国相关资料中的关联度计算模型。后随着国内对于交叉口群研究的不断深入，以流量饱和度和自由流行程时间为关联度计算指标，探索相邻交叉口关联性，并以此作为划分工具。随着神经网络在我国不同层面的深入应用，在交叉口群范围的分类中引入了自组织映射神经网络，用于确定路网中每条路段的饱和度及行程时间，且将其作为神经网络的输入层神经元指标，并采用聚类方法划分路段进入不同组别，按照此方式来确定各交叉口群的控制范围。通过研究发现，上述所涉及的交叉口群范围的划分方法与控制子区划分的思路相仿，主要指标有车流运行状态、交叉口间距、配时方案等。

4.6.2 交叉口群交通管理与控制

1. 交叉口群交通流量流向分布

为更加直观且有效地获取路网内不同路段的交通负荷信息，通常采用获取交叉口群内的交通流量、流向状态分布等信息，并利用这些信息进行交叉口群控制策略和信号配时方案的优化，从而达到更好的管理与控制效果。鉴于交叉口群内车流的动态分布特性，对交叉口群进行协调控制之前，路网内交通流量、流向分布的获取是必不可少的。目前，估计交通流量流向较为常用的方法有全样本统计法、OD 估算法、浮动车扩展法和基于车流集聚特性的数据挖掘法。

（1）全样本统计法。该方法要求样本量较大，需要获取路网内所有车辆的行驶信息。

（2）OD 估算法。该法无须进行实地调查，而是利用相关软件，进行模拟仿真，通过反推计算虚拟小区的 OD，最后获得网络中车流分布数据。

（3）浮动车扩展法。利用道路上浮动车运行获得的各种信息进行局部取样，从局部估计整体。

（4）基于车流集聚特性的数据挖掘法。此法主要是利用数据挖掘算法对检测的车流数据进行处理，对比数据参数的差异，推断车流的流量流向。

不同交通流量估计方法的优缺点如表 4-20 所示。

表 4-20　不同交通流量流向估计方法的优缺点

方法	优点	缺点
全样本统计法	获得的数据较为全面，数据检测精度高，对流量流向估计最精确	需要花费大量的人力、物力、时间
OD 估算法	对流量流向估计最精确的方法，但对数据的检测精度要求也最高	对观测量进行计算时，需要对多个参数进行标定，效率较低；是对流量流向估计最精确的方法，但对数据的检测精度要求也最高
浮动车扩展法	可以收集浮动车运行方向、地点、速度等，其数据可以直接得出浮动车的路径信息	采样对象单一，不利于网络流量流向估计
基于车流集聚特性的数据挖掘法	对比上下游车流参数的异同，以此推断车流的流量流向；也可用于交叉口群路径识别	计算量大、样本不平衡

2. 信号控制交叉口群协调控制

城市道路信号控制交叉口群是城市交通系统中的重要构成，有信号控制交叉口群的交通系统，具有动态、复杂、随机、自适应、实时、离散和连续性混合的特点。例如，连续性表现为在一定时间间隔内到达的车辆数，一定路段上分布的车辆数及交通信号灯显示状态的变迁等。

如何设置区域交通信号协调控制参数是进行信号控制交叉口群协调控制的关键。对于其设置，主要考虑以下 3 个方面。

(1) 公用周期长度。可以依据交通负荷最大交叉口的通行需求确定。

(2) 绿信比。一般情况下，按照各交叉口的交通需求和通行能力进行确定。

(3) 相位差。可通过多种优化方法确定。

近年来，优化区域信号协调控制参数主要体现在以下两个方面：一是智能优化技术的发展，如遗传算法、模糊逻辑及其他启发式算法被引入参数优化；二是对公共周期进行设置。参数的合理设置及优化不仅有利于区域交通信号协调控制，也有利于路网交通流高效、有序地运行。

3. 交叉口群交通设计和组织原则

信号交叉口是"时、空、流"三者的有效协调，交叉口的渠化和配时优化是有所联系的，但目前一些配时方案忽略了这种联系，一味地进行车道功能、数量的调整，致使时空资源没有得到充分的利用，无法充分发挥交叉口通行能力。因此，需要充分结合交叉口群的信号配时对交叉口群进行优化设计。

交通组织设计方案以道路交通设施的时间和空间资源利用最佳化为目标，使机动车、非机动车和行人等 3 类交通流的通行权合理划分，达到通行安全、有序、通畅和便捷的目的。交通组织设计方案的制订，还应考虑交通与城市环境、景观及绿化等的协调。交叉口群的交通组织原则，应包含以下内容。

(1) 在保证路网功能的前提下均衡路网流量。

(2) 不同道路的优先次序为：主干路、次干路、支路和生活区道路。

(3) 最大程度地减少交叉口群交通流的交织与冲突。

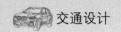

4.6.3 交叉口群时空协调设计

交叉口群协调设计包括基于交通流特征和优化设计目标所开展的关于几何条件和控制信号等的协调设计，即时间和空间协调设计。其中，空间协调设计是基础，决定着交叉口群的结构关系；时间协调设计是协调交叉口群动态交通流与静态空间条件间的重要技术手段。交叉口群交通时空协调设计中，渠化设计、相位设计、配时控制参数设置是重要组成部分。相位设计和配时控制参数设计可以对交叉口处的时间资源进行动态划分，但现实中常受到空间资源的约束。当交通需求发生变化时，可能存在交通需求与渠化设计方案不匹配的情况，因此，在交叉口群协调设计时应把三者作为一个整体进行考虑，从而达到平衡交叉口群的饱和度，提升交叉口处的通行能力。

1. 交通信号协调控制的基本参数

1）周期长度

单个交叉口的信号周期长度是根据交通量来确定的，由于交叉口群中有多个交叉口，为了达到系统的协调控制，各交叉口必须采用相同的周期长度。

2）绿信比

在干路控制系统中，各交叉口的绿信比可根据交叉口各个方向的交通量来确定，不一定统一。

3）相位差

相位差分为相对相位差和绝对相位差。相对相位差指相邻两交叉口相位起点的时差；绝对相位差是对标标准相位差起点的时差。

4）带宽

带宽是指绿波带的宽度。线控设计的目的是寻求最大的带宽。

5）带速

带速是指绿波带的斜率。

2. 定时式线协调控制方式

1）单向交通街道

单向交通街道或者双向交通量悬殊时，信号协调控制只考虑单向或主流方向即可。

$$O = \frac{S}{V} \times 3\,600 \qquad\qquad (4-17)$$

式中，O ——相邻信号间的时差(s)；

S ——相邻信号间的间距(km)；

V ——线控车辆可连续通行的全速(km/s)。

2）双向交通街道

双向交通街道的信号协调控制，在各交叉口间距相等时较易实现。当交叉口间车辆行驶时间恰好为线控周期时长一半的整数倍时，可以获得理想的效果。各交叉口间距不等时，信号协调控制具有一定的难度，此时设计信号协调方案可以采取试探和折中的方法，否则会造成信号的损失，在一定程度上增加车辆行驶时间和延误。目前，关于双向交通定时式线控信号间协调常用以下3种方法。

（1）同步式协调控制。

同步式协调控制所协调的全部交叉口信号，在同一时刻对干线车流显示相同的灯色，相位差为0或周期的整数倍。当交叉口间距很小，可以将相邻交叉口看成一个大交叉口，且下游交叉口红灯排队影响上游交叉口时可以采取同步式协调控制。

（2）交互式协调控制。

交互式协调控制是指连接在一个系统中的相邻交叉口同一时刻显示相反的信号灯色，相位差为周期的一半，适用于交叉口间间距较大、交叉口相互影响小的情况。与同步协调控制相同，其实用性存在较大的局限，较少单独采用。

（3）续进式协调控制。

续进式协调控制是指针对通过多交叉口的车辆，需考虑其车速及交叉口间距，协调相关交叉口的相位差，使车辆通过交叉口时均为绿灯相位。其主要分为单方案的简单续进式和多方案的复杂续进式两种方式。单方案适用于一个系统周期、一套配时方案及交通量变化不大的情况。多方案适用于多个系统周期、需要多套配时方案，且交通量变化较大的情况。

3. 定时式线控配时设计方法

定时式线控配时设计方法如下。

（1）进行交通调查，获取信号配时的基础资料。

（2）根据已有资料，计算备用配时方案。需要计算交叉口群内所有交叉口的周期时长、绿信比、绿灯时长，根据周期时长确定关键交叉口，确定干道方向的最小绿灯时间和非关键交叉口次要道路方向的最小绿灯时间。

（3）选定系统周期时长。综合考虑带速、相位差、同步与异步确定的备选周期，单点信号确定的最大周期等因素。

（4）确定信号时差、带宽、带速。可以采用图解法和数解法。

①图解法需要按照上述得到的系统周期及各交叉口的绿、红灯时间，作出时间—距离图，如图4-28所示。若采用续进式协调，由于相邻交叉口之间联系紧密，一般情况下需要多次作图进行调整。

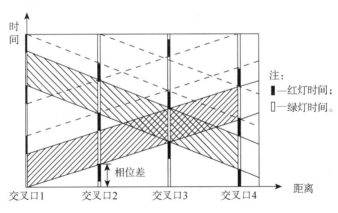

图4-28　时间—距离图

②数解法的关键在于理想距离，即所有交叉口间距相同。如交叉口距离不同，可利用此法进行调整，以达到最佳协调。

（5）确定最佳配时方案。

（6）检验控制效果。方案实施后如存在不足，需要及时调整或重新计算。

4. 交叉口群通行能力匹配设计

一味提高道路的通行能力将造成交通时空资源的浪费。衡量交通设施的合理性并不是看其通行能力的大小，而是由需求和供给共同确定交通饱和状态，与适当饱和度相对应的通行能力才是合理的。在进行交通设计，特别是新建设施交通设计时，交通量往往是具有一定不确定性的。因此，不能只用交通饱和度来衡量设计的合理性，还要通过衡量关联交叉口间的通行能力匹配性，一般情况下，先选取一个关键节点，以满足其通行能力匹配为目标，优化设计相邻节点，使方案达到最佳。

设计的输入参数为交通需求矩阵、路段机动车道数、信号相位分配情况，输出参数为两个交叉口间的车道数关系。

5. 两相邻交叉口一体化设计

1）近距离交叉口展宽协调设计

对于两个相邻交叉口，其间距较小时应进行协调渠化设计。当交叉口间距小于交叉口进口道最小长度时，可以认为两个相邻交叉口构成一个畸形交叉口；当交叉口间距大于交叉口进口道长度但小于交叉口最小间距时，两个交叉口需要进行一体化设计。当两交叉口距离较近，且需偏移中心线、增加进口道时，应将两交叉口间连线进行协调设计。当有需求时可在渐变段中央设置行人过街横道，如图 4-29 所示。

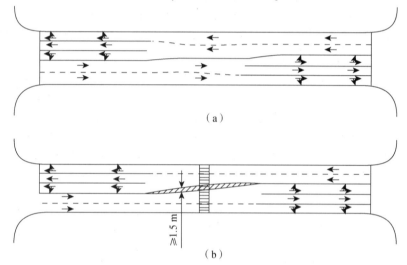

（a）

（b）

图 4-29　近距离交叉口展宽协调设计示意图

（a）无过街人行横道；（b）有过街人行横道

2）近距离交叉口左右转车道置换设计

当两交叉口距离很近，且有大量的车辆通过时，由于难以在短连线的路段上完成交织，常导致两交叉口发生交通阻塞。作为改善措施，可将左右转车道进行置换设计，并对各流向的交通流实施信号控制。应特别注意的是，由于这种车道布局设计有悖于常规，因此必须提前设置提示标志(图 4-30)。

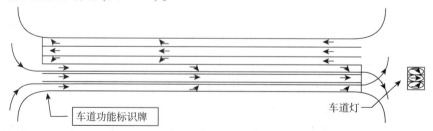

图 4-30　近距离交叉口左右转车道置换设计

6. 交叉口群协调控制策略

1）非饱和条件下交通信号协调控制

非饱和条件下的交通信号协调即绿波控制，也就是通过协调相邻交叉口的信号，使大部分车辆能够以一定的行驶速度连续通过几个交叉口。在绿波控制中，下游交叉口的绿灯信号通过设定相位差实现协调。制订交叉口群协调控制方案时，关键交叉口的相位相序方案对整个交叉口群的协调控制具有决定性的影响，首先要设计关键交叉口控制信号的相位方案，其次根据一定的优化目标求解交叉口的信号配时方案，最后以此协调周边交叉口的信号控制方案。

2）过饱和条件下交通信号协调控制

交通需求超过其设施网络的承载能力时，交通状态即出现过饱和现象，交叉口常呈现交通流的超长排队现象。因此，过饱和交通状态下的信号配时优化不仅要考虑本周期内车辆、信号配时合理性，还要考虑上一周期残留车辆对本周期信号配时的影响，与以延误最小为控制目标的非饱和交通协调控制不同，过饱和条件下交通信号控制一般取系统延误最小与通行能力（或网络容量）最大为目标，以达到尽快排解交通阻塞的目的。

🚗 本章知识小结 ▶▶ ▶

城市道路路段与交叉口交通设计

- 交通量与通行能力 → 交通量、通行能力、服务水平的定义、分类及影响因素
- 横断面设计 → 横断面的分类及构成，各构成部分的组成、设计原则及宽度计算
- 沿线进出交通设计 → 左进左出、右进右出临时停靠的设计原则
- 连续流与间断流协调设计 → 快速路出入口匝道分类、交通问题、出入口位置、间距及辅助车道的交通设计方法
- 平面交叉口交通设计 → 交叉口类型；有无信号控制交叉口、环形交叉口、特殊交叉口的交通设计方法
- 立体交叉交通设计 → 立体交叉概述、问题分析、设置条件、立交形式选择、线性设计及相关交通细化设计
- 交叉口群协调设计 → 交叉口群定义、交通组织、空间协调设计、时间协调设计

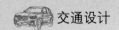

 思考题 ▶▶ ▶

1. 简述高峰小时系数的理解及计算方法。
2. 简述通行能力的分类及定义。
3. 简述横断面设计的组成及设计原则。
4. 简述拟定某城市道路设计指标，并进行横断面设计和绘制横断面图。
5. 简述匝道分类形式。
6. 简述合理设计的必要性及发展方向。

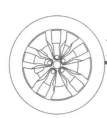

第 5 章
公交优先设计

知识目标

　　掌握：广义与狭义的公交优先；公交专用车道的设置条件；公交专用车道的设计方法；交叉口公交专用进口道与出口道设计；公交停靠站现状问题、基本类型、优化设计。

　　熟悉：公交优先设计体系；公交信号优先的方式；公交信号优先控制的主要策略；公交信号优先的单点交叉口配时设计；基于公交优先的干线协调控制方法；快速公交系统(BRT)。

能力目标

掌握内容	知识要点	权重
公交优先体系	城市公共交通；广义与狭义的公交优先；公交优先内涵；公交优先设计体系	0.2
具备公交优先设计的能力(公交专用车道、交叉口、停靠站、信号优先)	公交专用车道设计方法；交叉口公交专用进口道与出口道设计；公交停靠站基本类型与优化设计；公交信号优先的单点交叉口配时设计；基于公交优先的干线协调控制方法	0.6
具备 BRT 的规划设计能力	BRT 的基本概念、组成与特点；BRT 规划设计	0.2

5.1　公交优先体系

5.1.1　公共交通与公交优先内涵

1. 城市公共交通

世界各国城市公共交通事业的发展进程，受其经济和科学技术水平的影响，差异较大，而且由于不同城市所处的地理环境和政治经济地位不同，城市公共交通结构也各具特色。城市公共交通系统，主要包括公交车、无轨电车、有轨电车、快速有轨电车、地下铁道和出租汽车等客运营业系统。此外，在一些有河湖的城市，公共交通系统中还包括轮渡；在山区城市中，索道和缆车也有所发展。城市公共交通是泛指供公众群体使用的各种交通方式，是相对私人交通而言的。

2. 广义与狭义的公交优先

公共交通优先(以下简称公交优先)设计的目的在于改善公共交通车辆的行驶环境、保证交通系统中各交通流(公交车、行人、非机动车、机动车)间相互干扰最小、降低交通事故率、提高通行效率和便捷性等。

从广义上理解，公交优先是指有利于公共交通系统发展的一切政策和措施；从狭义上理解，公交优先是指通过交通设施建设、交通管理及控制等措施，在通行空间和时间上赋予公共交通车辆优先通行权。

3. 公交优先设计内涵

1) 基本问题

交通行驶环境的复杂性常导致车辆的运行速度低和可靠性差等问题。公交车运行过程中，不可避免地会受到交通流内外部因素所产生的不可预料的干扰。内部因素包括运营管理要素、时刻表及公交车的编排等。外部因素包括混行的社会车辆、道路行驶条件、交通流的阻抗、信号控制的随机延误和乘客需求的变化。这些因素彼此交错影响就使公交车的运行情况变得更加复杂，运行速度和可靠性难以保证。公交优先设计的核心内容是交通系统的效率化和可靠性设计，即从路段和交叉口两方面，研究如何通过交通设计手段提高公共交通系统的总体运行效率和可靠性，实现快速、便捷、可靠与准点。

换乘衔接与安全问题。换乘衔接可以分为普通站点换乘和枢纽换乘两部分。换乘衔接不便，如换乘距离长、过街换乘设施设计不当及信息服务缺乏等，将很大程度地影响出行者的舒适度和系统的便捷性。本节主要针对普通站点换乘问题进行讨论，包括交叉口、路段换乘过街系统和停靠站信息服务系统设计等内容。同时，在公共交通系统的安全问题上，行人过街的安全问题尤为突出，如何结合站点的布局，设计安全的过街系统也是本节需要讲述的一个基本问题。

2) 公交优先的必要性

(1) 公交优先体现了社会的公平性：公交优先是对乘客的优先，而非简单的对车辆的优先。相对于私人交通工具而言，公交优先照顾了大多数人的利益，确保让更多的人得到平等的交通权。

(2) 公交优先体现了社会的经济合理性：同等出行量情况下，公交出行与私人小汽车出行相比较，前者对交通设施的占用、资源的消耗及对环境的影响都是最小的，其社会综合成本无疑是最低的。

(3) 公交优先更节省能源，污染更少：据测算，高峰小时每人每千米消耗的能源，公交车为小汽车的8.4%；公交车在高峰小时每人每千米排放的碳氢化合物、一氧化氮、氮氧化物分别是小汽车的17.1%、6.7%、17.4%。各种车辆静态数据比较如表5-1所示。各种车辆动态数据比较如表5-2所示。

表 5-1　各种车辆静态数据比较

项目	公交车	小汽车	自行车
车辆长度/m	10.5	5.0	1.75
车辆宽度/m	2.5	1.8	0.6
载客量/人	80	4	1
停车占地面积/m^2	26.25	9.0	1.05
人均占地面积/m^2	0.328	2.25	1.5

表 5-2　各种车辆动态数据比较

项目	公交车	小汽车	自行车
运行速度/(km·h^{-1})	16~18	30~40	10~15
车头间距/m	22.52	25.97	6.76
占用的道路面积/m^2	78.82	90.9	6.76
人均占用道路面积/m^2	0.98	22.73	6.76
密度(人数/千米/公顷)	3 552	154	148

5.1.2　公交优先设计体系

公交优先设计体系要考虑政策上的优先和技术上的优先两个方面。政策上的优先包括财政扶持政策、城市用地优先政策、公交市场开放政策、公交优先的道路运用政策、公交优先的交通管理政策措施、限制小汽车使用的相关政策等。技术上的优先包括空间优先、时间优先。交通设计的主要任务是落实公共交通的空间优先和时间优先。空间优先主要是通过公交专用车道、交叉口公交专用进口道和公交停靠站的优化设计加以实现；时间优先则体现在公交优先信号控制方面。

广义的公共交通系统包括常规公交车交通、轨道交通和出租车交通等。根据线路承担功能和等级的不同，常规公交车交通还可以细分为干线公交、普线公交、支线公交和需求—响应公交。公共交通系统概貌如图 5-1 所示。本章重点阐述常规公交车交通系统的优先设计理论与方法。

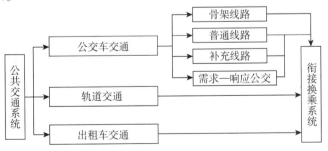

图 5-1　公共交通系统概貌

1. 骨架线路

骨架线路是实现跨区域客流在空间上快速、集中转移的公交线路，是联系土地集中功能区的纽带、城市各级组团间及组团内部的主要客流走廊，在公交线网体系中起骨架作

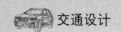

用。其中,快速公交系统作为一种新型的公交车交通方式,以支撑骨架公交线路交通为主要功能,正在被不断推广。

2. 普通线路

普通线路是对骨架线路的补充和完善,用以服务城市各组团间或组团内乘客的中短距离出行需求,并承担与轨道交通、骨架线路、公路及客运港口之间的换乘衔接任务,应依据骨架线路和换乘枢纽布局加以设置。

3. 补充线路

补充线路以填补公交空白点或稀疏区域为主要功能,服务于城市边缘组团的交通出行需求。线路的设置可利用抽疏中心区重叠线路的资源,或根据客流需求在公交空白区新开线路等措施来实现。补充线路对缓解城区边缘组团居民乘车难问题具有较大作用。

4. 需求-响应公交

这种公共交通方式兴起于 20 世纪 70 年代,没有固定线路,不按照固定时刻表运行,对实时的出行需求进行响应式服务。订车通过电话等方式进行,车辆的行驶线路由调度中心通过无线通信进行管理。

公交车交通优先设计的基本思路可以依据公交车的运行过程(图 5-2)进行论述。公交车从首末站出发,经中途停靠站、交叉口、正常路段等最终到达另一个(或同一个)首末站,完成一班运输任务。显然,公交车交通优先设计应围绕公交车的整个行驶过程展开。按其行驶过程,可分为停靠站交通设计、交叉口优先设计与控制和路段公交优先设计 3 个主要部分。

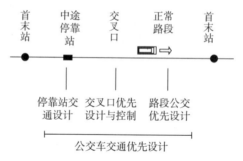

图 5-2 公交车的运行过程

公交车行程时间由路段行驶时间、交叉口因信号控制引起的延误时间和公交车进站停靠时间三部分构成。分别改善这三部分的通行条件,均可以缩短公交车行程时间、提高公交车运行的效率与可靠性,进而提高其服务水平。因此,公交优先主要应实现以下 3 个目的。

(1)路段沿途行驶优先(公交专用车道优先设计)。通过减少公交车在沿线行驶过程中受到的干扰来提高行程速度及平稳性,主要措施有设置公交专用道路、公交专用车道,减少道路沿途进出交通对公交的影响等。

(2)交叉口通行优先(交叉口公交优先设计与控制)。通过给予公交车在交叉口处的优先通行权,以减少其信号控制延误,主要方法有设置公交专用进口车道并实施优先通行控制。

(3)公交停靠站处通行优先(公交停靠站交通设计)。合理的停靠站形式、长度及位置,可以有效地减少公交车进出停靠站的时间损失;公交换乘枢纽的有序化设计,可以非常有效地减少公交车进出枢纽的时间。

5.2 公交优先设计——公交专用车道

公交专用车道是指在较宽的车道上，用交通标线或硬质分离的方法划出一条车道作为公交车的专用通道，在特定的时段内，供公交车行驶而不允许其他车辆通行。

5.2.1 设置公交专用车道的基本考虑

设置公交专用车道的基本考虑如下。

(1)交通的本质是实现人和物的安全与效率化移动，因此基于要移动的人和物的量及其重要程度分配道路资源更具有合理性。

(2)公交车对道路设施的使用效率明显高于小汽车，一条公交专用车道或公交专用道路的运送能力约为 20 000 人/(小时·方向)，而一条小汽车道的运送能力一般不超过 3 000 人/(小时·方向)。

(3)公交车线路较为固定，将小汽车转移到替代线路上比转移公交车容易。

(4)修建公交专用车道或专用道路，较建造大容量轨道交通系统更节约成本，也更具适用性。

5.2.2 公交专用车道的设置条件

是否设置公交专用车道，应从需求和供给两个方面进行分析。需求方面，设置专用车道的交通条件，主要考虑待设专用车道的道路沿线公交车的交通流量及客流需求量等；供给方面，由于道路资源有限，专用车道的设置可能会减少社会车辆的可利用通行资源，不同道路对社会车辆交通和公交车交通优先权的定位不同，需要根据道路与交通的规划定位和实际的运行条件加以权衡。

1. 道路条件

一般认为一辆公交车占用的道路资源相当于多辆小汽车所占的空间，因此，设置公交专用车道可以提高道路空间的使用效率，道路条件是设置公交专用车道的充分条件。通常，在下列情况下不宜设置公交专用车道。

(1)设置公交专用车道的道路仅为一车道，且是周边唯一的交通通道，无其他可转移交通的道路。

(2)在公交车行经的道路，平面交叉口的间距较小，而且双向不足四车道。这种情形下若设置公交专用车道将受到大量转弯车流的影响，无法发挥其效用。一般情况下，实施专用车道时，道路车道数应不低于双向四车道。

2. 交通条件

设置专用车道的本质目的是实现"人"的优先，提高交通系统总体的运行效率。设置专用车道的道路，通常同时也承担大量的社会车辆交通需求，设置专用车道不应引起道路及周边路网上社会车辆交通流的严重拥挤，且要有相当的客流和相应的公交车流量。因此，设置公交专用车道的交通条件，需要从提高道路利用效率的必要性出发，包括路段客流量的大小、公交车的行程速度、公交车流量和道路的通行能力等。

应设置公交车专用车道的条件：路段单向公交客运量大于 6 000 人次/高峰小时，或公交车流量大于 150 辆/高峰小时；路段平均每车道断面流量大于 500 辆/高峰小时。

宜设置公交车专用车道的条件：路段单向机动车道为四车道以上(含四车道)，断面单

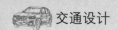

向公交车大于 90 辆/高峰小时；路段单向机动车道为三车道，单向公交客运量大于 4 000 人次/高峰小时，且公交车流量大于 100 辆/高峰小时；路段单向机动车道为两车道，单向公交客运量大于 6 000 人次/高峰小时，且公交车流量大于 150 辆/高峰小时。

5.2.3 路段公交专用车道设计方法

公交专用车道设计主要包括位置、宽度、隔离和视认性 4 个方面。公交专用车道位置和宽度的确定应主要考虑公交专用车道的功能和道路条件，能最佳地满足公交优先和社会车流顺畅运行的要求；公交专用车道的隔离和视认性则要便于公交车流和社会车流明确各自的通行空间。

1. 路段公交专用车道布置方式

公交专用车道在道路断面上的位置可分为：路中、次路边和路边。3 种形式的选择，应基于道路条件、公交车流特征及停靠站的纵向位置等确定。

（1）路中公交专用车道。适用于有中央实体分隔、公交停靠站间距较大的快速路及主干路，以及道路两侧有较多车流频繁进出或临时停车的主干路，公交停靠站设于中央分隔带上。为解决路中公交专用车道公交车停靠开门问题，站台需进行偏移设计，因此公交车行驶轨迹的顺畅性可能受到影响。另外，乘客将利用交叉口人行横道过街，在设计上应特别留意其交通流的平顺性和交通的安全性。

路中公交专用车道因不受沿线进出交通的干扰，所以运行速度较高，被认为是较理想的公交专用车道，如图 5-3 所示。

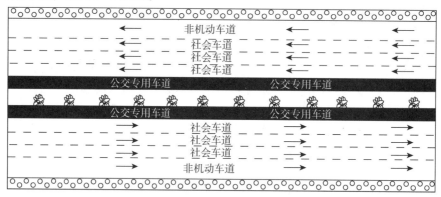

图 5-3 路中公交专用车道

路中公交专用车道的优缺点如表 5-3 所示。

表 5-3 路中公交专用车道的优缺点

优点	缺点
①不与支路车流冲突； ②不影响其他车辆临时停车； ③不影响其他车辆右转； ④减少与慢车道车流的混合； ⑤受社会车辆干扰小，专用性强； ⑥公交车行驶顺畅，速度较高	①在交叉口直行公交车与左转车辆存在冲突，须增加左转专用相位或禁止社会车辆左转； ②右转公交车必须提早离开公交专用车道，且无法在进口道靠站； ③设站成本稍高，且需要有足够的站台空间（长度和宽度）； ④进站时轨迹可能不够平顺，乘车舒适度会受到影响； ⑤乘客进出站需穿越机动车道

（2）次路边公交专用车道。布设于次外侧车道，此时的最外侧车道可作为进出交通流的辅道，服务于沿线相交支路及路侧进出交通，如图 5-4 所示。该类型公交专用车道可以减少沿线进出交通流对公交车行驶的影响，然而公交车进出停靠站时仍与外侧车流存在交织，同时外侧车道的车流驶入主线需要跨越公交专用车道。这种情况下，公交专用车道对其他车道来说是一个虚拟的分隔带，最外侧车道利用率较低，具有很大的局限性，因此较少采用。

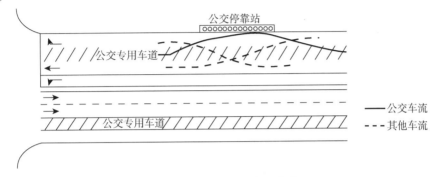

图 5-4　次路边公交专用车道

（3）路边公交专用车道。适用于设置在公交停靠站间距比较小的路段，公交车可以直接沿边缘车道进出公交停靠站，不必穿越其他机动车道，但受道路沿线出租车上下客及进出道路车辆的影响，总体运行效率会下降，如图 5-5 所示。

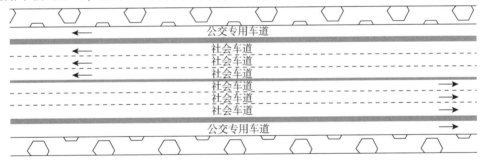

图 5-5　路边公交专用车道

路边公交专用车道的优缺点如表 5-4 所示。

表 5-4　路边公交专用车道的优缺点

优点	缺点
①公交车行驶、靠站较符合常规习惯； ②乘客在人行道上下车，不必穿越车行道； ③右转弯公交车易于行驶； ④成本低，易于实施，管理简单	①受其他临时停靠路边车辆的影响； ②公交车与支路车流冲突，行驶不顺畅； ③公交车与其他右转交通相互影响； ④公交专用车道容易被其他车辆违法占用； ⑤左转公交车必须提早驶离公交专用车道

2. 公交专用车道的宽度

在路段上，公交专用车道的宽度与一般车道宽度基本一致。当公交专用车道延伸到交叉口进口道停车线时，其宽度可较路段适当压缩，但不得小于 3.0 m。公交专用车道及乘客站台宽度建议值如表 5-5 所示。

表 5-5　公交专用车道及乘客站台宽度建议值

设计项目		建议值/m
路段	公交专用车道宽度	3.40~3.75
站台	公交专用车道宽度	2.75
乘客站台宽度		>2.0

3. 公交专用车道的隔离

公交专用车道的隔离须满足以下两点：允许公交车在必要时驶离公交专用车道；禁止社会车辆在特定的路段或特定的时间驶入公交专用车道。

隔离方法主要有以下两种。

(1)标线隔离。用黄色标线标出公交车专用车道，并在车道中央标明"公交专用"字样，表明该车道只供公交车使用，不允许其他车辆驶入(不包括紧急抢险车和救护车等特种车辆)，但公交车可以驶离公交专用车道。

(2)硬质隔离。在道路上使用侧石、道钉、栅栏区分公交专用车道与社会车道；还可利用公交车底盘比小汽车高的特点，在公交专用车道进口处设置障碍，阻止小汽车驶入。

硬质隔离的效果比标线隔离明显，可阻止社会车辆驶入公交专用车道，但公交车也不便驶离公交专用车道，特别当公交专用车道只有一条车道时，一旦发生事故，后续车辆无法超车，也难以救援，易造成整条公交专用车道瘫痪。为此，隔离设施应每隔一定距离设置开口，便于公交车在紧急情况下驶离公交专用车道。

对于分时段设置的公交专用车道，应采用标线隔离；对于全天候的公交专用车道，可考虑采用硬质隔离。

4. 公交专用车道的视认性

为了更有利于驾驶员辨认公交专用车道，可采用一些措施来增强公交专用车道的视认性。

(1)铺设彩色路面。把公交专用车道路面用规定的某种颜色铺装，与一般车道形成色彩反差，以利于驾驶员辨认。

(2)设置标识/标志与标线。在车辆进入公交专用车道之前，应给予足够的提示，主要通过交通标识/标志牌和地面车道标线来实现。公交专用车道在下列地方需有专门标志。

①起点：提示公交车和社会车辆驾驶员注意公交专用车道的起点及前方车道功能区别。

②路段：提示出租车和右转车在适当的位置进出公交专用车道的标志。

(3)交叉口进口道。提示交叉口处公交专用车道功能、右转车变道的标志或公交专用车道回授线标识(图 5-6)等。

图 5-6　公交专用车道回授线标识

5.3　公交优先设计——交叉口

5.3.1　交叉口公交专用进口道设计

交叉口公交优先设计的核心目标之一是协调各类交通流，降低公交车在交叉口的延误及公交优先对社会车辆通行效益的影响。基于公交优先的考虑，交叉口公交车延误的影响因素包括：社会车辆的排队会增加公交车通过交叉口的延误时间，设置公交专用进口道是缓解这一问题的主要措施；当公交停靠站设置于交叉口附近时，会增加社会车辆通过交叉口的延误，对停靠站与交叉口进行一体化设计可以缓解这一影响。

另外，公交优先的核心是"人"的优先，因此，在交叉口确保乘客方便且安全地到达和离开公交停靠站，也是公交优先设计必须考虑的重要内容。

1. 设置公交专用进口道的基本考虑

交叉口公交专用进口道也有内侧和外侧之分。布设在内侧的专用进口道有利于左转和直行公交线路的通行；布设在外侧的专用进口道则有利于右转和直行公交线路的通行，但易与右转社会车辆存在交织，需要辅以相应的信号控制措施。公交专用进口道设计需要考虑如下因素。

(1)公交车占有一定的比例。当总流量为 1 100 ~ 2 500 辆/h、进口道公交车比例在20% ~ 30%时，应设公交专用进口道。

(2)公交车行驶轨迹平顺。若路段设置公交专用车道，为使公交车行驶轨迹平顺，最好将公交专用车道顺延到交叉口，也有益于提高公交车通过交叉口的效率。

(3)交叉口人均通行效益。当道路资源有限，若设置公交专用进口道对其他车辆通行效率影响过大，导致整个交叉口人均通行效益下降，则不宜设置公交专用进口道。

2. 公交专用进口道设计方法

公交专用进口道在交叉口横断面的布置设计，与道路交叉口的整体交通条件、公交停靠站位置、停靠站形式等密切相关。主要的公交专用进口道设计方法如下。

1)路边公交专用进口道

这种方法适用于路段已经设置路边公交专用车道的情形，利于公交车平顺行驶。当交叉口设有展宽段时，公交专用进口道沿展宽段设置。这种方法存在公交车与右转车的交织，若右转车流量不大，右转车可与公交车共用公交专用进口道；若右转车流量较大，则将路边公交专用进口道毗邻的进口道设为右转专用车道，并辅以右转专用相位。未设置公交停靠站的路边公交专用进口道如图5-7所示。

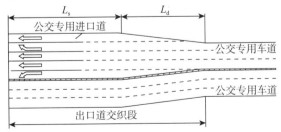

图5-7　未设置公交停靠站的路边公交专用进口道

L_s—滞留长度；L_d—减速长度

当公交停靠站设于交叉口附近时，宜与进口道展宽一体化设计，这样不仅可以减少公交车行驶的不平顺性，同时还可以省去加速过渡段，公交车进站停靠完毕后直接行驶至专用进口道，如图5-8所示。

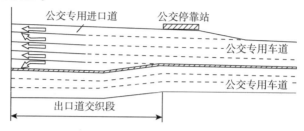

图5-8　设有公交停靠站的路边公交专用进口道

2）次路边公交专用进口道

无论路段是否设置公交专用车道，只要交叉口公交车比例达到一定值，或公交车通行效益低于其他车辆时，均可以考虑设置次路边公交专用进口道。

若路段公交专用车道设置在次外侧车道，进口道上游未设公交停靠站，则可直接将公交专用车道延伸至进口道作为公交专用进口道，如图5-9所示。

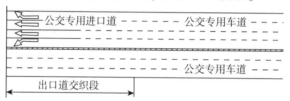

图5-9　次路边公交专用进口道

3）路中公交专用进口道

路段公交专用车道沿中央分隔带设置时，为保证公交车行驶的连续性，可直接将路段公交专用车道延伸至进口道；当左转社会车辆较多时，在公交专用进口道右侧设左转专用进口道，如图5-10所示。

当进口道设置公交停靠站时，为减少左转车辆与直行公交车的交织，仍将左转车道设置于公交专用进口道的左侧，左转社会车辆可利用公交停靠站处的超车道进入左转进口道。此时，左转社会车辆将会与直行的公交车存在交织，因此，在设计快速或干线公交专用车道时应谨慎使用此形式。

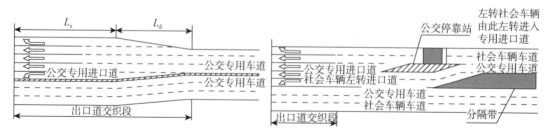

图5-10　路中公交专用进口道

4）锯齿形公交专用进口道

若设置一条公交专用进口道，公交车无法在一个信号周期内通过交叉口，或公交车流量大于240辆/h时，可以考虑设置锯齿形公交专用进口道（分为全部锯齿形和部分锯齿形)，在进口道通行区域内设置两条停车线，前一停车线为公交车停车线，后一停车线为社会车辆停车线，并对两条停车线设置相应的信号灯，如图 5-11 所示。

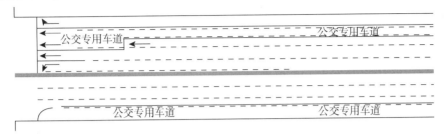

图 5-11 锯齿形公交专用进口道

锯齿形公交专用进口道的设置主要依据的是公交车的流量及比例。对于路中、路边和次路边公交专用车道皆可设置锯齿形公交专用进口道。锯齿形公交专用进口道必须以信号协调控制为技术支撑，对其技术和管理要求较高，目前一般场合还较少采用。

锯齿形公交专用进口道长度 L 可按下式计算(在没有详细资料的情况下，可取 50~80 m)

$$L = \frac{(V_{dl}H_c + V_{dB}H_B)}{N_B}r_m \tag{5-1}$$

式中，V_{dl}——锯齿形进口道社会车辆到达率(辆/s)；

H_c——社会车辆车头间距(m)；

V_{dB}——公交车到达率(辆/s)；

H_B——公交车平均车头间距(m)；

N_B——公交专用进口道设置数；

r_m——有效红灯时间(s)。

5)公交回授区设计

如果公交专用车道一直延伸到交叉口停车线(即设置专用进口道)，可能会导致如下问题：在信号控制交叉口，公交专用进口道排队的车辆较少，而其他进口道社会车辆排队较长；如果公交专用车道沿最外侧机动车道设置，并一直延伸到交叉口，就会导致右转车辆与公交车存在交织的问题(除非设置右转专用相位)。

因此可采用设置回授区的办法，即公交专用车道在路段上连续设置，延伸到离交叉口停车线前一段距离处终止。公交专用车道终止点与交叉口停车线之间叫作回授区，包括交织区和进口车道所在的区间，如图 5-12 所示。

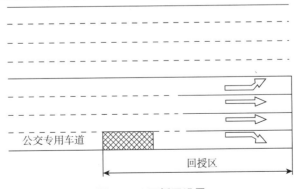

图 5-12 回授区设置

回授区上的通行权是公交车优先。一般规定在回授区的交织区,仍然公交车优先,只有在回授区上没有公交车时其他社会车辆才可以进入。设置回授区的优点是充分利用了交叉口的时间和空间资源,能最大程度地发挥交叉口的通行能力;缺点是由于是混行车道,公交优先得不到确切的保障。此外,直行公交车会阻挡右转社会车辆通行,导致右转车辆延误增加。

回授区长度影响因素与确定的原则如下。

(1)回授区内公交车与社会车辆的交织。回授区的最短长度不能小于公交车和社会车辆的最短交织长度。

(2)车辆排队长度的影响。当公交专用车道设置在路外(内)侧且有右(左)转专用信号灯时,回授区长度为右(左)转进口道排队长度与相邻直行进口道排队长度的较大值再加上公交车与社会车辆的交织长度;当公交专用车道设置在路中时,回授区长度为相邻两个车道方向上的车辆排队长度的较大值再加上公交车与社会车辆的交织长度。

(3)公交停靠站的影响。一般把交叉口附近的公交停靠站设在公交专用车道内。回授区设在公交停靠站前方。在满足行车条件的前提下,回授区的长度越短越好。

回授区设置条件如下。

(1)当进口道车道数较少,各进口道已接近饱和时。

(2)公交专用车道沿最外侧机动车道设置,且右转车流量较大,无条件设置右转公交专用车道。

回授区设置方法:一般在公交专用车道的末端设置一个回授区,以便于社会车辆与公交车交织,交织区可用表示"禁停"的黄方格来标出,表示在回授区内社会车辆和公交车可以交织运行;同时,也表示在该区域内禁止任何车辆停车。

5.3.2　交叉口公交专用出口道设计

交叉口公交专用出口道的起点由两部分组成,如图 5-13 所示,一部分是相交道路进口道驶入的右转车辆变换车道所需的距离 l_r;另一部分是交织长度。l_r 应不小于 30 m,一般可取 30~50 m;交织长度宜取 400 m。

若两路口间路段长度不足 150 m,可不设公交专用车道。

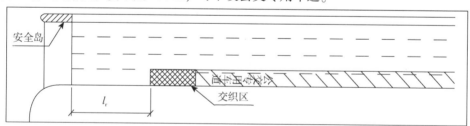

安全岛

l_r

交织区

图 5-13　交叉口公交专用出口道设计

5.4　公交优先设计——公交停靠站

5.4.1　公交停靠站现状问题与设计思想

公交停靠站用地面积包括公交车停靠的泊位面积和乘客候车的站台面积。停车泊位面积取决于公交车高峰时期的车流量。公交停靠站是在公交线路确定之前建设的，随着公交线路的发展，不能适应实际需要，经常出现停车位不够用的现象。站台面积取决于高峰时期乘客的候车人数。随着城市人口的发展，候车人数不断增加，早晚上下班高峰时期总会出现乘客候车拥挤的混乱状况。

公交停靠站现状问题有公交车进站、出站相互干扰；公交车无固定停靠位置，乘客上车不方便；客流量大，乘客上车时相互拥挤；公交站台规模不足，导致公交车进站排队等。

公交停靠站的设置类型及规模应满足公交线路路网规划的要求，同时应充分考虑道路性质、沿线两侧用地性质、换乘便利性、临近路段和交叉口交通状况等的约束。

公交停靠站设置原则如下。

(1)安全性：应保证乘客的安全。

(2)便捷性：应方便乘客换乘、过街。

(3)安全、效率化设计：应有利于公交车安全停靠、顺利驶离，与路段及交叉口通行能力相协调。

1. 站距规定

根据国家标准，公交停靠站的服务面积，以半径为 300 m 计算，不得小于城市用地面积的 50%；以半径为 500 m 计算，不得小于 90%，且公交停靠站的站距应符合表 5-6 中的规定。

表 5-6 公交停靠站的站距规定

公交车	市区线/m	郊区线/m
公共汽车与电车	500~800	800~1 000
公共汽车大站快车	1 500~2 000	1 500~2 500

同向换乘距离应不大于 50 m，异向换乘距离不应大于 100 m。在道路平面交叉口和立体交叉口上设置的车站，换乘距离不宜大于 150 m。

2. 交叉口附近公交停靠站的位置选择

在交叉口附近，公交停靠站应设置在离交叉口 50 m 以外处；对新建、改建交叉口，公交停靠站应设置在平坡或者坡度不大于 1.5% 的坡道上；当地形条件受限制时，坡度不得超过 2%。

5.4.2 公交停靠站基本类型

在城市公交车交通系统中，公交停靠站作为一种重要的基础设施起到了提供公交车停靠、服务乘客上下车的作用。根据所处位置、设置方法及站台形式，公交停靠站具有 3 种不同的分类方法。

1. 根据所处位置分类

根据所处位置的不同，公交停靠站可以分为以下 3 种类型。

1)交叉口上游公交停靠站

交叉口上游公交停靠站指设置在交叉口上游区域进口道的公交停靠站，又被称为近端公交停靠站。对于交叉口上游公交停靠站，公交车的进出受交叉口信号灯和进口道机动

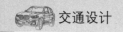

辆排队长度的影响与控制。

下列情况优先考虑在交叉口上游设置公交停靠站：公交车流量大，停靠产生冲突与危险；右转车道公交车占主要比例。

公交停靠站设置在交叉口上游时，离开停车线距离按如下原则确定。

（1）边侧为拓宽增加的车道时，公交停靠站应设在距该车道分岔点之后至少 15~20 m 处，并将拓宽车道加上公交站台长度后进行一体化设计。

（2）边侧无拓宽增加车道时，公交停靠站位置应在外侧车道最大排队长度的基础上再加 15~20 m 处，公交停靠站长度另外确定。

（3）对新建交叉口，且非港湾停靠站情况，按道路等级设置：主干道距停车线至少 100 m，次干道距停车线至少 70 m，支路距停车线至少 50 m。

2）交叉口下游公交停靠站

交叉口下游公交停靠站指设置在交叉口下游区域出口道的公交停靠站，又被称为远端公交停靠站。

在下列情况下，优先考虑在交叉口下游设置公交站点：存在视距问题；机非混行的道路，公交车频繁使用右侧非机动车道；机非分隔道路或机动车专用道路，右侧机动车道不是公交车专用车道，机动车高峰期间公交车频繁使用外侧机动车道；机动车高峰期间上游右转车流量超过 250 辆/h；公交车为左转的情况。

公交停靠站设置在交叉口下游时，离开（对向进口道）停车线距离按如下原则确定。

（1）无信号灯控制的交叉口，公交停靠站必须设置在视距三角形外（包括车站内同时停放的最大车辆数）。

（2）下游右侧为拓宽增加车道时，应设在右侧车道分岔点向前至少 15~20 m 处。

（3）在新建交叉口，且非港湾停靠站的条件下，按道路等级设置：主干道距停车线至少 80 m，次干道距停车线至少 50 m，支路距停车线至少 30 m。

3）基本路段公交停靠站

基本路段公交停靠站指设置在两个交叉口之间，公交车运行、停靠不受交叉口影响的路段公交停靠站，又被称为中端公交停靠站。

在保证公交线路公交停靠站平均站距最优的基础上，具体某一个公交停靠站的定位是有较大弹性的。不同位置的公交停靠站具有不同的优劣，如位于交叉口附近的公交停靠站在减少乘客公交换乘距离的同时加剧了交叉口的瓶颈效应。

交叉口上游、交叉口下游及基本路段公交停靠站的优缺点如表 5-7 所示。

表 5-7　不同所处位置公交停靠站的优缺点

所处位置	优点	缺点
交叉口上游	①当公交车进站为红灯相位时，可以利用红灯时间上下乘客； ②公交车在车站的排队不会堵塞交叉口	①当车辆完成停靠离站时，如果信号相位为红灯，将会阻碍后面的排队公交车进站停靠； ②公交停靠站将占用一定的道路宽度，对交叉口进口道通行能力造成一定影响； ③对路边公交停靠站，公交车进出站将与右转车辆产生冲突

续表

所处位置	优点	缺点
交叉口下游	①公交车在完成停靠后即可离站，不受红灯阻碍； ②在设置平面过街时，乘客在停靠车辆车后过街，与车前过街相比更安全； ③交叉口各进口道汇集的线路均可以在交叉口下游公交停靠站停靠，便于实现同台换乘，避免停靠站在交叉口各个位置的重复设置	①公交车在遭遇交叉口红灯相位时，不能利用红灯相位时间上下客，会造成公交车在车站排队从而堵塞交叉口，影响交叉口的交通组织； ②当公交车在绿灯相位到达交叉口，而交叉口下游的公交停靠站又处于饱和状态时，车辆将不得不在进口道等待进站，并可能因此遭遇二次红灯排队
基本路段	①减少了交叉口公交停靠站所导致的车辆和行人的视距问题； ②减少了对交叉口通行能力的影响	①容易导致行人直接穿越街道，阻碍交通流正常运行，存在安全隐患； ②增加了行人通过交叉口的步行距离

2. 根据设置方法分类

根据设置方法的不同，公交停靠站可以分为以下两种类型。

1）路边公交停靠站

路边公交停靠站是指沿城市道路人行道或机非分隔带设置的公交停靠站，如图 5-14 所示。对"三块板"和"四块板"的道路，且机非分隔带宽度满足条件时，可将公交停靠站设置在机非分隔带上，这是我国最常见的一种设站形式。当不存在机非分隔带或机非分隔带宽度不满足条件时，可将公交停靠站设置在人行道上。对这种形式的公交停靠站，公交车停靠时要占用和穿过非机动车道，容易与非机动车产生干扰。

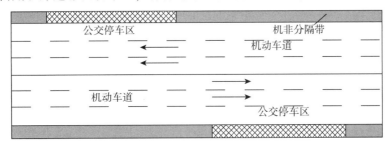

图 5-14　路边公交停靠站示意图

2）路中公交停靠站

路中公交停靠站是指当沿中央分隔带，在城市道路每个方向内侧车道设置公交专用车道时，为避免公交车进出路边公交停靠站时变换过多车道，而沿公交专用车道设置的公交停靠站，如图 5-15 所示。对"两块板"和"四块板"的道路，且中央分隔带宽度满足条件时，可将公交停靠站设置在中央分隔带上；当未设置中央分隔带或中央分隔带宽度不足时，可在路中公交专用车道右侧设置公交停靠站。

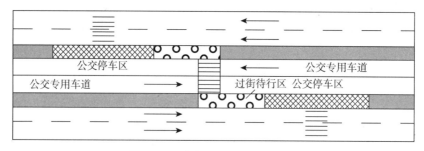

图 5-15　路中公交停靠站示意图

不同设置方法的公交停靠站具有不同的特点，如路中公交停靠站多用于城市资金投入较多、交叉口间距较大、交叉口左转或者直行公交车较多、道路较宽或进行大规模的城市道路改造或者在新建的主干道上设置公交专用车道时。路边及路中公交停靠站的优缺点如表 5-8 所示。

表 5-8　路边及路中公交停靠站的优缺点

设置方法	优点	缺点
路边	①占用机动车道路资源少，投资较低，充分利用慢行交通空间，不需要建设很大的站台空间，易于实施； ②乘客候车及上下车条件好，不需要穿越马路，保障了乘客的出行安全，符合人们的出行心理； ③与现有公交车匹配，公交车车门不用改造	①公交车的运行容易受到非机动车和行人的干扰，且进出公交停靠站容易与右转社会车辆产生冲突； ②交叉口堵塞时，不利于左转公交车的行驶； ③停车区易受到出租车等社会车辆的占用
路中	①不受慢行交通及路侧进出交通的干扰，专用性强； ②公交车行驶顺畅，速度较快，体现了公交优先思想； ③减少与其他社会车流的混合	①为保证乘客上下车的安全性，需要设置隔离栏等封闭设施或天桥、地下通道等连通设施，增加了建设成本； ②对道路宽度要求较高，为设置公交停靠站，需减少社会机动车道宽度，影响社会车辆运行

3. 根据站台形式分类

根据站台形式的不同，公交停靠站可以分为以下两种类型。

1）直线式公交停靠站

直线式公交停靠站是传统的公交停靠站设置方式，它直接将公交停车区设置在机动车道上，如图 5-15 所示。因此，当公交车停靠时就容易形成交通瓶颈，对社会车辆的正常行驶和公交车的超车产生很大影响，当路段机动车饱和度较大时甚至会造成交通阻塞。因此，直线式公交停靠站一般适用于公交停靠站不易拓宽且机动车饱和度不大的路段。

2）港湾式公交停靠站

港湾式公交停靠站是指在公交停车区将道路适当拓宽，将公交车的停靠位置设置在正常行驶的车道之外，以减少公交车停靠时形成的交通瓶颈对社会车辆和后到先走的公交车超车的影响，保证路段车辆的正常运行。设置这种形式的公交停靠站，通常需要占用人行道或非机动车道，因此只能在用地条件满足要求的路段设置。港湾式公交停靠站的设置通常可以采用以下 4 种方法。

（1）全港湾式公交停靠站。机动车道在公交停靠站处没有弯曲，公交停车区没有占用机动车道，而只是向外侧拓宽挤占机非分隔带或将非机动车道与人行道进行局部弯曲而形成港湾区，如图 5-16 所示。全港湾式公交停靠站完全没有改变原有机动车道的宽度和走向，公交车进站停靠对后续车辆影响很小，是一种比较彻底的港湾式停靠站，适用于道路两侧用地宽裕的路段。

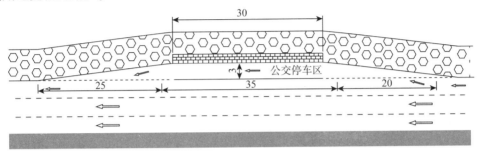

图 5-16　全港湾式公交停靠站示意图（尺寸单位：m）

（2）半港湾式公交停靠站。机动车道在公交停靠站处部分弯曲，公交停车区部分占用机动车道，同时部分向外侧拓宽挤占机非分隔带或将非机动车道与人行道进行局部弯曲而形成港湾区，如图 5-17 所示。半港湾式公交停靠站较小程度地改变原有机动车道的宽度和走向，公交车进站停靠对后续车辆有一定影响，是一种不彻底的港湾式公交停靠站。在我国许多城市的中心区，由于早期道路交通规划没有考虑港湾式公交停靠站的建设用地，往往难以建设全港湾式公交停靠站，可以考虑建设半港湾式公交停靠站。

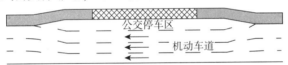

图 5-17　半港湾式公交停靠站示意图

（3）虚拟港湾式公交停靠站。机动车道在公交停靠站处弯曲严重，公交停车区不向外侧拓宽，挤占机非分隔带或将非机动车道与人行道进行局部弯曲，而完全占用机动车道形成港湾区，如图 5-18 所示。虚拟港湾式公交停靠站很大程度地改变原有机动车道的宽度和走向，公交车进站停靠对后续车辆有较大影响，是一种近似直线式的港湾式公交停靠站。在机非分隔带宽度不足且道路不易拓宽处，可以考虑建设虚拟港湾式公交停靠站。

图 5-18　虚拟港湾式公交停靠站示意图

（4）双港湾式公交停靠站。对公交线路进行一定的分组，从空间上将公交停车区横向拉开或纵向拉开，且规定各条公交线路的停车位置。双港湾式公交停靠站适用于公交线路较多的城市主干道，机非分隔带宽度、非机动车道或人行道宽度比较富裕的情况，允许压缩机非分隔带、非机动车道和人行道宽度进行设站。横向拉开式双港湾式公交停靠站如图 5-19 所示。

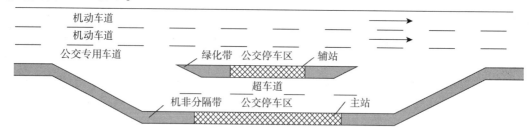

图 5-19　横向拉开式双港湾式公交停靠站示意图

5.4.3　公交停靠站优化设计

根据《城市道路交叉口规划规范》（GB 50647—2011）与《城市道路交叉口设计规程》（CJJ 152—2010），路段公交停靠站的布设应符合以下规定。

（1）有中央分隔带的道路可采用路中公交停靠站。

（2）干路交叉口应采用港湾式公交停靠站，支路交叉口宜采用港湾式公交停靠站，条件受限时可采用直线式公交停靠站。

（3）有机动车与非机动车分隔带的道路宜沿分隔带设置港湾式公交停靠站，当分隔带宽度不足 4 m 而人行道较宽时，可适当压缩人行道宽度，但该段人行道宽度缩减比例不得超过 40%，且缩减后不得小于 3 m。

（4）无机动车与非机动车分隔带的道路，可沿人行道设置港湾式公交停靠站，该段人行道宽度缩减比例不得超过 40%，且缩减后不得小于 3 m。

交叉口公交停靠站的布设应符合以下规定。

（1）平面交叉口常规公交停靠站宜设置在交叉口出口道，改建交叉口在出口道布设公交停靠站有困难时，可将直行或右转线路的公交停靠站设在进口道。

（2）交叉口附近设置的公交停靠站间的换乘距离，同向换乘不应大于 50 m，异向换乘不应大于 150 m，交叉换乘不应大于 150 m，特殊情况下不得大于 250 m。

（3）当公交停靠站设置在进口道，且进口道右侧有展宽增加的车道时，公交停靠站应设在该车道展宽段之后不少于 20 m 处，并将站台与展宽车道进行一体化设计；当进口道右侧无展宽增加的车道时，公交停靠站应在右侧车道最大排队长度上再加 20 m 处布设。

（4）当公交停靠站设置在出口道，且出口道右侧有展宽增加车道时，公交停靠站应设在展宽段向前不少于 20 m 处；当出口道右侧无展宽增加的车道时，公交停靠站在干路上距对向进口车道停止线不应小于 50 m，在支路上不应小于 30 m。

（5）无轨电车与公交车应分开设站。无轨电车停靠站应设置于公交停靠站下游。

（6）立体交叉匝道出入口段及立体交叉坡道段不应设置公交停靠站。

（7）当多条公交线路合并设站时，应根据公交车到站频率、站台长度及通行能力确定线路数，不宜超过 5 条，特殊情况下不应超过 7 条。当线路数超过要求时，应分开设站，站距不应小于 25 m。

在进行路段与交叉口公交停靠站的设计过程中，应利用时空资源平衡原理，针对不同的道路条件，因势利导，同时尽量减少公交车停靠对交通流的影响，保证乘客上下车及过街的安全。

1. 公交停靠站线路容量

1) 主要影响因素

公交停靠站线路容量是指在满足一定进站排队概率,且不影响社会交通的情况下,公交停靠站所能停靠的最大线路数量。显然,该容量与道路条件(主要是指车道数及横断面布置情况)、公交停靠站位置、形式与规模,社会车流量,公交车发车与到达频率,停靠时间,公交停靠站通行能力等密切相关。公交停靠站通行能力是指单位时间内公交停靠站最大能服务的公交车停靠辆数,是确定公交停靠站线路容量的基础。此外,道路路段饱和度越小,公交停靠站可容纳的线路数越多,考虑到乘客在站台上不应长距离前后移动(一般不宜超过 50~60 m),故公交停靠站同时靠站的车辆数不宜超过 5 辆,据此结合不同线路公交车的到站频率及公交停靠站的服务能力,可以确定公交停靠站的线路容量。若超过此线路容量,则需将现有公交停靠站做横向分流,或设置路外小型公交车枢纽。

2) 提高公交停靠站线路容量的方法

公交停靠站线路容量由站台长度、站台形式及公交线路构成等因素决定。因此,可以从以下几个方面提高其容量。

(1)设置辅站。在停靠线路较多的情况下,可以在主站的前方或后方约 30 m 处设置辅站,将发车频率较低或停靠时间较短的公交线路安排在主站前方的辅站上,以减少主站发生阻塞的可能。停靠线路太多时,也可以设立前后两个辅站。

(2)纵向拉疏。即将公交停靠站分成两个部分,每一个子停靠站设计长度为 25~35 m,可容纳 2~3 辆公交车同时停靠。两个子停靠站间距 30~50 m。

(3)横向拉疏。在道路横断面上同时设置两排公交停靠站,即两个子停靠站,其中右侧的公交停靠站利用非机动车道或拓宽道路形成。每一个子停靠站设计容纳 4~5 辆公交车同时停靠,长度为 50~60 m。为了确保快速、大容量公交线路行驶的平顺性,一般应将公交停靠站设在内侧,而对于支线或非重要线路,公交停靠站则应设在外侧。

2. 直线式公交停靠站设计

1) 路边公交停靠站设计

(1)利用人行道设置。

对于机非混行的城市“一块板”或“两块板”道路,或者设有机非分隔带但宽度不足的道路,为了方便乘客上下车可以考虑利用人行道设置公交停靠站。一般公交停靠站站台宽度在 2 m 以上,当人行道宽度不足(小于 5 m)或者被公交停靠站占用的人行道地段,其宽度小于原人行道宽度的 60% 时,不宜设置港湾式公交停靠站,可采用沿人行道设置的直线式公交停靠站,如图 5-20 所示。

图 5-20　利用人行道设置直线式公交停靠站示意图

(2)利用机非分隔带设置。

对于设有机非分隔带的城市“三块板”或“四块板”道路,当机非分隔带宽度在 2 m 以上时,为了避免公交车靠站时与非机动车交通流之间的冲突,可采用沿机非分隔带设置直

线式公交停靠站，如图 5-21 所示。然而公交车停靠时往往占据一个车道，对其他社会车辆的正常行驶产生很大干扰，因此这种设计模式一般适用于公交停靠站所在断面道路不易拓宽、机动车流量饱和度不大的路段。

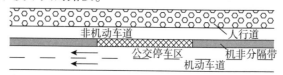

图 5-21　利用机非分隔带设置直线式公交停靠站示意图

2）路中公交停靠站设计

对于设有路中公交专用车道的道路，公交车在内侧车道行驶，考虑到我国公交车的车门主要设置在右侧，因此，不宜直接将公交停靠站设置在中央分隔带上。对无中央分隔带或者中央分隔带宽度小于 2 m 的情况，可以将公交停车区的机动车道向外弯曲，以挤压其他机动车道或机非分隔带为代价设置公交停靠站站台，如图 5-22 所示。

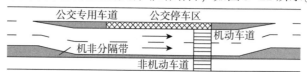

图 5-22　向外弯曲路中公交停靠站示意图

对于设有中央分隔带的城市"两块板"或"四块板"道路，且中央分隔带宽度为 2~4 m 时，可以在公交停车区压缩中央分隔带，使机动车道向内侧弯曲以设置公交停靠站，如图 5-23 所示。由于没有公交车的超车道，前面的公交车停靠时，后面的公交车必须排队，等前面的公交车出站以后才能进站或继续行驶。因此，此类公交停靠站一般仅适用于公交线路较少、公交车不密集的路段。

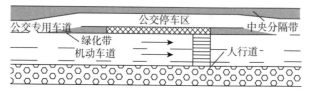

图 5-23　向内弯曲路中公交停靠站示意图

3. 港湾式公交停靠站设计

1）路边公交停靠站设计

（1）全港湾式。

对于未设置机非分隔带的城市"一块板"或"两块板"道路，若人行道宽度比较富裕且机动车流量较大，不易设置直线式公交停靠站的路段，可采用沿人行道设置的全港湾式公交停靠站，如图 5-24 所示。为了避免途经公交停靠站的非机动车与公交车的冲突，宜让非机动车在公交停靠站前转到人行道上行驶。

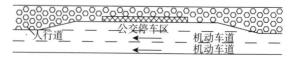

图 5-24　沿人行道设置全港湾式公交停靠站示意图

对于设有机非分隔带的城市"三块板"或"四块板"道路，当机非分隔带宽度大于 5 m 时，可以沿机非分隔带设置全港湾式公交停靠站，如图 5-25 所示。全港湾式公交停靠站是一种比较完善的公交停靠站设置形式，公交车停靠时不会形成瓶颈路段，对其他交通流影响小。但是，此类公交停靠站设计模式对机非分隔带宽度要求较高，对许多大中城市的老城区或中心城区来说，比较难以实现。

图 5-25 沿机非分隔带设置全港湾式公交停靠站示意图

（2）半港湾式。

对于设有机非分隔带的城市"三块板"或"四块板"道路，若机非分隔带宽度小于 5 m 但大于 3 m，而且道路外侧用地又不允许将人行道和非机动车道进行弯曲，此时可以将公交停靠站处的机动车道向内侧进行适当弯曲，在满足机动车行驶的要求下对机动车道的宽度适当地压缩，同时适当压缩机非分隔带，沿机非分隔带设置半港湾式公交停靠站，如图 5-26 所示。

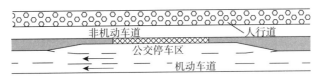

图 5-26 沿机非分隔带设置半港湾式公交停靠站示意图

（3）虚拟港湾式。

对于设有机非分隔带的城市"三块板"或"四块板"道路，当机非分隔带宽度小于 3 m 时，为了避免直线式公交停靠站在公交车停靠时容易形成瓶颈路段的缺点，可以将机动车道适当地向内弯曲，以压缩机动车道宽度为代价辟出公交停车区，如图 5-27 所示。但是，机动车道压缩后的宽度不得小于 3 m。

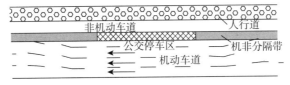

图 5-27 沿机非分隔带设置虚拟港湾式公交停靠站示意图

（4）双港湾式。

对于公交线路较多（超过 10 条）的城市主干道，若机非分隔带宽度、非机动车道或人行道宽度比较富裕，可以压缩机非分隔带、非机动车道和人行道设置双港湾式公交停靠站，如图 5-19 所示。横向拉开的双港湾式停靠站由主站和辅站组成，辅站占用外侧车道布置，为了减少对进口道排队车辆的影响，一般只设 1~2 个泊位。辅站后设置的绿化带起到一定的缓冲作用，保证主站的入口不被堵塞。主站设为港湾式停靠站，和辅站站台之间有 6~7 m 的距离，用于设置停车区和超车道。

2）路中公交停靠站设计

对于设有中央分隔带和机非分隔带的城市"四块板"道路，当中央分隔带宽度大于4 m且机非分隔带宽度在2 m以上时，可以在公交停靠处通过压缩中央分隔带的方式设置公交停车区，压缩机动车道和机非分隔带宽度设置公交停靠站，如图5-28所示。此类公交停靠站是一种比较完善的路中公交停靠站设置方式，公交车停靠时进入公交停车区，不会对后续公交车的正常行驶造成影响，但此种设置停靠站的方式对中央分隔带的宽度有较高要求。

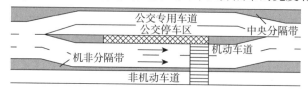

图5-28 设有公交停车区的路中公交停靠站示意图

4. 交叉口公交停靠站设计

当公交停靠站设置在交叉口附近或交叉口范围内时，公交车进出站易受到交叉口排队车辆的影响，同时，交叉口社会车辆的通行也受进出站的公交车影响，因此有必要对公交停靠站与交叉口进行一体化设计。

1）交叉口进口道公交停靠站设计

当公交停靠站设置在交叉口进口道时，宜与进口道展宽一体化设计。虽然这种模式可以减少公交车行驶的不平顺性，省去加速过渡段，但是不适于左转的公交线路。这是由于左转公交车辆在完成上下客后左转，需要变换多个车道，对交叉口交通流将造成很大影响。

2）交叉口出口道公交停靠站设计

将公交停靠站设置在交叉口出口道，有益于降低公交停靠站对交叉口交通流的影响，但当高峰小时同时进站的公交车辆数大于站台容量时，公交停靠站宜设在进口道。

5. 公交停靠站站台设计

1）公交停靠站站台长度

为区分公交停靠站的停车范围，在公交停靠站车道与相邻通车车道间，按国标设置专用标线。一辆公交车停靠的站台长度以15~20 m为准，多辆公交车停靠的站台长度可按下式确定

$$L = n(l+2.5) \tag{5-2}$$

式中，L——多辆公交车停靠的站台长度（m）；

　　　n——停靠的公交车辆数；

　　　l——公交车本身的长度（m）；两辆停靠公交车之间的安全停车间距一般取2.5 m。

2）公交停靠站站台高度、宽度

公交停靠站站台的高度宜取15~20 cm；站台的宽度应取2 m，改建及综合治理交叉口，当条件受限制时，最小宽度不应小于1.25 m。

人行道宽度确有多余时，可压缩人行道设置公交停靠站；人行道的剩余宽度应保证大于行人交通正常通行所需的宽度，最小宽度不宜小于2.5 m，必要时可在公交停靠站局部范围内拓宽道路红线。

3）公交停靠站车道宽度

新建交叉口的公交停靠站车道宽度为 3 m；改建或治理交叉口的受条件限制时，最窄不得小于 2.75 m；相邻通行车道宽度不应小于 3.25 m。

6. 公交停靠站站牌设计

公交停靠站站牌是提供公交信息服务的重要窗口，其设计应充分考虑：提供公交线路的运行时刻表；提供公交网络及公交线路之间的换乘信息；接收调度指挥中心发送的公交车辆离开站点的位置和预计到站时间信息等。

站牌一般应包括本站名称及汉语拼音、线路名、沿线各站名称及站号（分段计价票制公交车）、车辆种类（公交车或无轨电车）、行驶方向、票制、票价及始发站首末车发车时间等信息。目前电子站牌已得到广泛应用，电子站牌是在公交停靠站设置，向乘客显示本线路来车方向、运营车的动态位置及预计候车时间等信息的电子显示指示牌。乘客可通过电子站牌获取即时信息，确保出行的便捷性。

站牌表示的主要信息，正常视力白天辨认距离不应小于 2 m。电子站牌宜采用LED（Light Emitting Diode，发光二极管）点阵显示。电子站牌和电子显示路牌显示亮度不应低于 40 cd/m^2。

5.5　公交优先设计——公交信号优先

公交车交通优先设计除空间优先之外，还包括通行权和通行时间优先。实际上，公交车运行过程中很大一部分受阻时间为发生在信号控制交叉口的停车延误时间。若要降低停车延误，仅靠通行空间的优先设计显然不够，还应实施公交信号优先。

5.5.1　公交信号优先控制的目标

公交信号优先要达到的目的是降低车辆延误、提高车辆运行的可靠性。同时，信号优先还需考虑到公交车交通对社会车辆运行效益的影响。公交优先控制目标归结为以下 3 类。

（1）最小延误目标：其基本考虑为降低公交车及社会车辆在交叉口的延误，提高公交车的运行速度。

（2）可靠性目标：相对于延误而言，公交车是否准点（可靠）是影响公交车交通系统效率和服务水平更为重要的因素。因此，公交车准点和车头时距均衡两个指标是系统目标的控制方法。

（3）最佳性能指标（Performance Index，PI）值目标：仅仅以公交车的效益指标作为控制目标，无法反映优先控制对非公交车流的影响，也无法反映交通系统综合效益的优劣。因此，应将公交效益指标和非公交车流效益指标整合在一个控制目标中加以优化控制，综合指标即是 PI 值。

5.5.2　公交信号优先的方式

一般而言，为公交车提供信号优先有两种方式：其一为离线控制，即通过离线优化方案为公交车提供优先；其二为在线控制，即通过实时在线调整交通控制方案为公交车提供优先。

（1）离线控制：主要通过调整离线方案中的信号控制参数，包括周期、绿信比、相位相序和相位差等，使其更加有利于公交车。在国外的研究中，一般将这一思路下的控制策略称为被动优先策略。此时的控制目标一般为最小车辆延误或最小 PI 值。一般研究认为，在公交车流量较大，车辆运行状态稳定的情况下，这一控制思路能取得较好效益。

（2）在线控制：即通过控制系统响应实时的优先需求来实现公交优先。其主要的优势在于能够根据实时的优先需求和交通状况进行控制策略的优化。在国内外研究中，一般将此时的控制策略归为主动优先控制策略和实时优先控制策略。

5.5.3　公交信号优先控制的主要策略

1. 被动优先策略

被动优先策略主要是通过收集公交车运行的历史数据，预测需要的优先等级。为了减少其他设备的投入及易于操作，被动优先策略往往采用以下控制方法。

（1）减少周期长度：在交叉口饱和度不增加（拥挤程度不恶化）的前提下，采用短信号周期可以有效地减小车辆的延误及排队长度。

（2）重复绿灯：在一个信号周期内，给予公交车多次通行时间，从而有效地降低公交车的总延误。

（3）绿灯时间分配原则：对公交车的进口方向，在分配绿灯时长时，考虑公交车的运行情况，以降低拥挤程度、减少车辆延误。

（4）相位设计方法：保证公交车优先通行的特殊相位设计。

（5）面向公交运行的协调绿波：以低车速的公交车为协调控制对象，设置合理的相位差以减少公交车的运行延误。

被动优先策略主要考虑了公交车和其他社会车辆平均通行情况和运行特性的不同，虽然通过上述控制方法可以部分减少公交车的信号控制延误，但无法适应交通需求的实时变化。在公交车流量不大或者运行随机性很大时，被动优先策略的局限性会暴露出来。

2. 主动优先策略

较被动优先策略而言，主动优先策略相对复杂。它主要是依靠检测器对公交车运行情况进行识别分析，实时调整交叉口信号控制方案，从而实现公交车的优先通行。主要控制方法如下。

（1）相位延长：当有公交车到达交叉口停车线时，相位绿灯时间继续保持，直到公交车驶离交叉口，相位绿灯时间结束。

（2）提前激活相位：当有公交车在红灯期间到达交叉口时，提前中断相位的红灯时间，从而减少公交车在交叉口的延误时间。

（3）专用相位设置：多相位控制交叉口，在非公交相位之间设置公交专用相位，能够显著地减少公交车的运行延误。

（4）相位压缩：在某些情况下，可以适当压缩非公交相位的绿灯时长，以转到公交相位。

（5）插队控制：设置锯齿形公交进口道和公交预先信号等，实现公交车在交叉口处的优先排队，减少延误。

由于采用了公交车检测装置，主动优先策略更能适应交通流的动态变化，控制方法也比被动优先策略更为灵活，但目前采用最多的仍是延长现行相位或提前激活相位等感应控制方法来提供公交车优先通行权。

主动优先策略在单个交叉口已经得到了实际的应用，但在协调控制中却很少使用，主要是由于其他交通流运行会受到不利影响。相位的调整和红灯时间的早断会中断其他车流的通行绿波而造成延误，对协调方向的车流正常通行产生很大的扰动。

3. 实时优先策略

实时优先策略的控制方法主要包括延误优化、单点交叉口控制和沿线交叉口网络控制等。公交实时优先控制策略试图通过优化性能指标函数为公交车提供优先权。这些指标中，首要的是延误。延误指标可以包括乘客延误、车辆延误或这些指标以某种形式的联合。实时优先策略用实际观测到的车辆数(包括社会车辆和公交车)作为模型的基本输入参数，通过模型或对几个候选配时方案的评价来选择其中最优的方案，或者根据相位时长和相序来优化配时。同时，它可以处理紧急状态，提高公交车运行准时性。

5.5.4　公交信号优先的单点交叉口配时设计

1. 公交优先信号设置与传统信号设置的区别

传统的交叉口信号配时设计，一般采用由 Webster 提出的 TRRL 方法，该方法周期时长以车均延误最小为目标来确定，将所有车辆同等对待，绿信比按照相位车辆流量比分配。

而公交车单车载客量往往要比其他车辆多，公交优先信号控制以人均延误最小为目标来确定周期，绿信比按照客流量比分配。从以人为本的角度来说，传统的配时方法对于公交车比例较大的相位是不公平的。

2. 公交优先信号配时计算

下面介绍一种单点交叉口的定时式公交优先信号配时方法，以人均延误最小为目标来确定周期，在保障交叉口交通顺畅的前提下体现公交优先。

1)延误分析

一个周期内交叉口人均延误 d_p 为

$$d_p = \frac{\sum_{i=1}^{n} \sum_{j=1}^{m_i} \sum_{k=1}^{l_j} (d_{ij}^b q_{ij}^b P_b + d_{ij}^k q_{ij}^k q_{ij}^k P_k)}{\sum_{i=1}^{n} \sum_{j=1}^{m_i} \sum_{k=1}^{l_j} (q_{ij}^b P_b + q_{ij}^k P_k)} \tag{5-3}$$

式中，d_{ij}^b ——一个周期内第 i 相位 j 进口道公交车的平均延误(s)；

　　　d_{ij}^k ——一个周期内第 i 相位 j 进口道其他 k 类车辆的平均延误(s)；

　　　q_{ij}^b ——一个周期内第 i 相位 j 进口道公交车到达率；

　　　q_{ij}^k ——一个周期内第 i 相位 j 进口道除公交车外其他 k 类车辆到达率；

　　　P_b ——公交车平均载客数；

　　　P_k ——其他车辆的平均载客数。

2)周期时长优化

以人均延误为目标函数，约束条件为

$$\begin{cases} \sum g_i + L = C \\ C_{\min} \leq C \leq C_{\max} \end{cases} \tag{5-4}$$

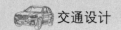

式中，g_i——第 i 相位的绿灯时间（s）；

　　L——总损失时间（s）；

　　C——周期时长（s）。

上述优化的实质就是在最长周期和最短周期之间寻找使人均延误最小的周期。

3）配时计算

$$\lambda_i = \frac{C-L}{C} \cdot \frac{q_i^{\mathrm{p}}}{q_{\mathrm{p}}} \qquad (5-5)$$

式中，λ_i——第 i 相位绿信比；

　　q_i^{p}——第 i 相位客流量，$q_i^{\mathrm{p}} = (q_{ij}^{\mathrm{b}} P_{\mathrm{b}} + q_{ij}^{\mathrm{k}} P_{\mathrm{k}})/m_j$，$j$ 为各相位中客流量最大的进口道，m_j 为相位车辆占有 j 进口道的车道数；

　　q_{p}——总客流量，$q_{\mathrm{p}} = \sum_{1}^{n} q_i^{\mathrm{p}}$。

上述配时计算方法需对客流量进行详细的调查。

5.5.5　基于公交优先的干线协调控制方法

1. 概述

干线协调控制是把一条主要道路上一系列相邻的交通信号灯联动起来进行协调控制，以社会车流为研究对象，通过设置相位差的方式协调干线车流运行，是城市交通控制中一种常见的控制方式。公交车作为城市交通流中的特殊群体，公交信号优先是对城市交通信号控制功能的一种完善和补充，二者相比，干线协调控制的优先级别要高于公交信号优先。因而，基于公交优先的干线协调控制是在传统干线信号控制基础上，从提高公交车运行效率角度对干线信号配时进行优化的一种控制方式。

与单点公交优先相比，干线公交优先在给予公交车信号优先时不仅需要考虑公交车利益，还需要考虑配时参数调整对干线绿波带的影响。为了解决在干线协调控制中，如采用绿灯延长、红灯早断等方法实施公交优先可能破坏干线协调的交通流问题，依据控制策略中的分类，首先介绍基本参数的确定，然后分别从被动、主动和实时公交优先干线协调控制 3 个方面进行介绍。

2. 基本参数确定

1）周期时长

除非非常复杂的情形以外，干线协调控制要求系统内所有的信号灯均采用统一的周期时长。单就某个交叉口而言，协调控制时采用的周期时长很可能不是这个交叉口的最佳周期时长，交通信号的协调控制可能增加了车辆在该交叉口的停车时间。然而，从全局的角度来看，交通信号的协调控制可以改善整个系统的运行效果。如果整体效果没有改善，协调控制就失去了意义。

周期时长可根据每隔一个预测步长来确定。首先根据优化的相位相序和交叉口的平面布置图，确定绿灯间隔时间和一个周期内总损失时间，然后分别求得每个交叉口的最佳周期时长，并选取饱和流量最高的关键交叉口的最佳周期时长为公共周期时长，最后依据选取的公共周期时长，考虑选择其半数或整数倍，确定各个交叉口的周期时长。各交叉口周期时长确定的过程具体如下。

(1) 计算各交叉口最佳周期时长。

传统的信号配时方法多以车均延误最小为优化目标，进行周期时长的计算。公交信号优先协调控制以交叉口人均延误最小为目标优化周期时长，车均延误与人均延误随周期变化趋势一致，均在韦伯斯特周期时长达到最小，表明以人均延误最小为优化目标对应的最佳周期时长与以车均延误最小的周期时长相同。为简便起见，仍采用以车均延误最小计算得到的韦伯斯特周期时长为最佳周期时长，它与以人均延误最小为优化目标的最佳周期时长相同，依据韦伯斯特理论计算最佳周期时长。

(2) 选取协调控制系统的公共周期时长。

选取合理的公共周期时长是实现信号协调控制的基础，需要兼顾每个路口的优先效果和协调系统整体控制效果。计算得出各交叉口最佳周期时长后，选择关键交叉口的周期时长作为协调控制系统的公共周期时长，并以关键交叉口饱和度达到 90% 作为目标，适当调整公共周期时长。饱和度小于 90%，则相应减少周期时长，提高关键交叉口饱和度，降低延误；饱和度大于 90%，则相应增加周期时长，降低关键交叉口饱和度，提高通行能力。值得注意的是，应保证周期时长在允许范围内调整，即在最小、最大周期时长之间进行调整，满足 $C_{\min} \leq C \leq C_{\max}$ 约束。

(3) 最终确定各个交叉口的周期时长。

各交叉口周期时长差异较小且齐整，有利于实现良好的协调控制，因此线控系统内的所有交叉口均采用公共周期时长，或公共周期时长的半数、整数倍。选定公共周期时长后，根据各交叉口的最佳周期时长，选择公共周期时长的半数或整数倍作为各个交叉口的周期时长。

2) 绿信比

绿信比是指交通灯一个周期内可用于车辆通行的比例时间，即某相位有效绿灯时间和周期时长的比值，即

$$\lambda = g / C \tag{5-6}$$

式中，λ——绿信比；

C——周期时长(s)；

g——有效绿灯时长(s)，一般用小写的 g 表示，以便和实际绿灯时间(G)区分，如图 5-29 所示。

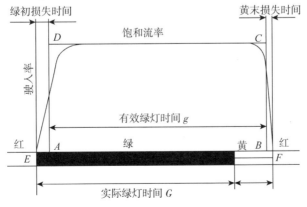

图 5-29 有效绿灯时时间

根据关键交叉口进口道负荷的大小，计算出每一相位应该分配的有效绿灯时间，然后

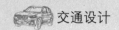

根据信号阶段的划分情况和绿灯损失时间，再求出各信号阶段的实际绿灯时间。

其他非关键交叉口的绿信比，除了要满足绿波带的"带宽(B)"要求，还要考虑沿途由支路上转弯进来的附加车流及主车流本身可能发生的意外离散，因而要适当加长绿灯时间。如果将前者，即所要求的绿灯时间称作"最低限绿灯时间"，那么后者即为"最高限绿灯时间"。

3) 相位差

以路网为对象，按照相位差的平方误差最小的原理，求最优相位差，其目标函数为

$$F = \sum A_{ij}(R_{ij}+M_{ij}+d_i-d_j)^2 \tag{5-7}$$

式中，A_{ij}——对于从交叉口 i 到 j 的交通的加权系数；

R_{ij}——连线 i 的理想相对相位差比；

M_{ij}——满足 $-0.5<R_{ij}+M_{ij}+d_j<0.5$ 的整数；

d_i——交叉口 i 的绝对相位差比；

d_j——交叉口 j 的绝对相位差比。

最优相位差基本计算步骤如下：

（1）任意选择一个点 d；

（2）按照条件 $-0.5<R_{ij}+M_{ij}+d_j<0.5$ 选择 M_{ij}；

（3）微分解 $F = \sum A_{ij}(R_{ij}+M_{ij}+d_i-d_j)^2$ 所得到的一次方程式；

（4）将各个 M_{ij} 只改变+1/-1，重复第（3）步，直到 F 不减少为止。

通过以上计算得到一个局部最优解，改变出发点，可得到不同的局部最优解，将其中使 F 值最小的解作为最优相位差。其收敛速度与任意选取的点 d_i 有关系，且对参数变化的敏感性太大，最终得到的往往是次优解。

3. 被动公交优先干线协调控制

被动公交优先干线协调控制基于历史数据如公交车的发车频率、平均行驶速度等，通过时空资源平衡原理如调整信号周期时长、设计公交专用相位和协调绿波等策略降低公交车延误和停车次数，实现公交优先。线控交叉口侧重考虑公交车的平均行驶速度来设计信号灯配时方案，给予公交车较多的相位和较长的绿灯时间，减少公交车的等待时间，以形成公交车的绿波行驶。具体来说，可归结为 3 种方法：调整网格内的信号配时、分割相位及增设公交专用相位。

1) 调整网格内的信号配时

基于公交车通过路网的具体情形，对各个交叉口信号配时进行调整，有两种方案设计形式。

（1）根据历史公交车的平均速度、发车频率，制订信号配时方案。线控交叉口中，结合公交车行驶特性，使公交车停车次数和延误较小。工程实际中，由于公交车行驶时间、速度波动较大，该方法难以取得理想的效果。

（2）公交车与车均载客量远高于社会车辆，基于这种基本思想，以乘客为研究对象，分配各个相位绿信比，区别于传统的用车辆数来进行信号配时。

2) 分割相位

在不改变信号周期的情况下，分割公交专用相位提高了公交车服务频率。但是，相位数的增加会导致周期损失时间的增大，进而导致整个交叉口延误增加。

3) 增设公交专用相位

增设公交专用相位使公交车在交叉口优先排队和通过，增加单位时间通过交叉口的公

交车数，根据车道平衡原理，为减小公交车流在路径转移过程中造成的延误，需设置公交专用车道配合使用。增设公交专用相位会导致社会车辆的延误大大增加，必须针对具体的交通情况，权衡公交车和社会车辆的利益，谨慎采用。

发车频率高、交通量小、乘客出行需求固定的公交车路线适宜采用被动式公交信号优先策略。因为被动优先策略基于历史数据，该类型公交线路的历史数据比较容易获得，又相对接近实际，故而成本小。公交专用车道在工程实际中经常采用，但交通流量大、饱和度高的交通干线不适宜采用该信号优先方法，采用被动优先策略可能进一步加剧交叉口的拥堵。

4. 主动公交优先干线协调控制

主动公交优先干线协调控制可采用的方法有相位延长、提前激活相位和公交专用相位等。

1）相位延长

当公交车检测器检测到在某相位的绿灯即将结束时有公交车到达交叉口，这时考虑采用延长该相位的绿灯时间直到公交车能够顺利通过交叉口。公交车通过交叉口后，控制系统将恢复到原有的信号配时，通过相位延长可减小公交车的延误。依据时空资源平衡原理，在空间资源一定的情况下可采用延长绿灯相位设计方法，这通常也被认为是最有效的优先控制策略。此外，总的时空资源是一定的，服务于公交车的相位绿灯时间的延长会占用其他车流的时空资源，同时也要保证其他相位满足最小绿灯时间限制。

2）提前激活相位

当公交车到达交叉口时遇上红灯，这时可以考虑缩短当前相位到公交相位之间各个相位的绿灯时间，从而使公交相位的绿灯开始时间提前到来，公交车通行相位的绿灯开启的最早时刻，由当前缩短的所有相位的最小绿灯时间决定。

3）公交专用相位

当公交车到达交叉口时遇上红灯，并且下一个相位也不是公交相位，这时也可以考虑插入一个公交专用相位实现公交优先，插入公交专用相位对原有信号配时的影响较大，一般较少采用。

5. 实时公交优先干线协调控制

实时公交优先干线协调控制主要采用的方法有人均延误优化、交叉口控制和网络控制等，以人均延误优化应用最为广泛。依据协调控制交叉口的选取规则，确定干线的多交叉口协调控制系统，对多交叉口协调控制系统进行相位相序设计和信号周期优选，最后建立以人均延误最小为优化目标的实时公交信号优先协调控制模型，优化绿灯时长和相位差。

5.6 快速公交系统

5.6.1 基本概念

快速公交（Bus Rapid Transit，BRT）系统是一种介于快速轨道交通（Rapid Rail Transit，RRT）与常规公交（Normal Bus Transit，NBT）之间的新型公共客运系统，是一种中运量交通方式，通常也被人称作"地面上的地铁"。它是利用现代化公交技术配合智能交通和运营管理（集成调度系统），开辟公交专用道路和建造新式公交停靠站，实现轨道交通模式的运营服务，达到轻轨服务水准的一种独特的城市客运系统。

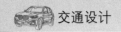

5.6.2 BRT 系统的组成与特点

1. BRT 系统的组成

BRT 系统主要有以下 7 个组成部分：专用行道、车站与枢纽、车辆、线路、收费系统、智能交通系统技术、服务。这 7 个部分组合在一起，形成了完整的方便乘客、提高实效的 BRT 系统。

1）专用车道

BRT 系统的车辆一般运行在专用车道或道路上，享有专有路权。BRT 专用车道设置方式有多种形式，常用的有中央式专用车道、单侧双向专用车道、两侧专用车道、逆向专用车道及高架路下的公交专用车道等。此外，还有城市设置公交专用道路，仅供公交专用，常见的设置方式有全封闭的高架专用道路、全封闭的专用地道和常规公交专用道路。

2）车站与枢纽

BRT 系统的车站与枢纽设施是为停靠公交车和公交乘客上下车使用。BRT 系统修建与公交车车厢底板等高的候车站台，若配合低底盘的公交车，可以起到乘客快速平稳地上下车的作用。BRT 车站位置一般设有超车道，以保证运行车辆超车避开到站车辆。车站和超车道设置位置可以偏移，从而减少公交道路的宽度。

3）车辆

BRT 系统的车辆采用不同于普通公交车的新型大容量公交车，采用大型铰接车型以提高系统的运输能力及降低平均运营成本，采用对环境影响比较小的清洁公交车也成为发展趋势。BRT 车辆外观统一、色彩鲜艳，具有吸引力。

4）线路

BRT 系统的线路灵活多样，总体来看，有以下形式：一是采用单一线路，与轨道交通类似；二是多条组合线路。与轨道交通线路相比，BRT 线路组成的灵活性更大，主要是因为 BRT 系统的不同线路可以在主要走廊上互相组合，当然，线路也可在干线的起终点向外灵活延伸。线路结构的选择能够影响 BRT 系统的经济性、车辆性能和发车频率，应该与出行需求及通行能力相匹配。

5）收费系统

收费系统是 BRT 系统的重要组成部分。收费系统的设置与其运营管理体制相关，收费方式与轨道交通类似，即在车站或枢纽点上完成收费，从而有利于乘客快速上下车，可以提高整个 BRT 系统的运营效率。收费形式包括使用硬币、磁条、票据和智能卡等。

6）智能公交系统技术

智能公交系统技术主要包括：乘客信息系统、交叉口公交信号优先、自动定位系统及停车场收费控制等。

7）服务

与非隔离的公共交通方式相比，BRT 系统一般能提供更加优良的服务，最突出的表现是容量大、速度快，且能提供高频的全天候服务——每天 16 h 以上，非高峰期最多 20 min 的发车频率，而高峰期则最多 10 min 的发车频率。

2. BRT 系统的特点

1）快速

由于在专用车道或道路上行驶，交叉路口又有公交车的优先通行权，因此公交车的行驶车速比一般车辆高；BRT 车站的水平登车和车外售票方式，使 BRT 车辆在车站内的滞留时间减少，从而提高了运营速度。BRT 的运营速度应比常规公交车高 30%～100%，与轻轨接近。

BRT 系统的运营速度也取决于车道类型和服务模式。BRT 车辆在一站不停式或专用高速公路车道上行驶的话，速度可达到 60～80 km/h。如果服务模式包括专用车道上的车站，一般情况下平均速度为 30～50 km/h，这取决于车站间隔和车辆停留的时间。在同样的运营环境下，这样的速度与轻轨不相上下。

2）高容量

BRT 系统的乘客运送能力大于常规公交。由于 BRT 车辆多为铰接式，座位多，站立面积达到每车 100～300 人，因此，每小时单方向乘客人数可达 1 万～2 万，与轻轨接近，比常规公交车高出 2～4 倍。成功的 BRT 系统的运送能力可以高达 2 万～6 万人次/h，而普通常规公交的运送能力为 0.3 万～1 万人次/h。

3）舒适

环境幽雅、乘坐舒适的 BRT 车辆，给乘客以面目一新的感觉；水平登车方式的采用，使乘客能够方便自如地上下车；BRT 车站封闭的设计，方便驾驶员进出车站，保持乘客上下车的良好秩序；可靠的运营服务信息发布，能及时与乘客沟通，减少乘客的焦虑和不安情绪。新型 BRT 车辆的设计，使低耗能、低排放成为可能。同时，专用车道和路口优先权的引入，提高了车速，避免了拥堵时反复加减速和停车，也能有效地减少车辆的废气排放。

4）建设与运营成本低

BRT 系统的建设投资远低于轨道交通。根据一般经验，轨道交通的建设成本高达 3 亿～6 亿元/km，无论是对国内的大城市而言，还是对一些已经有了完善的轨道交通网络的国际大城市（如伦敦、巴黎、纽约、东京）而言，在建设期间的资金投入巨大。而且，大部分城市轨道交通网络的形成通常需 20 年左右的时间。与之相比，BRT 系统的建设成本低廉，建设时间比轨道交通短。同时，BRT 系统的实际运营成本也比轨道交通低。

5.6.3 BRT 系统的规划

1. BRT 通道

BRT 通道应当尽量选取条件较好的道路布设，实现赋予 BRT 车辆专用路权，尽量不影响或少影响普通车辆的通行。在市区范围内，BRT 通道系统尽量布设在机动车道较多的城市干道上；而在城市外围地区或郊区，可以考虑选择高速公路或者新辟 BRT 通道。如果客运走廊因道路条件限制无法规划专用通道，则可考虑相平行的条件好、小汽车较少的道路，同时配给公共交通优先策略，并控制站点间距。

2. BRT 专用车道

BRT 专用车道的规划分为公交专用道路、公交专用车道及公交与合乘车共用车道 3 种模式，在规划时应根据 BRT 系统的服务档次决定采用哪种模式，或如何组织两种及全部 3 种模式。

3. BRT 车站

对于能否为 BRT 系统提供足够的容量来说，车站是一个关键因素。对 BRT 系统的标识和形象来说，车站也是一个重要因素。BRT 车站应为高峰时刻可能的车流和出行者提供足够容量。BRT 车站分侧式站台和岛式站台。由于 BRT 系统可以采用轨道交通的运营方式，因此，其乘车付费过程也可以在车站内进行，以此减少乘客登车购票的时间延误。

4. BRT 车辆

在设计和选择 BRT 车辆时，需要考虑的因素包括：足够的容量、乘客上下的方便度、舒适度、轻噪声和轻污染等。BRT 车辆可以通过颜色或设计来清楚地传达交通系统的标识和形象。BRT 车辆宜选择较大的车型，通常采用的标准车型包括单节车、单铰接车、双铰接车。同时，须选择性能可靠的车辆来保证运行速度。

本章知识小结 ▶▶ ▶

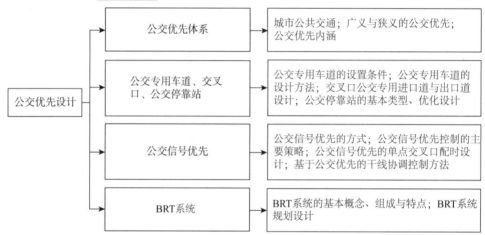

思考题 ▶▶ ▶

1. 何为城市公共交通？
2. 如何理解广义与狭义的公交优先。
3. 公交专用车道有哪些类别？请分别简述其优缺点与适用范围。
4. 何为回授区？举例说明如何确定回授区。
5. 简述虚拟港湾式公交停靠站的设计方法。
6. 简要界定被动优先、主动优先和实时优先 3 种不同的策略。
7. 简述被动公交优先干线协调控制的缩短信号周期时长的方法。
8. 何为快速公交（BRT）系统？简述其特点。

第6章
慢行交通设计

能力目标

掌握内容	知识要点	权重
非机动车交通设计	非机动车过街横道设计；左转非机动车道设计；非机动车停候区设计	0.2
行人交通设计	人行横道形式选择；人行横道位置设计；人行横道宽度设计	0.2
慢行交通一体化设计	慢行交通一体化设计的基本概念；左转非机动车二次过街设计；慢行交通一体化与传统模式比较	0.4
无障碍设计	无障碍坡道设计；盲道设计；公交车站无障碍设计	0.2

　　慢行交通即非机动化交通，就是把自行车出行、步行等慢速出行方式作为城市交通的主体，进而有效缓解城市交通拥堵及交通污染问题。随着可持续发展理念的出现，慢行交通作为城市交通可持续发展的核心也越来越得到重视，人们对于慢行交通设施的要求也在不断提高。本章重点介绍非机动车和行人过街横道位置、宽度设计及形式的选择，并将慢行交通一体化与传统模式进行比较。

6.1　非机动车交通设计

6.1.1　非机动车过街横道设计

在非机动车道平面设计图（图6-1）中，W_i（$i=1$、2、3、4）表示每个进口道非机动车道

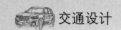

的宽度。AB、CD、EF、GH 形状为圆弧，可用路面标线标出或用分隔栏加以分隔；非机动车过街横道的宽度 D_i 可取进口道宽度和非机动车流膨胀宽度的中值，计算公式为

$$D_i = \frac{W_{Bpi} + W_i}{2} \tag{6-1}$$

式中，W_{Bpi} ——通过 W_i 宽度非机动车道的非机动车流膨胀宽度。

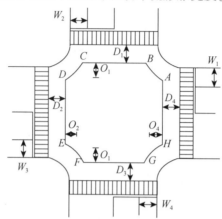

图 6-1　非机动车道平面设计图

而对于非机动车横道偏移量 O_i 的确定，应检验非机动车流的膨胀是否会对直行机动车的通行产生影响，其宽度 O_i 应满足下式，即

$$O_i \geqslant \frac{W_{Bpi} - D_i}{2} \tag{6-2}$$

此外，非机动车与行人一体化过街横道总宽度要满足非机动车在其出行高峰期应能顺利通过的要求。而为了满足非机动车左转二次过街待行停车空间的要求，设计时可适当增加慢行过街横道的宽度，确定非机动车和人行横道宽度后，再进一步确定进口道停车线的位置。

6.1.2　左转非机动车道设计

1. 非机动车运行特征

(1) 随意性。非机动车不同于机动车，其在行驶过程中随意性较高，在交叉口无人监管时可能会出现闯红灯和抢行等违章行为，给机动车的正常行驶造成干扰。

(2) 成群性。非机动车在行驶过程中大多是成群前行，不同于机动车的纵向行驶，在交叉口处易受到信号灯影响，红灯期间到达的非机动车在绿灯开启时会成群涌进交叉口，形成非机动车群，特别是当左转非机动车流较大时，将导致左转机动车空间变小。

(3) 多变性。非机动车在行驶过程中随机性较大，且速度、方向和运行轨迹多变。例如，在交叉口处，非机动车之间的加速插队、追赶现象频发，以及左转非机动车长时间占用左转机动车行驶空间等情况屡见不鲜。

2. 左转非机动车道交通设计

左转非机动车流因其通过距离长、流线复杂，且与机动车流易发生较多严重冲突，对交叉口运行状态具有重要影响，通过合理设计左转非机动车道可以妥善处理左转非机动车流、有效缓解机非冲突。

左转弯非机动车流与直行机动车流间会产生一定的干扰，为了减少这种干扰，提高直行机动车流通行能力，可以采取以下措施。

（1）设置左转非机动专用车道。当满足设有左转机动车专用车道和专用相位，且非机动车进口道宽度有条件时，可以考虑设置左转非机动车专用车道。虽然这种设计在我国的一些城市中被采用，但由于其适用条件的有限性，且易降低非机动车道通行效率，一般情况下不建议采用。

（2）"二次直行"过街。这是专门为左转的非机动车设计的通行方式，要求非机动车不能从机动车道进入路口左转，而应以"二次直行"的方式完成左转过街。

6.1.3　非机动车停候区设计

用信号灯交叉口慢行一体化过街进行控制时，每周期红灯期间到达的非机动车在进口道停车线后排队，待绿灯亮起后，与横向道路的上一相位停候的左转非机动车同时通过交叉口。因此，设计时应该对非机动车待区和路缘石进行处理，以达到增加停候区面积的目的，进而保证非机动车平顺通行。一般情况下，路缘石的处理有以下两种做法（图 6-2），一是将 A 点到 D 点间的路缘石改为平缓且经过防滑处理的斜坡；二是将其以内的路缘石收缩一段距离。

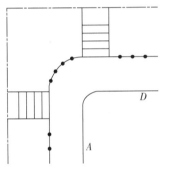 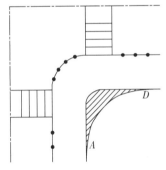

图 6-2　路缘石处理

停候区的面积应综合考虑非机动车平峰期和高峰期的需求加以确定，面积大小与驶入的进口道左转非机动车周期到达流量和本进口道直行及左转非机动车周期到达流量有关。

研究表明，在图 6-3 所示的情形下，设计停候区面积的大小可由下式给出，即

$$\text{Area} = N_{\text{bl}} B_{\text{b}} \times 2 \times (L_f + h) \qquad (6\text{-}3)$$

式中，Area——设计停候区面积（m^2）；

N_{bl}——侧向进口道左转非机动车周期到达量；

B_{b}——每辆非机动车停候时所需面积。

在实际确定其面积时，为保持非机动车通行的秩序，在有条件的情况下应保留一定的容余。

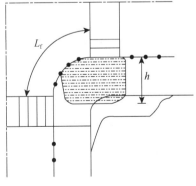

图 6-3　停候区示意图

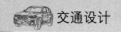

6.2 行人交通设计

6.2.1 人行横道与立体过街设置原则

1. 平面交叉口拓宽渠化

（1）人行横道应设置在车辆驾驶员易观察到的位置，且要尽可能靠近交叉口，与行人的流向保持一致，并垂直于车行道，以缩短过街行人步行距离。

（2）《城市道路交叉口规划规范》（GB 50647—2011）中规定人行横道长度大于 16 m 时（不包括非机动车道），为了确保过街行人安全并减少因与交通流冲突引起的等待时间，应在人行横道中间设置安全岛，其宽度不应小于 2.0 m，条件困难时不应小于 1.5 m。

（3）人行横道宽度设置应考虑过街行人数量及交通信号时长，基于过街行人交通量和单位宽度人流确定，以 0.5 m 为单位递减。

（4）人行横道位置应与前后路段人行道的延长线保持平行，人行横道内侧边缘线与路段延长线平行距离视具体情况而定，如图 6-4 所示。当非机动车与行人不在同一平面时，取平行距离 $a=1$ m。当机动车右转通过路口时，考虑机动车与过街行人可能会发生冲突，相邻两个进口道人行横道线不应相交，进行设计时至少要留有足够停放一辆右转车的空间，应取平行距离 $b=3\sim4$ m。

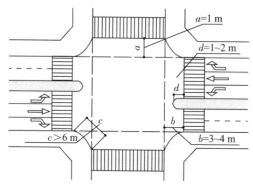

图 6-4　人行横道设置示意图

（5）相邻人行横道间的缘石部分（图 6-4 中的 c 处），其长度应设置为 5~6 m，并设置道路隔离设施。

（6）当设置安全岛（图 6-4 中的 d 处）时，应在满足各转向轨迹的条件下设置驻足区保护岛，其顶端至人行横道线距离宜在 1~2 m 之间。

（7）人行横道及与之衔接的人行道和交通岛等的连接处，皆应设置平缓的无障碍坡道，且不得有任何阻碍行人通行的障碍物（交通安全辅助设施除外）。

（8）为了确保行人通行安全，可以设置分隔栏等隔离措施避免机动车与非机动车驶入人行道。

2. 立体过街设计原则

无论在交叉口或路段，人行横道都具有较强的适用性。人行横道相对于天桥和地道而言，为行人提供了较平坦且直接的过街通道，行人只需花费较少的时间即可完成过街，而天桥和地道一般会占用更大的空间及更多的投资，且可能会对原有的城市景观造成影响。设置天桥或地道的具体条件如下。

（1）快速道路的过街设施必须修建为天桥或地道。

（2）城市主干路及次干路交叉口（进口道单向三车道以上，且无中央分隔带的干路）的行人过街设施应视行人过街交通量及与其相交的机动车交通流饱和度而定。

（3）商业区道路交叉口，或道路两侧存在大量人流来往的大型吸引点，可结合实际条件和需要设置天桥或地道。

（4）在穿越城市主次干路的行人流量较大而此处又不宜设置天桥或地道时，可设行人过街专用信号，其相位时长应根据行人过街所需过街时间而定。

6.2.2 人行横道形式选择

交叉口人行横道的形式有如图 6-5 所示的几种。

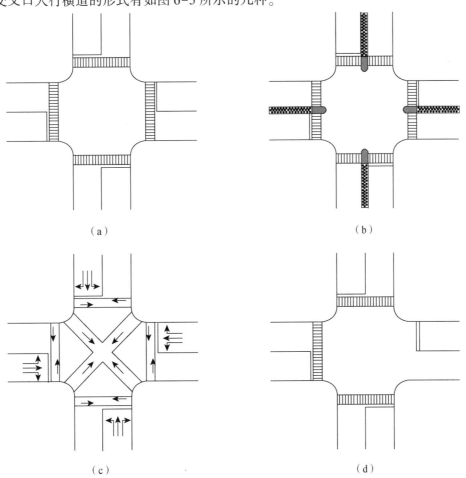

（a）　　　　　　　　　　　　　（b）

（c）　　　　　　　　　　　　　（d）

图 6-5 交叉口人形横道的形式

（a）一次过街人行横道（b）二次过街人行横道；（c）十字交叉人行横道；（d）单侧人行横道

（1）一次过街人行横道：在交叉口内部行人不停留、一次通过横道，这是最常见的交叉口人行横道形式。

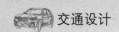

（2）二次过街人行横道：在道路中央设置安全岛，行人可以分两次完成过街的人行横道，是大型交叉口经常使用的一种人行横道形式。

（3）十字交叉人行横道：十字交叉人行横道行人绿灯亮起之后，行人可以沿对角线方向过街，同时也可以沿垂直道路方向通行。这种形式的人行横道，必须在交叉口一半以上的人行横道设有行人专用相位的情况下才可以使用。

（4）单侧人行横道：只在相对的两进口道的其中之一设置人行横道，而另一进口不设置人行横道。为了确保行人过街设施的连通性与便捷性，一般4个进口中最多只有1个进口可以不设置人行横道。

各种形式人行横道的优、缺点及适用场合如表6-1所示。

表6-1　各种形式人行横道的优、缺点及适用场合

形式	优点	缺点	适用场合
一次过街人行横道	行人路线顺畅	当道路比较宽时，行人过街所需要绿灯时间较长，且不安全	道路宽度在双向四车道以内，行人、自行车流量较大情形
二次过街人行横道	行人可以分两次过街，所需最短绿灯时间较短	行人有时需要在道路中央安全岛上停留等待下一个绿灯	道路路幅较宽或畸形交叉口，且中央设有安全岛，行人和自行车流量较小的情形。当行人和非机动车流量较大时不适用
十字交叉人行横道	沿对角线方向的人流过街绕行距离最短	需要设置行人专用相位	沿交叉口对角线方向过街人流集中、多进口道流量大，并需足够的交叉口转角空间，且能够满足机动车运行要求
单侧人行横道	减少了一侧机动车与行人交通的冲突	部分行人增加了绕行距离	不设置横道一侧的过街人流量较少或者有其他过街设施可以利用。在此侧右转车流量较大时效果更加明显

6.2.3　人行横道位置设计

人行横道位置设计要求如下。

（1）为了提高行人过街的安全性，缩短行人在机动车道上行走的时间，人行横道应垂直于道路中心线。

（2）人行横道的位置应保证行人路线的顺畅及满足其过街的便捷性。

（3）考虑人行横道的位置时也应同时考虑其与停车线位置的协调，以确保机动车运行的顺畅。

（4）相邻两人行横道之间应满足右转车停车礼让行人对空间的要求。

（5）人行横道及停车线的位置应满足本向及对向进口道左转机动车流正常通行的需求，车辆左转半径一般应不小于25 m。

6.2.4　人行横道宽度设计

通常人行横道的宽度由高峰小时设计行人流量来确定，通行能力一般可取可取1 800人/绿灯小时/0.75 m。以下为基于一定服务水平对人行横道宽度进行设计的方法。

1. 人行横道宽度阈值

考虑到行人在通过人行横道时的基本要求和行人过街的舒适性，我国在《城市道路交通设施设计规范》（GB 50688—2011）中规定了人行横道的最小宽度不得低于1.5 m。一般情况下，一个负荷行人所需的横向空间为1~1.8 m，一个带小孩的大人所需要的横向空间为0.9~1 m，考虑到城市道路上同时出现两个肩挑重物行人概率极小，所以人行横道的最小宽度一般取两个带小孩的大人相向行走时所需的宽度，还需要加上两个人之间的安全距离（取0.2 m），可以算得人行横道的最小宽度为（0.2 +1 +0.2+1 +0.2）m＝2.6 m，可取2.5 m或3 m。

2. 人行横道宽度计算模型

人行横道具有"时间—空间"区域的特性，服务水平等于行人数量除"时间-空间"所得到的绿灯期间每一行人可利用的面积。基于平均面积模量 M 对应的服务水平的人行横道宽度计算公式为

$$W_p = \frac{M(q_i + q_o)}{v_p g_p} \tag{6-4}$$

式中，W_p——人行横道宽度（m）；

M——平均面积模量，即每个行人的通行面积；

q_i——进入人行横道的过街行人流率（人/s）；

q_o——离开人行横道的过街行人流率（人/s）；

v_p——行人步行速度（m/s）；

g_p——行人信号绿灯时间，包括绿灯闪烁时间（s）。

6.3　慢行交通一体化设计

6.3.1　慢行交通一体化设计的概念

我国城市交通的一大特征是城市交通路网结构不合理，混合交通状况严重。其中，机非混行导致交叉口处出现车辆通行能力降低、车辆行驶速度明显下降、交通秩序混乱，无法保障行人交通安全等一系列问题。针对以上问题而提出的非机动车与行人一体化通行的慢行交通一体化设计理念为：将机动车道与慢行道路通过高差分道行驶，机动车与慢行车道使用分隔栏或栏杆隔开；非机动车道与人行道处于同一水平面上，非机动车道与人行道间可通过行道树、街具或标志线加以区别。通过上述慢行交通一体化设计，不仅可以避免机动车与非机动车的混合行驶，也保障了慢行交通的通行权，体现"以人为本"的思想。

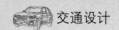

6.3.2 左转非机动车二次过街设计

在城市道路交叉口处，由于机动车与行人、非机动车共用通行空间，导致机非混行、互相抢道的现象严重，不仅通行效率低下，且埋下了交通隐患。为改善机非混行导致的交通混乱状况，可使用左转非机动车二次过街的方法。实践证明，该方法结合有效的交通管理、交通诱导，可以达到减少交叉口交通混乱现象，提高交叉口运行效率与交通安全性的目的。该通行模式的基本要点是：左转非机动车首先随本向直行非机动车过街，到达待转区后等候，在下一次绿灯启亮时再随直行非机动车过街。当行人与非机动车不在同一平面时，需设置分隔栏等设施对非机动车交通流进行渠化。

左转非机动车二次过街方式的优点是：可以有效减少交叉口机动车与非机动车的冲突点，使快慢交通流在交叉口内部得到有效分隔，提高交叉口的通行效率及安全性。

6.3.3 慢行交通一体化与传统模式比较

慢行交通一体化与传统模式相比，主要差异在于交叉口的冲突点数量及行人的过街时间。

1. 交叉口冲突点数量及分布

冲突点是指在交叉口内，不同方向不同类型的交通流相互交叉形成的交汇点。图 6-6 为两种模式下各自的冲突点分布图。两种模式下冲突点数量的对比如表 6-2 所示。

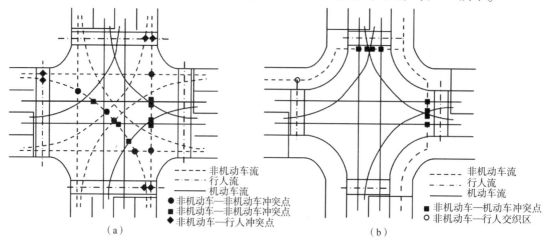

图 6-6 两种模式下的冲突点分布

（a)传统方式；（b)慢行交通一体化

表 6-2　两种模式下冲突点数量的对比　　　　　单位：个

冲突类型	非机动车—机动车	非机动车—非机动车	非机动车—行人
传统方式	9	9	4
慢行交通一体化	8	0	2(交织)

2. 行人过街时间

慢行交通一体化能够有效缩短行人过街时间，由表 6-3 可以看出，实行慢行交通一体化后，行人过街时间得到缩减。

表 6-3 行人过街缩短时间

非机动车道宽度/m	3	3.5	4	4.5	5	7
行人过街缩短时间/s	5.0	5.8	6.7	7.5	8.3	11.7

3．慢行交通一体化的优点

（1）"人非共板"的通行方式实现了快慢交通分行，减少了机动车占用非机动车道对非机动车造成的影响，可以降低非机动车的事故率，提高交通的安全性。

（2）慢行通道提高了城市道路的利用效率。高峰时间非机动车交通量大，对道路、交叉口通行能力的影响较为显著，慢行通道的设计保障了非机动车的通行；非高峰时段非机动车交通量较低，行人获得较大空间，保证行人的良好步行环境。

（3）可以在满足机动车停靠要求的同时减少机动车停靠对慢行交通的影响与干扰。

（4）便于道路改造，非机动车道与人行道可以互相转换。

6.4 无障碍设计

6.4.1 无障碍设计实施范围与实施内容

无障碍设计是为了建设城市的无障碍环境，提高人民的社会生活质量，确保有需求的人能够安全地、方便地使用各种设施。实施范围包括新建、改建和扩建的城市道路、城市广场、城市绿地、居住区、居住建筑、公共建筑及历史文物保护建筑等。在城市道路，实施的范围主要是人行道、天桥与地道。在城市中心区、政府机关、商业街及交通建筑等重点地段应设置盲道，公交停靠站地段应设提示盲道；城市中心区、商业区、居住区及主要公共建筑设置的天桥和地道应设符合轮椅通行条件的轮椅坡道或电梯，坡道和台阶的两侧应设扶手，上口和下口及桥下防护区应设提示盲道。

6.4.2 无障碍坡道设计

根据《无障碍设计规范》（GB 50763—2012），无障碍坡道设计要求如下。

（1）轮椅坡道宜设计成直线形、角形或折返形。

（2）轮椅坡道的净宽度不应小于 1 m，无障碍出入口的轮椅坡道净宽度不应小于 1.2 m。

（3）轮椅坡道的高度超过 300 mm 且坡度大于 1∶20 时，应在两侧设置扶手，坡道与休息平台的扶手应保持连贯，扶手应符合相关规定。

（4）轮椅坡道的最大高度和水平长度应符合表 6-4 的规定。

（5）轮椅坡道的坡面应平整、防滑、无反光。

（6）轮椅坡道起点、终点和中间休息平台的水平长度不应小于 1.5 m。

（7）轮椅坡道临空侧应设置安全阻挡措施。

表 6-4 轮椅坡道的最大高度和水平长度

坡度	1∶20	1∶16	1∶12	1∶10	1∶8
最大高度/m	1.2	0.9	0.75	0.6	0.3
水平长度/m	24	14.4	9	6	2.4

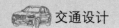

6.4.3 盲道设计

1. 盲道基本设计要求

(1)盲道按其使用功能可分为行进盲道和提示盲道,分别如图6-7和图6-8所示。

(2)盲道的纹路应高出路面4 mm。

(3)盲道铺设应连续,应避开树木(穴)、电线杆、拉线等障碍物,其他设施不得占用盲道。

(4)盲道的颜色宜与相邻的人行道铺面的颜色形成对比,并与周围景观相协调,宜采用中黄色。

(5)盲道型材表面应防滑。

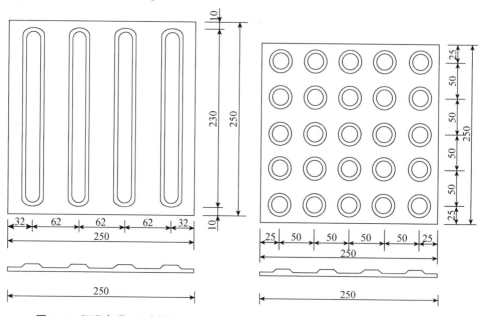

图6-7 行进盲道(尺寸单位:mm)   图6-8 提示盲道(尺寸单位:mm)

2. 行进盲道设计要求

(1)行进盲道应与人行道的走向一致。

(2)行进盲道的宽度宜为250~500 mm。

(3)行进盲道宜在距围墙、花台、绿化带250~500 mm处设置。

(4)行进盲道宜在距树池边缘250~500 mm处设置;如无树池,行进盲道与路缘石上沿在同一水平面时,距路缘石不应小于500 mm;行进盲道比路缘石上沿低时,距路缘石不应小于250 mm;盲道应避开非机动车停放的位置。

(5)行进盲道的触感条规格应符合表6-5的规定。

表6-5 行进盲道的触感条规格

部位	尺寸要求/mm
面宽	25
底宽	35

续表

部位	尺寸要求/mm
高度	4
中心距	62~75

3. 提示盲道设计要求

（1）行进盲道在起点、终点转弯处及其他有需要处应设提示盲道，当盲道的宽度不大于 300 mm 时，提示盲道的宽度应大于行进盲道的宽度。

（2）提示盲道的触感圆点规格应符合表 6-6 的规定。

表 6-6　提示盲道的触感圆点规格

部位	尺寸要求/mm
表面直径	25
底部直径	35
圆点高度	4
圆点中心距	50

6.4.4　公交停靠站无障碍设计

1. 公交停靠站站台设计要求

（1）站台有效通行宽度不应小于 1.5 m。

（2）在车道之间的分隔带设公交停靠站时应方便乘轮椅者使用。

2. 盲道与盲文信息设计要求

（1）站台距路缘石 250~500 mm 处应设置提示盲道，长度应与公交停靠站的长度相对应。

（2）当人行道中设有盲道系统时，应与公交停靠站的盲道相连接。

（3）宜设置盲文站牌或语音提示服务设施，盲文站牌的位置、高度、形式与内容应方便视觉障碍者使用。

6.5　步行街设计

6.5.1　步行街的基本设计要求

步行街，是指在交通集中的城市中心区域设置的行人专用道，并逐渐形成的商业街区。步行街是城市步行系统一部分，设置步行街的目的是振兴旧城区、恢复城市中心区活力、保护传统街区。

步行街的基本设计要求如下。

（1）步行街原则上不允许车辆通行，只许行人步行。

（2）步行街是一个多功能、多业种、多业态的集合体，在其特色吸引力下，不仅能够满足行人的基本物质需求，在精神层面上还可以给人带来良好的观感和愉悦的体验。

（3）步行街一般处于城市（区）或景区（点）的繁华地段，在规划设计时可预留大型活动

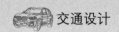

或集会所需要的规模空间，避免大规模活动影响附近道路交通，同时也可以保障行人的安全。

（4）步行街应有自身的特色，体现出独特的环境艺术氛围，在满足基本功能上，也需要充分考虑地域文化，设计良好的交通体系，营造独特的景观，满足行人物质和精神需求，更好地向行人展示地域特色。

6.5.2 步行街的设计要素

1. 良好的交通体系

交通问题是步行街设计的关键，设计时应考虑步行街所在的地段及全城的交通情况，如停车难易（我国特别要考虑非机动车的停放问题）、路面宽窄、获得投资的渠道和附近居民意向等因素。同时可在步行街旁增加城市支路，以引导行人通过，或作为辅助道路、疏散道路和消防通道，与城市道路网相接。

2. 完整的空间环境意象

美国著名城市设计理论家凯文·林奇在《城市意象》一书中提出了城市意象的 5 个要素，分别为道路、边界、面积、节点和标志。从城市设计的角度来看，街道形象是建筑和街区空间环境的综合反映，特色化的街区空间环境能够自然地反映街道的形象，且高品质、特色化的街区空间环境比建筑更适合反映街道形象。

空间环境特征如下。

1）道路

作为城市商业环境中的道路，其作用为渠道、纽带、舞台。规划中对道路与两边建筑物的高宽比以 $H/D=1$ 为主，穿插一部分 $H/D=2$ 的建筑。这样的空间尺度关系使街区构造既不失亲切感，又不显得过于狭窄，从视觉角度分析，这是欣赏建筑立面的最佳视角，也是很容易形成东道主独特的热闹气氛的空间。

2）区域

作为城市中心区，城市商业活动本身的集聚效应，使公建布局相对较为集中，由于人们生理与心理因素的影响，步行街长度取 600~800 m 为宜，加上购物的选择性与连续性、销售的集合性和互补性，最终形成集中成片的网络化区域系统。

3）中心

中心即在一定区域中最有特点的区域，设计时可以结合步行街本身的特点，规划 1~2 个广场，这些广场可作为步行街的中心，彰显其特色来吸引居民。

4）标志

步行街的标志包括入口标志、节点标志和主体标志。

对于步行街，入口的重要性在规划中应充分考虑。在连接城市主干道的地方设置牌坊等作为步行街的入口，使大量的人流由此进出，不许机动车辆进入，入口处设灵活性路障或踏步，并设管理标志符号。由于它起着组织空间、引导空间的作用，街道形成了第二个没有屋顶的内部空间，既起框景作用，其本身也是街道空间中的重要景观，它是整个街道空间序列的开端。既可满足市民的心理需求，给人们以明显的标志，还可突出历史文化名城的风貌。

3. 丰富的空间形式

城市是人类文化的长期积淀，可以在一定形式的物质空间中表现其文化特征。现代城市追求宜居的空间环境并追求比例适宜的积极空间,可以有效地呈现不同的环境气氛和空间特征。它是一种内在的构成元素,其表现力和感染力是丰富而深刻的。例如,美国明尼阿波利斯的尼克莱特步行街,设计师以集中的步行活动区为指导思想,将其打造成一条蜿蜒曲折的蛇形路,并添加了统一设计的街道家具,创造出一个具有强烈动感和节奏感的街道空间,成为美国步行街的典范。

步行街建筑的内外边界可以是虚拟的、可穿透的和不确定的,并有一种内在的吸引力。它也反映了中国传统空间特征中的"虚"意境,这与芦原义信引证的意大利传统街道作为"地图"和"底部"空间理论不同。

步行街的布局形态可以是丰富多变的,具体表现在以下方面。

(1)沿街线性布局:店铺沿街道两侧一排一排地排列,店面凹凸,街道空间呈现一定的不规则形状,如北京琉璃厂、天津古文化街等。

(2)线-面组合布局:大部分都有明显的步行商业街与路段上的某些商业街区相连,形成组合布局,如合肥城隍庙步行街。

(3)平面贴片布局:步行街布置在城市主干道一侧,形成网络形式,如上海城隍庙、南京孔庙。

根据中国的功能和环境要求,步行街可分为各种形式即封闭、半封闭、换乘和人行道拓宽4种。

随着历史的发展,步行街的空间形态发生了巨大的变化,正朝着多功能、多元素的公共建筑综合发展。然而,在顺应社会潮流、实现步行街现代化的同时,它也应该保留自己的传统空间和风格。规划设计适合当地文化特色的路口、庭院式商店布局和室内步行街,构建高度综合的步行购物系统,可以使城市空间具有历史延续性,提升其价值和深层意义。

4. 独特的景观构成

步行街具有独特的构成要素,它既满足了现代城市生活的需要,又构成了城市环境的风格和组成部分。步行街由两侧建筑立面和地面组成,其要素包括:地面铺砖、标志性景观(如雕塑、喷泉)、建筑立面、展示柜台、招牌广告和娱乐设施(空间足够时设置)等。街道草图、街道照明、邮箱、休息椅、绿化植物配置和街道表演等特殊活动空间的设计复杂性不亚于设施建筑,但最重要的还是城市环境的整体连续性、人性化、类型选择和细节。

6.5.3 国内外著名步行街

1. 法国巴黎香榭丽舍大道

香榭丽舍大道(图6-9)位于卢浮宫与新凯旋门连心中轴线上,又被称为凯旋大道,是世界三大繁华中心大街之一,也被人们称作世界十大魅力步行街。它横贯巴黎的东西主干道,全长1 800 m,最宽处约120 m,东段以自然风光为主,西段是高级商业区。法国素有保护历史文化遗迹的传统,近年来对该大道采取了一系列的保护措施,主要内容如下。

(1)取消路边停车侧道的路面并进行人行道拓宽。

(2)重铺人行道路面,用浅蓝色花岗石进行铺设,增添人行道的美观和色彩。

(3)在拓宽人行道后,在道路两侧种植树木,既能保护环境,还能丰富大道景观。

(4)在大道上安装路灯、长椅、公交车候车亭、海报柱、报亭灯等,满足行人的一些基本需求。

图 6-9　香榭丽舍大道

　　由于香榭丽舍大道是当地访问量最大的景点之一，每天接待近 30 万游客，过多的游客时常打扰附近居民的正常生活，且周围的人行道没有得到很好的维护。2022 年 5 月 11 日(当地时间)，为迎接 2024 年的巴黎夏季奥运会，巴黎香榭丽舍大道改造工程正式启动，改造后的香榭丽舍大道将绿化更多、污染更少。

　　2. 美国纽约第五大道

　　第五大道(图 6-10)是美国纽约市曼哈顿一条重要的南北向干道，南起华盛顿广场公园，北抵第 138 街。第五大道上景点众多，由南至北有帝国大厦、纽约公共图书馆、洛克菲勒中心、圣帕特里克教堂及中央公园等。第五大道是"最高品质与品味"的代名词，在 19 世纪初，其只是一条乡间小道，现在已经是纽约的商业中心、居住中心、文化中心、购物中心和旅游中心。第五大道上商店的橱窗展示多种多样，别具特色，结合文化特色、时代潮流，使其橱窗文化成为游客行人必不可少的观光内容。

图 6-10　第五大道

由于其商业中心、文化中心和旅游中心的属性,居住、工作的人及旅游的人越来越多,早晚高峰期间,人行道拥堵现象十分严重,行人只能缓慢前行。相关部门为了缓解人行道上的拥堵,满足行人步行需求,在全市增加步行区,扩大了街道景观设施,加强其他景点的宣传,将游客进行分流。

3. 北京王府井步行街

王府井步行街(图 6-11)位于北京市,是北京最繁华的地段之一,有"中国第一街"之称,也是观光客到北京的必游之地。王府井步行街具有数百年悠久历史,在北京享有"金街"的美誉。其全长 1 818 m,从南至北共分为 4 段。其中,长安街至东单三条段,长度为 280 m;东单三条至金鱼胡同段,长度为 548 m;金鱼胡同至灯市口大街段,长度为 344 m;灯市口大街至五四大街段,长度为 646 m。

图 6-11 北京王府井步行街

王府井步行街,主线宽敞平坦,地面铺设红色的花岗岩,电线铺设于地下,街上配备独立的座椅,每隔 40 m 有一个垃圾桶。整治改造后的王府井步行街,从金鱼胡同到东单三条,道路略呈波浪形,两侧分布着若干大型商场。近年来,绿化景观提升、车辆乱停乱放整治、加速环境升级等一系列措施,使王府井步行街成为国内著名商业步行街之一。

4. 上海南京路步行街

上海南京路步行街(图 6-12)位于上海市,是上海最早的一条商业街,原称花园弄,位于上海市黄浦区,西起西藏中路,东至河南中路,南京路步行街全长 1 033 m,路幅宽 18~28 m,总占地约 3 万 m²。

为了更好地维持南京路步行街的良好秩序、加强对步行道的综合管理,上海市根据《中华人民共和国行政处罚法》的规定,并结合实际情况,对南京路步行街进行了社会秩序、道路交通、路政、市容、环境卫生等方面的管理。

图6-12　上海南京路步行街

5. 天津和平路步行街

天津和平路步行街(图6-13)是天津最长的一条商业步行街，其老店名區之彰显，在天津传统文化发展中可谓一大特色，独具风韵。但是，和平路步行街也存在一些问题，如周边交通状况不佳，电动车、摩托车占用人行道随意停放，沿线道路脏乱差等问题。针对存在的问题，天津市相关部门已经采取措施进行综合整治，从根本上改变道路沿线脏乱差状况，提升道路"颜值"。例如，拆除道路沿线违规广告牌，重新铺设路面，各路口设挡车桩，严禁车辆进入等。

图6-13　天津和平路步行街

6. 武汉江汉路步行街

武汉江汉路步行街(图6-14)位于湖北省武汉市，南起沿江大道，贯通中山大道、京汉大道,北至解放大道,全长 1 600 m,宽度为 10~25 m,是武汉著名的百年商业老街。江汉路上,坐落着各种风格的建筑,如欧陆风格、罗马风格、拜占庭风格、文艺复兴式、古典主义、现代派等,被世人称为"武汉 20 世纪建筑博物馆"。江汉路步行街处处体现以人为本特色,沿途广场、绿地、园林小品、休闲坐凳、背景音乐等一应俱全。为了充分发挥商业步行街的潜力,方便游客行人步行,观光游览,江汉路步行街路边不再设路肩,街面安装电子监控系统,为步行街路面、店面、行人提供全天候的安全服务。

图 6-14 武汉江汉路步行街

本章知识小结

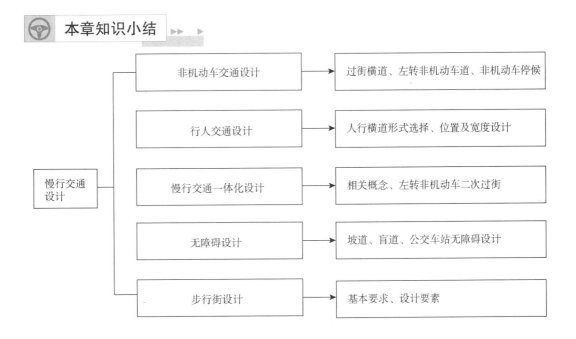

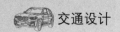

 思考题 ▶▶ ▶

1. 如何计算非机动车道过街横道宽度。
2. 简述人行横道形式的选择及适用情况。
3. 简述慢行交通一体化概念。
4. 简述城市慢行交通发展新趋势。

第7章
交通枢纽场站交通设计

知识目标

掌握：交通枢纽的基本概念；交通枢纽的功能；交通枢纽的基本构成；场站布局方法与数学物理模型；交通流线的种类与疏解方式；客运站设计(包括客运站的组成与流线组织、客运站的总平面布置、客运站细化设计的内容)；停车特性与停车场库设计。

熟悉：交通枢纽的分类；停车场规划。

能力目标

掌握内容	知识要点	权重
交通枢纽相关知识	交通枢纽的基本概念；交通枢纽的功能；交通枢纽的基本构成	0.2
布局方法	交通枢纽场站布局方法概述；数学物理模型与效益成本分析法；运筹学模型与方法；流线与疏解	0.2
客运站设计方法	客运站的组成与流线组织；客运站的总平面布置；客运站细化设计	0.3
停车场库设计方法	停车特性；停车场设计；坡道式汽车库设计	0.3

7.1 概述

7.1.1 交通枢纽的基本概念

交通枢纽是以公共交通为主的城市多方式交通的集散地，是运输网络的锚固节点，是道路网、公交网、信息网"三网合一"的载体，能提供出行方式转换与组合、客流或货流集散等多元功能。

作为交通运输的生产组织基地和交通运输网络中客货集散、转运及过境的场所，交通枢纽是提高客货运输速度的关键环节。其中，服务于一种交通方式的枢纽称为单一交通枢纽，如单一的铁路枢纽、水运枢纽、公路主枢纽、航空枢纽等。服务于两种或两种以上交通方式的枢纽称为综合交通枢纽。综合交通枢纽是国家或区域交通运输系统的重要组成部分，是不同运输方式的交通运输网络相邻路径的交汇点，是拥有融铁路、公路、水运、航空、管道及城市交通等多种运输方式所连接的固定设备和活动设备为一体的运输空间结构，对所在区域交通运输网络的高效运转具有重要作用。同时，综合交通枢纽对其所在城市的形成和发展有着很大的带动作用，是城市对外交通的桥梁和纽带，并与城市交通系统有密切的联系。

与单一交通枢纽相比，在社会经济需求下，运输生产力发展到一定程度而产生的综合交通枢纽更能合理、优化地使用交通资源，有效降低运输成本，提高运输效益。多种运输方式的有利衔接和协作，能有效提高运输生产力，并有利于运输结构的调整，对城市发展能形成强大的拉动和辐射。在全球经济一体化及网络经济不断发展的背景下，综合交通枢纽的发展呈现以下趋势。

(1)综合交通枢纽功能的复合性。综合交通枢纽的功能不是单单实现旅客或货物的集散，而是成为为客货运输提供全程服务的中心和物流的后勤基地。综合交通枢纽应是物流、资金流和信息流的集散地。

(2)综合交通枢纽内涵的演进性。世界经济在不断发展，物流的规模和结构在不断发生变化，综合交通枢纽的作用和功能也在不断地发生变化。综合交通枢纽的内涵随着全球经济及世界运输体系的变化而呈动态的、与时俱进的变化态势。

(3)物联网发展加强了综合交通枢纽与整个运输网络体系的联系。20 世纪 90 年代以来，计算机技术、网络技术及通信技术的不断发展使互联网在全球范围内迅速发展，以互联网为基础的网络经济以前所未有的速度迅速崛起，而电子商务的出现也改变了传统的企业间及企业与用户间的商品流通体系。因此，应把综合交通枢纽设计和建设放到综合交通体系及物流体系建设中去。

(4)综合交通枢纽的建设呈立体化和综合化。为满足社会经济发展对交通运输系统的要求，使综合交通枢纽在较长时期内能够适应多方向、多方式、大规模客货交流的需要，综合交通枢纽的建设应呈立体化和综合化。

7.1.2　交通枢纽的功能

交通枢纽作为锚固城市交通网络体系的基础及衔接各种客运、货运交通方式的纽带，是交通网络中不同交通方式、不同方向客流、货流的转换点，在城市交通中的功能主要体现在以下两个方面。

1．"点"上的交通衔接功能

衔接功能是指交通枢纽从整体上作为一个衔接点，根据居民的出行需求，把不同线路、不同方式的交通出行与运输活动连接成为整体。具体而言，一是枢纽可以和所服务区域内的需求点相连接，实现客流、货流从需求点到枢纽中心的汇集和从枢纽中心到目的地的分散；二是枢纽和枢纽之间相连接，实现规模化的网络输送功能，降低客运、货运成本；三是可以实现城市内外交通的衔接，有效改善内外交通由于运输组织方式差异造成的"瓶颈"现象。

2."面"上的客流、货流集散功能

交通枢纽可以利用各枢纽场站系统及其连接的运输线路，实现由"点"到"面"的功能扩张。枢纽的客流、货流集散主要是针对运输对象而言，交通枢纽利用枢纽中心的吸引性，以扩大吸引面为目标，为运输网络提供客源、货源和客流、货流的疏散，实现客流、货流向运输干线的汇集和向运输支线的渗透。

除此之外，交通枢纽还是城市用地开发利用的密集区域，与交通集散和服务能力及水平呈相互作用和最佳平衡关系，因此，城市与交通设计应充分地促进其达到最佳的协调。

7.1.3　交通枢纽规划的内容与原则

1. 交通枢纽规划的内容

交通枢纽规划是在区域社会经济发展规划、城镇体系规划、城市总体规划及土地利用规划等上级规划基础上进行的专门规划。交通枢纽规划的主要内容包括枢纽的总体布局规划和枢纽的规划设计两大部分。交通枢纽的总体布局规划属于长期发展规划，对交通枢纽的建设运营和管理起宏观指导作用。交通枢纽的总体布局必须服从社会经济发展的战略目标，符合规划地域的总体规划和生产力布局，满足社会经济发展产生的运输需求。同时，交通枢纽的总体布局还要充分适应交通运输发展的需要，考虑各种运输方式之间的有效衔接，实现信息互通、能力匹配，使"多式联运"保持连续、高效。交通枢纽与交通运输网络布局的协调性、与城市布局的协调性，枢纽规划布局中各种运输方式之间衔接是否合理紧凑、各站点布局分工协作是否恰当，旅客转运换乘、货物中转是否便利等是交通枢纽规划与布局中需要重点解决的问题。

交通枢纽总体布局规划的主要内容包括：社会、经济与交通运输的分析与发展预测，交通枢纽场站布局优化，枢纽系统设计，社会经济评价，建设项目实施序列计划和资金筹措等。具体可划分为以下 3 个层次。

(1)分析规划区域中各种交通方式的相互衔接关系，确定交通枢纽的主要功能、性质和不同方式交通枢纽的相互关系。

(2)在交通枢纽运转的系统效益最优的前提下，对各种方式交通枢纽的场站总体布局(数量、位置和规模)进行优化，并对交通枢纽中不同子系统的构成、运营管理进行初步规划和设计。

(3)在确定交通枢纽场站布局方案后，对交通枢纽建设的实施步骤进行规划，以保证交通枢纽的建设适当超前于交通需求的发展，也可避免因交通枢纽建设过于缓慢或超前带来的经济损失。

交通枢纽的规划设计是指对布局确定了的交通枢纽场站的具体功能、运作流程、相关硬件设施和配套设施、组织管理系统等进行详细设计，其流程如图 7-1 所示。

图7-1 交通枢纽的规划设计流程

2. 交通枢纽规划的原则

（1）充分考虑规划区域（城市）在全国综合交通运输网中的地位。交通枢纽规划建设不仅应从规划区域社会经济发展和交通运输需求出发，还要满足全国经济发展、产业布局的需要。同时，交通枢纽规划应充分体现规划区域的经济特点，并应满足该规划区域经济向规模化、集约化和高附加值化发展的要求。

（2）引导需求。交通枢纽规划应根据规划区域的发展战略和土地利用规划，积极引导城乡一体化、多中心分散组团式城镇体系的形成和发展，形成合理的交通结构，使整个交通系统向综合交通运输体系发展。

（3）适度超前。从交通经济学的观点看，交通基础设施投资可分为追随型投资和开发型投资。若交通基础设施建设滞后于经济发展，则会阻碍经济的进一步持续稳定发展；若过分超前，则会降低投资效益，造成投资成本的损失。因此，交通枢纽规划既不能滞后于交通需求，也不能过度超前。

（4）强调多交通方式的综合协调。充分考虑交通枢纽在整个交通运输网络中的地位，及各种交通方式的相互协调、相互依托，从而保证整个运输过程的连续性，提高运输效率。交通枢纽规划应结合铁路、公路、水运和航空等交通方式在整个交通运输体系中的分担比例，通过交通枢纽的合理规划布局使各种交通方式有机衔接，从而实现各种交通方式的相互协调和整个规划区域的规划目标。同时，还要确定建设项目的优先顺序和实施时间序列，有步骤、有计划地实施规划。

（5）规划建设和管理运用并重。在交通枢纽的规划建设中既要重视发展"硬件"，建设必要的运输服务设施，又要认真研究"软件"的开发设计，建立科学合理的组织管理系统，使枢纽的硬、软件系统结合为一个有机整体，真正实现融管理于服务之中的科学有效的运行机制。

（6）满足规划区域（城市）总体规划原则。交通枢纽规划要符合当地的总体发展规划，在土地利用方面与城市用地功能保持一致，并留有发展余地，做到"新旧兼容，节省投资"，并注意减少污染，保护环境。

7.1.4　交通枢纽的分类与基本构成

1. 交通枢纽的分类

交通枢纽具有不同的层次，从交通功能、承担的客流性质、交通方式的组合、布置形式、服务区域等不同角度，可以将交通枢纽分为不同的类型，如表 7-1 所示。

表 7-1　交通枢纽的分类

分类角度	枢纽类型
交通功能	城市对外交通枢纽、城市公共交通枢纽
客流性质	中转换乘型交通枢纽、集散型交通枢纽、混合型交通枢纽
交通方式	线路换乘型交通枢纽、方式换乘交通枢纽、复合型交通枢纽
布置形式	立体式交通枢纽、平面式交通枢纽
服务区域	都市级交通枢纽、市区级交通枢纽、地区级交通枢纽

2. 交通枢纽的基本构成

交通枢纽的基本构成，如表 7-2 所示。

表 7-2　公共交通枢纽的基本构成

基本构成	定义	主要涉及交通设计的内容
运送子系统	系统内、外各组成部分之间联系的运送方式及设施	布局设计、流线组织设计、交通衔接设计、枢纽内部交通设施细节设计
设备子系统	包括枢纽外部运送方式设备、中转换乘服务设备和其他设备	—

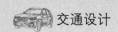
续表

基本构成	定义	主要涉及交通设计的内容
信息子系统	为乘客的出行和换乘提供各种信息服务,提高换乘效率	交通信息服务设计
人员子系统	包括被服务者(乘客)和服务提供者(内部员工)	行人流组织设计
技术管理子系统	包括各种作业技术、方法和管理制度,属系统软件部分	提供需求分析
延伸服务子系统	主要包括便利店、咖啡吧、休闲广场、书报栏等商业设施和社会服务设施,满足人们通勤、购物、休闲、交流、住宿等需要	交通语言系统与交通流线组织设计等

7.1.5　交通枢纽设计的发展

1. TOD 与公共交通枢纽交通设计

公共交通导向型发展(Transit Oriented Development，TOD)的概念是在 20 世纪 90 年代出现的新城市规划思潮中由美国学者所提出。

TOD 模式,即以公共交通为导向的发展模式,其中公共交通主要指地铁、轻轨等轨道交通及巴士干线,以车站为中心,以 $400 \sim 800$ m($5 \sim 10$ m 的步行路程)为半径建立集工作、商业、文化、教育、居住等为一体的城区,如图 7-2 所示,以实现各个城市组团紧凑型发展的有机协调模式,达到有针对性地解决城市资源紧张、土地扩张、交通拥堵等城市发展问题的目的。

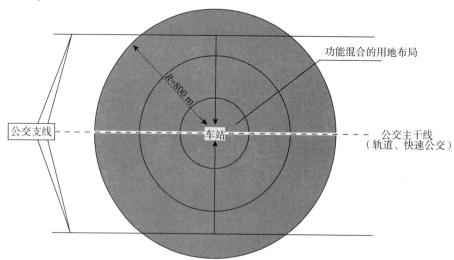

图 7-2　TOD 模式

城市交通可强化交通枢纽基本功能,枢纽可整合交通体系;土地开发利用可保持交通枢纽活力,枢纽良好的交通功能可促使土地升值;土地开发利用可增加交通客流量,城市交通提高了地块的可达性。城市交通、土地利用与交通枢纽三者间的定性关系如图 7-3 所示。

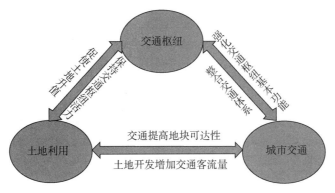

图 7-3　城市交通、土地利用与枢纽三者间的定性关系

在 TOD 模式下，城市公共交通枢纽除了要承担基本交通功能，还要承担促进城市发展的部分功能。因此，TOD 模式下城市公共交通枢纽设计要注意以下问题：与公共交通枢纽周边设施的一体化协调设计；面向慢行交通的设计；合理的停车交通规划与设计；交通与环境（生态和心理环境）及城市的综合设计等。

2. 交通枢纽的智能化发展

各种信息技术和通信技术的发展，以及高品质、多样性的交通管理与服务的需求，促进了智能交通运输系统（ITS）的快速发展。城市公共交通系统信息化与智能化是其发展的主要目标之一，即通过先进的信息与通信技术对传统的公共交通系统进行技术改造，将交通基础设施、交通工具、出行者、运营管理等进行有机的结合与整合，实现公共交通系统综合功能与服务品质的革命。因此，作为城市公共交通系统关键组成部分的交通枢纽调度、监管与信息服务系统，特别是交通枢纽信息服务系统将向实时、全过程、全空间、内容丰富又温馨的综合交通信息服务方向发展，交通枢纽信息服务也将发生如下变化：丰富多样的交通枢纽服务信息采集、处理和发布；动态交通信息发布方式及内容的多样化，实现出行链与信息服务链的实时最佳结合与组合；交通枢纽多方式调度、监控管理与信息服务的最佳结合等。

7.2　交通枢纽场站布局

7.2.1　概述

交通枢纽内部的布局，主要指各种交通设施的合理配置。交通枢纽内部布局对交通枢纽乃至整个交通运输体系的运转效率有着重要影响。

（1）交通枢纽内各种运输设备的布局，应服从交通运输网络的规划，应从交通运输网络布局的全局出发，合理利用各种运输能力，并考虑交通枢纽在交通运输网络中承担的任务及与相邻交通枢纽间的合理分工，不使设备重复或因设备不足而影响运输通畅。

（2）充分保证各种交通方式之间的相互协调，使主要客流、货流在枢纽内经路顺直、便捷，保证整个交通枢纽的畅通。

（3）方便城市生产和居民生活，尽量避免和减少对城市的不良影响，如各种运输线路尽量避免穿越城市，各种客货运设备应按其与城市的工业生产及居民生活的关系，分不同情况进行布局，还要适应环保的要求等。

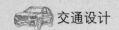

(4)交通枢纽的布局，在能力上要留有余地，以适应社会、经济不断发展的需求，同时，也不能造成能力浪费。

交通枢纽是组织交通运输并保证交通运输网络畅通的基本条件。受交通发生吸引源的分布、交通运输网络特点和自然环境等因素的影响，在同样的地域范围和同样的交通运输网络中，布局不同的交通枢纽场站，会有不同的交通运输效率和社会经济效益。因此，交通枢纽场站的合理布局，是根据对社会经济发展和交通需求的预测结果，利用交通规划和网络优化理论和方法，综合考虑交通发生吸引源的分布情况、交通运输条件及自然环境等因素，对交通枢纽场站的数量、地理位置、规模和与其他枢纽间的相互关系进行优化和调整，以实现整个交通枢纽系统的运输效率最大化。

目前，我国交通枢纽场站的规划与布局研究往往局限于单一系统之中，主要按照各种交通枢纽形式分别进行专门的规划，在每一类规划中适当考虑其他交通枢纽形式的影响。在交通枢纽场站规划实践中采用的方法有：单纯的数学物理模型，如解析重心法、微分法及交通运输效益成本分析法等；最优化方法，如线性规划、混合整数规划等。这些方法虽然能较好地反映交通枢纽的运转机理，但缺乏从路网整体角度研究交通枢纽，只从静态的、抽象的角度研究交通枢纽场站的规划与布局，没有考虑交通枢纽所处交通运输网络的动态变化对其布局带来的影响，也无法反映交通运输网络的节点层（即枢纽）与其他层面（路网和路段）的互动关系，对交通枢纽的不确定性和复杂性缺乏足够认识，从而忽视本系统与其他系统的有效衔接和整合，因而计算结果可靠性较差，通常只能为定性分析提供参考。

近来，交通领域的学者们逐渐尝试把交通规划、交通流理论应用到交通枢纽场站的规划与布局研究中，力图反映交通枢纽所处区域交通运输网络的动态变化特性，从交通枢纽的运转机理和交通枢纽与交通运输网络之间的动态关系入手，把交通规划的四阶段理论与物流学的物流网点选址模型相结合，运用运筹学的方法，对交通枢纽场站布局规划的新模型和新方法进行探索和研究，但是该模型主要研究区域交通枢纽与区域交通运输网络的相互关系，没有涉及国家交通运输网络的关系，也没有考虑交通枢纽不同交通方式之间站点的物流和客流的换乘。这些方法仍处于探索阶段，有待进一步地研究。

客运交通枢纽与货运交通枢纽的场站布局是交通枢纽布局规划中两个不同的部分。客运交通流在组成要素和运输环节方面均比货运交通流简单，客运交通流的组成要素是单一的人，其运输环节主要以人的空间位移为主；而货运交通流则不仅有货物种类的区别，其流通过程中还有装卸、储存、包装、配送等环节。因此，货运交通枢纽的布局选址要比客运交通枢纽复杂。随着对物流研究的不断深入和重视，货运交通枢纽场站布局的优化模型和方法得到不断地改进和研究，而对客运交通枢纽布局的研究，却被当作城市总体规划和城市交通规划中的一个组成部分，并没有给予足够的重视。

货运交通枢纽场站布局模型的研究，主要集中在物流学对物流网点优化布局模型的研究上。严格地说，物流并不等于货物的流动，所谓"货流"是指货物在空间的流动，从形态上表现为各种交通工具的流动，从实质上讲是货物的运输。而物流的概念则比货流要广泛得多，它是指物资有形地或无形地从供给者向需求者进行的物理流动，包括包装、装卸、运输、保管及联络等活动。交通运输系统中的货物运输子系统，是物流系统中的一个关键部分，总结已有模型和方法发现，对于货运交通枢纽场站布局的研究，仍然是以货物的空间位移这一基本环节为核心的。

从"人和物的空间位移"这一交通运输系统的基本特征来看，客运和货运在本质上是一致的，二者的枢纽场站布局模型具有一定的通用性。

7.2.2　数学物理模型与成本分析法

1. 一元交通枢纽场站布局的重心法

一元交通枢纽场站布局是指在规划的交通枢纽服务范围内只设置一个站点的布局。在实际的交通枢纽中，这种布局并不多，因为一个交通枢纽通常需要一系列的场站协调工作才能运行。但是，由于多元枢纽场站布局变量多、约束多，有时为了简化模型，减少计算量，可以把它变换成一元枢纽场站布局求解。重心法和微分法就是求解一元枢纽场站布局的典型模型。

重心法是一种模拟方法，它将运输系统中的交通发生点和吸引点看成是分布在某一平面范围内的物体系统，各点的交通发生、吸引量分别看成该点的质量，物体系统的重心就是交通枢纽场站设置的最佳点，用求几何重心的方法来确定交通枢纽场站的最佳位置。其数学模型如下。

设规划区域内有 n 个交通发生点和吸引点，各点的发生量和吸引量为 W_j，坐标为 $(x_j, y_j)(j = 1, 2, \cdots, n)$。需设置交通枢纽场站的坐标为 (x, y)，交通枢纽系统的运输费用为 C_j。根据平面物体求重心的方法，交通枢纽场站最佳位置的计算公式为

$$\begin{cases} x = \sum_{j=1}^{n} C_j W_j x_j \Big/ \sum_{j=1}^{n} C_j W_j \\ y = \sum_{j=1}^{n} C_j W_j y_j \Big/ \sum_{j=1}^{n} C_j W_j \end{cases} \tag{7-1}$$

重心法的特点是简单，但它将纵向和横向坐标视为独立的变量，与实际交通系统的情况相去甚远，求出的解往往是不精确的，只能作为交通枢纽场站布局的初步参考。

2. 一元交通枢纽场站布局的微分法

微分法是为了克服重心法的缺点而提出的，它的前提条件与重心法相同，但系统的总费用 F 的计算公式为

$$F = \sum_{j=1}^{n} C_j W_j \left[(x-x_j)^2 + (y-y_j)^2 \right]^{1/2} \tag{7-2}$$

通过对 F 取极小值，即分别令 F 对 x 和 y 的偏微分为零，得到新的极值点。求解公式为

$$\begin{cases} x = \dfrac{\sum_{j=1}^{n} C_j W_j x_j \left[(x-x_j)^2 + (y-y_j)^2 \right]^{1/2}}{\sum_{j=1}^{n} C_j W_j \left[(x-x_j)^2 + (x-y_j)^2 \right]^{1/2}} \\[3mm] y = \dfrac{\sum_{j=1}^{n} C_j W_j y_j \left[(x-x_j)^2 + (y-y_j)^2 \right]^{1/2}}{\sum_{j=1}^{n} C_j W_j \left[(x-x_j)^2 + (x-y_j)^2 \right]^{1/2}} \end{cases} \tag{7-3}$$

微分法需要以重心法的结果为初始解，不断迭代。直到前后两次迭代的解误差不超过设定范围。虽然它从数学上可以给出交通枢纽场站的具体位置，但这个结果仅仅是数学解，还需要放到实际的交通系统中去进行进一步的调整。

3. 成本分析法

成本分析法是在已经具有一个交通枢纽场站位置的选择集的前提下，以交通枢纽系统

的总成本最小为目标，通过简单的财务计算，比较选择最佳的位置。该方法假设有 n 个交通发生点，分别具有发生量(W_1，W_2，W_3，$\cdots$，Wn)，而且用一定方法已经得到 m 个待选场站位置(P_1，P_2，P_3，$\cdots$，P_m)，每个场站的建设、运营成本为(R_1，R_2，R_3，$\cdots$，R_m)。假设单位吨公里运费相同且为 F，其余运输条件相同，各交通发生点到场站的距离用矩阵 $\boldsymbol{D} = (d_{ij})(i = 1，2，3，\cdots，m；j = 1，2，3，\cdots，n)$ 表示，则每个待选站点的总费用为

$$C_i = \sum_{j=1}^{n} d_{ij} F \quad (i = 1，2，3，\cdots，m) \tag{7-4}$$

计算出每个场站的总费用后，从中选择总运输成本最小的点作为最佳的场站选址。

上述方法简单易行，在研究交通枢纽场站选址方法的早期得到广泛应用，但由于它们用简化抽象的数学模型模拟交通枢纽运行机制，在实际运用中具有以下局限性。

(1)在求解过程中均以静态的总费用最小为选优目标，运输费率为固定值，既没有考虑实际的路网结构，也没有考虑客货流在线路上的互相交织混杂对交通流在路网上分配结果的影响。实际上，路网上每个路段的流量不同，其通行时间、运输费用也不同，单一的费率无法反映交通枢纽运转的实际情况。

(2)重心法和微分法为纯粹的数学解析方法，求解采用的距离是平面上的几何距离，而实际的交通网络并非如此，往往导致求出的所谓数学解没有实际意义，只能作为下一步分析的最粗略的初始解。

(3)成本分析法实际只是一个简单的场站选址成本比较法，除了具有上述费用计算的不足，由于它必须先得到一个待选站点集合，还面临如何合理划分枢纽所在区域的客货流通服务区，如何得到待选站点初始解等问题。

7.2.3　运筹学模型与方法

1. 多元交通枢纽场站布局的混合整数规划法

在交通枢纽的货运系统中，由于存在货种的差别，不同货种在交通枢纽内部流动的费用和对场站布置的要求不同，因此交通枢纽货运场站的布局比客运场站的布局要复杂，不确定运输也更多。但是，从区域整体的角度看交通枢纽的布局，可以从货流整体的角度来进行规划，因而多元交通枢纽场站布局的模型应运而生。

设在一个供需平衡的系统中有 m 个发生点 $A_i(i = 1，2，3，\cdots，m)$，各点的发生量为 a_i；有 n 个吸引点 $B_j(j = 1，2，3，\cdots，n)$，各点的需求量为 b_j；有 q 个可能设置的备选场站地址 $D_k(k = 1，2，3，\cdots，q)$，如图 7-4 所示。发生点发生的交通量可以从设置的场站中中转，也可以直接到达吸引点。假定各备选地址设置交通枢纽场站的基建投资、中转费用和运输费率均为已知，以总成本最低为目标确定交通枢纽场站布局的最佳方案。

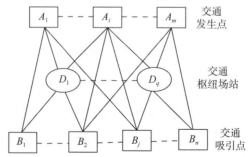

图 7-4　多元交通枢纽场站布局的网络结构示意图

多元交通枢纽场站布局的数学模型为

$$\min F = \sum_{i=1}^{m} \sum_{k=1}^{q} C_{ik} X_{ik} + \sum_{k=1}^{q} \sum_{j=1}^{n} C_{kj} Y_{kj} + \sum_{i=1}^{m} \sum_{j=1}^{n} C_{ij} Z_{ij} + \sum_{k=1}^{q} \left(F_k W_k + C_k \sum_{i=1}^{m} X_{ik} \right) \quad (7\text{-}5)$$

约束方程为

$$\sum_{k=1}^{q} X_{ik} + \sum_{j=1}^{n} Z_{ij} \leqslant a_i \quad (i = 1, 2, \cdots, m)$$

$$\sum_{k=1}^{q} Y_{kj} + \sum_{i=1}^{m} Z_{ij} \geqslant b_j \quad (j = 1, 2, \cdots, n)$$

$$\sum_{i=1}^{m} X_{ik} = \sum_{j=1}^{n} Y_{kj} \quad (k = 1, 2, \cdots, q)$$

$\sum_{i=1}^{m} X_{ik} - MW_k \leqslant 0$，$W_k = 1$ 表示 k 被选中，$W_k = 0$ 表示 k 被淘汰且

$$X_{ik}, \ Y_{kj}, \ Z_{ij} \geqslant 0$$

式中，X_{ik}—— 从发生点 i 到备选交通枢纽场站 k 的交通量；

　　　Y_{kj}—— 从备选交通枢纽场站 k 到吸引点 j 的交通量；

　　　Z_{ij}—— 直接从发生点 i 到吸引点 j 的交通量；

　　　W_k—— 备选交通枢纽场站 k 是否被选中的决策变量；

　　　C_{ik}—— 从发生点 i 到备选交通枢纽场站 k 的单位费用；

　　　C_{kj}—— 从备选交通枢纽场站 k 到吸引点 j 的单位费用；

　　　C_{ij}—— 直接从发生点 i 到吸引点 j 的单位费用；

　　　F_k—— 备选交通枢纽场站 k 选中后的基建投资；

　　　C_k—— 备选交通枢纽场站 k 中单位交通量的中转费用；

　　　m，n，q —— 一个相当大的正数。

这是一个混合整数规划模型，可以用"分支定界法"求解 X_{ik}、Y_{kj}、Z_{ij} 和 W_k 的值，X_{ik} 表示交通枢纽场站与发生点的关系，$\sum X_{ik}$ 决定了该交通枢纽场站的规模；Y_{kj} 表示了交通枢纽场站 k 与吸引点的关系，$\sum W_k$ 为区域内应布局交通枢纽场站的数目。

这种方法在理论上是非常完善的，但仍然是对实际问题的简化，没有考虑交通枢纽场站规模的限制、建设成本、运营费用的非线性等实际影响因素。即使如此，由于考虑了交通枢纽场站基本建设投资，出现了 0-1 型整数变量，模型的建立和求解仍然很复杂，因此混合整数规划模型只能用于比较简单的交通网络中。

2. 运输规划模型

多元交通枢纽场站布局模型因为考虑了交通枢纽场地的基建投资，从而出现了 0-1 变量，导致必须采用比较复杂的混合整数规划法求解。但是，如果从一个较长的时间段来考虑，这部分建设投资对整个选址过程的经济效益的影响并不大，可以不在目标函数中考虑。这样，混合整数规划模型就简化成如下线性规划模型

$$\min F = \sum_{i=1}^{m} \sum_{k=1}^{q} (C_{ik} + C_k) X_{ik} + \sum_{k=1}^{q} \sum_{j=1}^{n} C_{kj} Y_{kj} + \sum_{i=1}^{m} \sum_{j=1}^{n} C_{ij} Z_{ij} \quad (7\text{-}6)$$

约束方程为

$$\sum_{k=1}^{q} X_{ik} + \sum_{j=1}^{n} Z_{ij} = a_i (i = 1, 2, \cdots, m)$$

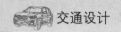

$$\sum_{k=1}^{q} Y_{kj} + \sum_{i=1}^{m} Z_{ij} = b_j (j = 1,\ 2,\ \cdots,\ n)$$

$$\sum_{k=1}^{q} X_{ik} + X_k = d_k (k = 1,\ 2,\ \cdots,\ q)$$

$$\sum_{k=1}^{q} Y_{kj} + X_k = d_k (k = 1,\ 2,\ \cdots,\ q)$$

$$X_{ik},\ Y_{kj},\ Z_{ij} \geqslant 0$$

式中，d_k——备选网点 k 最大可能设置的规模；

X_k——备选网点 k 的闲置能力，其余符号同前。

这是线性规划中典型的运输问题，模型求解方法比较成熟。该模型的目标函数表示客货运场站在集疏运及中转时的运营总费用最小，采用表上作业法，可得决策变量 X_{ik}、Y_{kj} 的值。X_{ik} 表示了交通枢纽场站 k 与发生点的关系，$\sum X_{ik}$ 决定了该交通枢纽场站的规模，若 $\sum X_{ik} = 0$ 说明备选节点 k 处不应设置交通枢纽场站，即 k 点被淘汰。Y_{kj} 表示了交通枢纽场站与吸引点的关系。

该方法叙述明确，但事先需要确定备选站点集合的数量和位置，以及节点之间的运输价格。由于不同区域、不同运输方式、不同货物的运输价格差异较大，运输价格的确定具有相当的难度，模型中通常取一个宏观的统计值来统一表征运输价格。这样做的缺点是无法对运输价格的变化作出相应的反映，同时也无法衡量交通枢纽所处交通网络的变化对枢纽规划的影响。但是，在定量计算模型中，这已经是比较可行的方法了。

3. CFLP 法

容量有限设施选址问题（Capacityed Facility Location Problem，CFLP）方法是针对交通枢纽的场站规模有限的情况提出的，这种方法只需要运用运输规划模型，从而使计算工作大大简化。CFLP 法的基本思想是：首先假设交通枢纽的场站布局方案已经确定，即给出一组初始场站集合，根据该初始方案，按照运输规划模型求出各初始场站系统的发生、吸引范围，然后在各场站的服务范围内分别移动场站到其他备选地址，以寻找各服务范围内总成本最小的新场站位置，再用新场站位置代替初始方案，最后重复上述过程直至整个交通枢纽的场站服务范围内的总成本不能再下降为止。

总结上述交通枢纽场站布局规划模型，发现它们存在以下共同点：模型建立在对现实路网高度抽象和简化的基础之上；模型的计算都需要网络中的"运输费用"这一关键参数；模型的计算结果缺乏与实际交通网络的动态反馈机制；模型没有区分不同交通方式，仅仅是从数学理论的角度进行分析。

因此，上述模型在实际的交通枢纽规划应用中还存在很多问题，如运输费用的非线性变化、交通网络的改变对枢纽布局的影响、不同交通枢纽之间的相互关系等，都不能得到很好的解答。因此，我国目前的交通枢纽规划实践中，采用数学模型进行定量计算的并不多，或者仅把定量计算的结果作为定性分析的参考。

7.3　交通流线及疏解

7.3.1　交通流线种类

交通是行人、车船、货物和信息在空间上的移动、传递和输送的总称。交通流就是行人、车船、货物的流动。交通流与物理学上气体和液体的流动有类似的特点，如交通流也有速度、密度和交通量等概念。行人、车船、货物在研究范围内流动的轨迹称为交通流线。

交通流线按照流动对象的不同可分为 3 类。

1. 行人(旅客)交通流线

行人交通是以人的体力为基础的最基本的交通方式。它是各类交通方式发生的始端和末端的必然形式。行人交通具有速度慢，一般不成队列，运动速度和方式一般不受限制，对安全间距要求不太严格等特点。

由于在道路上，行人与车辆发生的交通事故较多，因此为保证行人交通安全，在交通工程中，常采用以下交通安全设施。

(1)人行道：是专供行人行走的道路，一般位于车道两侧。

(2)人行横道：是专供行人横跨路口和路段所设置的人行道。根据横跨方式不同，有人行横道线、天桥、地道等形式。

(3)行人交通信号：是在主要的交通路口设置的专用交通信号控制器，以确保行人横向过街安全的设施。

(4)安全岛：是在较长的人行横道上(一般大于 15 m)设置的供行人横穿道路时临时停留的交通设施。

(5)分隔设施：是在路面上安设的分隔双向交通及机动车与非机动车、车辆与行人等的简易构造物。

(6)步行街：是不准机动车进入，而专供行人步行的街道。步行街一般具有商业性质。

在交通港站内部也存在由于人的走行和流动所形成的行人交通流线，一般称为旅客交通流线。根据旅客旅行目的、办理手续、客流性质的不同可以分为进站旅客流线、出站旅客流线、长途旅客流线、短途旅客流线、市郊旅客流线、国内旅客流线、国际旅客流线、上行旅客流线、下行旅客流线等。为了保证旅客顺利进出站，避免车站各项作业的相互干扰，可以采用平面分散、立体布局等多种方法合理布置各种旅客交通流线。相应地也设有旅客平过道、天桥、地道、站内引导、立体多层站房及通道等设施。

2. 车船交通流线

车船交通流线按运载工具对交通道路设施的不同要求可分为以下几种。

(1)道路(公路、城市道路)交通流线。道路交通流线又可分为慢行车辆交通流线和快行车辆交通流线。前者主要指自行车等非机动车辆；后者主要指轻骑、摩托车和汽车等机动车辆。从路面来看，有专为行人用的人行道和专为车辆用的车行道。车行道中有的具有可使机动车和非机动车分离的物理隔离设施；有的以画线的办法将它们分离，而大部分道路则是机动车与非机动车混行。这种混合交通是我国城市交通流的一大特点。

(2)有轨运输交通流线。有轨运输交通流线又可分为铁路、地铁、轻轨等线路上运行的列车流线。一般各种流线间互不过轨，流线间客流交换通过旅客走行完成。

(3)水路运输交通流线。水路运输交通流线包括各种船舶在航道、港口航行形成的流线。

(4)航空运输交通流线。航空运输交通流线包括各种飞机、飞行器在航路、机场航行形成的流线。

(5)专用道路交通流线。一些道路是专供某种车辆使用的，这样就形成了专用的交通

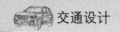

运输流线，如行包交通流线、邮政交通流线等。

3. 货物交通流线

货物交通流线指各种货物在货流中心、货运站等相同或不同运输方式之间转运、换装所形成的交通流线。例如，港口站由铁路卸车的货物到船舶装船的货物流线，到站货物经传送带输送到堆码场的货物流线等。

7.3.2　交通流线疏解

1. 交通流线的平行与交叉

交通流线按照流动方向的不同可分为同向交通流线与对向交通流线，同向交通流线即两条流线的运行方向一致，对向交通流线即两条流线的运行方向相反。

交通流线按照相互之间的影响和交叉干扰情况，可以分为以下4种形式。

(1) 平行流线。交通流线之间没有交叉，不占用共同的线路设备，可以同时平行作业。平行流线的实例很多：道路交通流线中，两支沿平行渠化道路运行的机动车车流流线；铁路交通流线中，沿上下行运行的列车流线，车站内沿平行进路同时办理的两项作业流线；旅客交通流线中，沿天桥进站的旅客流线与沿地道出站的旅客流线；航空交通流线中，沿不同航路飞行的飞机流线相互之间也是平行流线。

(2) 会合流线。从两个或两个以上不同方向的交通流汇合成一个方向的交通流线。在同一时间内，互相妨碍，不能同时运行。

(3) 分歧流线。交通流由一个方向分成两个不同的方向。在同一时间内，一个交通实体只能选择一个方向。

(4) 交叉流线。交通流线从两个不同的方向进入交叉点，然后按两个不同的方向离开交叉点，这时一个方向的交通流线与另一个方向的交通流线形成交叉，包括横断与交织。

会合流线、分歧流线和交叉流线中的流线间不能同时平行作业。实际上，交叉流线是会合流线与分歧流线形式的组合。流线的会合、分歧、交叉在交通方式之间是大量存在的，如公铁交叉、公水交叉、铁水交叉、铁路轻轨交叉等。流线的会合、分歧、交叉在各种交通流线内部也大量存在。

2. 交通流线交叉的疏解

1) 时间疏解

时间疏解是对交通对象占用道路的时间加以综合控制和计划，避免对同一路由点的使用发生时间冲突，有计划地通过时段分配使各冲突流线顺利通过共同路由点的各项措施。时间疏解的案例很多，如铁路列车运行图的采用，城市道路交通中的绿光带技术和理论，航空运输中同一航路飞机飞行前后时间间隔的控制等。

2) 平面交叉疏解

平面交叉主要有以下3种疏解方式。

(1) 平面交通信号机控制方式：用交通信号机将相互交叉的交通流加以控制。通过信号控制，提高了车辆在交叉口的通行速度，避免了无序状态下的相互干扰和堵塞，提高了安全性，随控制方式不同，交通容量都能得到一定提高。

(2) 平面交叉点分散布置方式：将原来集中在一个交叉点相互交叉的交通流线通过流线的平面变形，使集中的交叉点分散布置在几个交叉点或交织区内，分散交叉点位置，避免了交叉点的重叠和产生堵塞的概率。例如，在城市两平面相交道口修建环岛，这样就将重叠在一起的流线交叉，分散在 4 个进出口上，并通过环线上车流的交织疏解了两冲突流线的交叉。

（3）平面交叉点增设通道方式：增加交叉点通道，避免各方向车流相互干扰，使交叉点能力与相邻路段相适应。例如，在城市两平面相交道口增加机动车道，以便在某一方向放行时，可以有多条平行机动车流线同时平行通过，以充分利用通行时间，使道口通行能力与相邻路段相适应。

3）立体交叉疏解

在交叉口范围内，流线互相交叉或交织运行之后各自离去。然而这一短暂运行过程中形成的复杂交通状态，使流线速度大大降低，通行能力减小，交通安全严重恶化，往往造成交通堵塞，形成交通瓶颈。为了避免上述不利状况，保持各种流线顺利而迅速通过交叉口，必须修建立体交叉，使各向车流在不同平面上通过，各行其道，互不干扰，从而显著提高行车速度，增强通行能力，同时保证交通安全，改善交通环境，提高社会效益。

7.4　汽车客运站

汽车客运站是旅客集散地，在客运的全部活动中，汽车客运站起组织、协调、指挥、监督运输工作的重要作用。为了最大程度地满足人民群众对于旅行的需要，提供安全、方便、舒适的旅行集散基地，合理规划和建设汽车客运站是一项十分重要的工作。汽车客运站设计除强调以往的功能性和适用性原则以外，更要注重人性化设计细节和空间环境设计理念，在出行中带来温暖服务和不一样的出行感受。

7.4.1　汽车客运站设计概述

1. 站址选择的基本原则

建设一个合理的汽车客运站，重要前提之一是选择好站址。因此，公路运输部门必须与城市建设部门和设计部门密切配合，根据以下基本原则，选择比较理想的站址。

1）便于旅客集散和换乘

中小城市和乡镇的汽车客运站应尽量靠近人口比较集中的居民点或城市公共交通枢纽。大城市由于范围大、旅客多，客运站宜适当分散。当一个城市的旅客日发送量超过10 000人次时，除建设一个主要的(或称中心的)汽车客运站外，还应根据城市的特点和旅客的主要流向，在宜于旅客乘车的位置建设一个或几个汽车客运站(称分站)。这样，既可方便旅客就近乘车，也可避免站房过大，站址难选和旅客大量集中，增加管理难度等问题。

2）站址布局合理

结合城市建设规划要求，站址应做到合理布局。汽车客运站的设置和建设是一个城市总体规划的组成部分，其位置的选择和占地面积除应符合车站的本身技术要求外，还要符合城市布局远景规划的要求。要保证汽车客运站的位置合理，既方便旅客乘车，又要尽可能地避免或减少对城市居民生活的干扰。为此，中小城市汽车客运站的位置，可设在城镇边缘公路与城市道路交汇处；而大城市的汽车客运站可设在能深入市中心区的边缘位置。

3）与其他运输方式接驳便利

汽车客运站应能与其他运输方式紧密的衔接、配合，车辆流向合理，能够方便地出

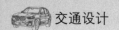

入。汽车客运站的位置应设在交通方便的地方,既要保证城市公交车易于停靠,又要保证进出本站的客车行驶畅通。选择站址时,既要考虑城市客运部门自身的方便,又要注意综合运输的需要,尽可能靠近火车站和港口码头或相互间有较好的交通联系处,以利于与铁路、水运、航空等运输方式相互衔接和开展联运,分解客流。

4)具有合理的占地面积

汽车客运站需要具有足够的场地,能满足车站建设需要,并留有发展余地。站址所需占地面积必须要有计算依据,通常在车站可行性研究中确定。首先要明确汽车客运站的业务功能范围,防止"大而全""小而全",因为多功能综合汽车客运站不仅占地面积大,站址难以选择,而且不利于向专业化方向发展,给管理也增加了困难。其次,在选择站址时,最好连同生活用房一起综合考虑。如确有困难,可酌情分开,但不要相距太远,以免给工作和生活带来不便,另外,选址时要适当考虑到今后发展远景,以便在必要时扩建或改建,但切忌因贪大以致远离城镇,交通不便,既造成不必要的浪费,也影响旅客乘车。

2. 汽车客运站的分级

根据交通运输部《汽车客运站级别划分和建设要求》(JT/T 200—2020),将汽车客运站级别划分如下:一级车站、二级车站、三级车站。另外,还设有便捷车站和招呼站。

1)一级车站

一级车站设施设备配备符合表7-3、表7-4所列一级车站必备的各项条件。且具备下列条件之一者为一级车站:

(1)年平均日旅客发送量在5 000人次及以上的车站;

(2)年平均日旅客发送量在2 000人次及以上的旅游车站、国际车站、综合客运枢纽内的车站。

2)二级车站

二级车站设施设备配备符合表表7-3、表7-4所列二级车站必备的各项条件。且具备下列条件之一者为二级车站:

(1)年平均日旅客发送量在2 000人次以上,不足5 000人次的车站;

(2)年平均日旅客发送量在1 000人次以上,不足2 000人次的旅游车站、国际车站、综合客运枢纽内的车站。

3)三级车站

三级车站设施设备配备符合表7-3、表7-4所列三级车站必备的各项条件。且年平均日旅客发送量在300人次及以上,不足2 000人次的车站。

4)便捷车站

便捷车站设施设备配备符合表7-3、表7-4所列便捷车站必备的各项条件。

5)招呼站

达不到便捷车站要求的具有等候标志和候车设施的车站即为招呼站。

表7-3 汽车客运站设施配置表

设施名称	一级车站	二级车站	三级车站	便捷车站
站前广场	必备	视情	视情	不设
停车场	必备	必备	必备	必备
发车位	必备	必备	必备	视情

设施名称			一级车站	二级车站	三级车站	便捷车站
站房	站务用房	候车厅	必备	必备	必备	必备
		母婴候车室	必备	必备	视情	不设
		售票处	必备	必备	必备	视情
		综合服务处	必备	必备	视情	不设
		小件(行包)服务处	必备	必备	视情	视情
		治安室	必备	必备	视情	视情
		医疗救护室	视情	视情	视情	不设
		饮水处	必备	必备	视情	视情
		盥洗室与旅客厕所	必备	必备	必备	必备
		无障碍设施	必备	必备	必备	必备
		旅游服务处	必备	视情	视情	不设
		站务员室	必备	必备	视情	不设
		调度室	必备	必备	视情	不设
		智能化系统用房	必备	必备	视情	不设
		驾乘休息室	必备	必备	必备	视情
		进出站检查室	必备	必备	必备	必备
	办公用房		必备	必备	视情	视情
辅助用房	生产辅助用房	车辆安全例检台	必备	必备	视情	视情
		车辆清洁清洗处	必备	视情	视情	不设
		车辆维修处	视情	视情	视情	不设
	生活辅助用房	驾乘公寓	视情	视情	不设	不设
		商业服务设施	必备	必备	视情	不设

表 7-4 汽车客运站设备配置表

设备名称		一级车站	一级车站	一级车站	一级车站
服务设备	售票检票设备	必备	必备	必备	视情
	候车服务设备	必备	必备	必备	必备
	车辆清洁清洗设备	必备	视情	不作要求	不作要求
	小件(行包)搬运与便民设备	必备	必备	视情	视情
	广播通信设备	必备	必备	视情	视情
	宣传告示设备	必备	必备	必备	必备
	采暖/制冷设备	必备	必备	视情	不作要求

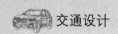

设备名称		一级车站	一级车站	一级车站	一级车站
安全设备	安全检查设备	必备	必备	必备	必备
	安全监控设备	必备	必备	视情	视情
	安全应急设备	必备	必备	必备	必备
信息网络设备	网络售、取票设备	必备	必备	视情	不作要求
	验票检票信息设备	必备	视情	视情	不作要求
	车辆调度与管理设备	必备	视情	不作要求	不作要求

各级汽车客运站的划分依据主要是年平均日旅客发送量。为了保证新建或改建的汽车客运站具有较持久的使用适应性,设计年度距离统计年度的年数,一般不少于 10 年。对设计年均日旅客发送量,应结合当地的实际情况,进行科学的预测。

7.4.2 汽车客运站的组成与流线组织

1. 汽车客运站的组成

汽车客运站的对外服务区一般由站前广场、站房和站内停车场三部分组成。汽车客运站站前广场用于组织旅客流线、避免交叉、拥挤和相互干扰,保证安全,适应旅客集散和乘车。站前广场地面要平坦,环境要优美,为旅客和相关的交通车辆提供足够的活动余地,以利于交通管理。站房是汽车客运站的主体,通常由售票处、候车厅、行包房、站台、服务设施(包括问讯处、广播室、小件寄存处、小卖部、邮电所、饮水处,厕所和盥洗室等),行政办公用房及司助人员食宿用房等组成。站内停车场主要停放客运车辆,并附设对车辆进行小修和低级维护作业的维修车间,保证客车车辆技术状况的良好。

汽车客运站务作业按照工作性质的不同,划分为许多相互联系的单元,各作业单元有各自工作内容、范围和职责,要求分工明确。汽车客运站的作业单元主要有候车厅、站台和发车位、主要服务设施等。

1)候车厅

候车厅是站房的主要组成部分,它是提供旅客等候乘车和车站工作人员组织旅客进站上车的必要场所,也是旅客集聚最多、停留时间较长的地方。因此,候车厅应尽可能给旅客创造宽敞、安静、舒适的候车环境,具有良好的采光通风,合理安排座椅和通道,配置必要的服务设施。

根据汽车客运站规模的大小,候车厅可分为专用式和综合式两种基本类型。专用候车厅宜在大型汽车客运站设置,它是将候车厅分建成若干个候车厅,按照客流去向分别设置。在有条件的情况下,应设置专用候车厅。综合式候车厅将不同去向的各类旅客集中在一起候车,或将候车厅内某一个区域作为母子候车区,中小型汽车客运站多采用这种候车厅形式。

对于客流量较大的汽车客运站,往往同时发出的客车班次较多,为维护车站秩序,候车厅内常采用按班次划分候车区域。目前,有些新建的汽车客运站,还将候车厅布置为一般候车区(第一候车厅)和当次班车候车区(第二候车厅)。根据发车班次顺序,旅客将凭当次班车客票进入第二候车厅,其内设有编印座号的座椅,供旅客对号入座候车。这不仅改善了候车条件,而且对组织旅客顺利进站上车和保证客车的正点发车,消除进站时的混乱现象,具有显著的效果。

候车厅除用于候车外，尚具有多种功能，如为旅客服务、组织旅客检票进站等。候车厅内应配备必要的服务设施，除设置饮水间、盥洗室、厕所等外，问讯处、服务台、小卖部等也可设在候车厅内。另外，候车厅要与售票处、行包办理处等相通。在靠近站台处应设置若干检票口，使旅客方便地经检票口进站上车。对于大型汽车客运站，要尽量采用先进的现代化服务设施，如客运班次时刻显示牌，客车到发信号装置，旅客指示标识系统，电子系统的问讯设施、广播系统及计时装置等。

2) 站台和发车位

站台是候车厅与客车的连接地段，是旅客进站后排队上车或短暂停留的地点。旅客经站台搭乘客车，有利于维护车场秩序和保证安全。

发车位是为了保证客车按班次、有秩序地从车站发出，方便旅客上下及装卸行李所设置的车辆停放位置。各级汽车客运站必须根据本站发出的主要车型，建设形式适宜，大小、数量适应，位置适当的发车位。

由于站台与站房相接，其高度往往与候车厅、进站通道的地坪高度相同，而比停车场高出 0.2 m 左右。站台上方要设置雨棚，使旅客上下车及装卸行李避免日晒雨淋。雨棚高度应不低于 5 m，大小以能遮住站台与发车位客车为宜。旅客下车站台应靠近出站口，也可与上车站台相邻，必要时可相互使用。

根据汽车客运站的具体情况和发车的方便性等，站台与发车位可设计成垂直式、斜置式、辐射式和平行式等不同形式。

(1) 垂直式。如图 7-5 所示，每个发车位与站台边线相垂直，两个发车位之间相隔 1 m 左右，以方便旅客上、下车。这种形式的站台最适用于客车出站大门与站房检票口相对的汽车客运站。

(2) 斜置式。如图 7-6 所示，发车位与站台边缘呈一定斜度，一般为 30°~45°，发车位之间相互平行，距离也为 1 m 左右。这种站台主要适用于客车出站大门在站房一侧的汽车客运站。

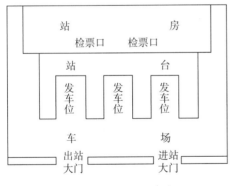

图 7-5　垂直式站台示意图

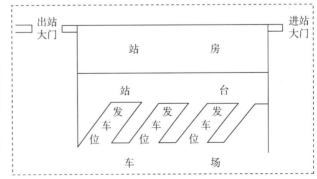

图 7-6　斜置式站台示意图

(3) 辐射式 (也称齿轮式)。如图 7-7 所示，站台外沿为圆弧状，发车位呈向外辐射形式，形状类似齿轮。这种形式的站台多为适应弧形候车厅而建，与客车出站大门开在正面或侧面无太大关系。

(4) 平行式。如图 7-8 所示，发车位与站台边线平行，一般适用于客车到达班次少的小型汽车客运站。

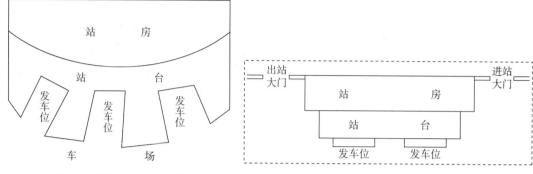

图 7-7　辐射式站台示意图　　　　　　图 7-8　平行式站台示意图

3) 主要服务设施

(1) 问讯处。问讯处是为旅客提供咨询服务的场所，主要工作是回答旅客提出的有关线路、班次、到发车时间及购买车票、行包托运等方面的问题。除小型汽车客运站外，一般均需设置有专人值班的问讯处，其位置可设在候车厅内或汽车客运站入口的明显处。要便于同售票工作相互联系，及时掌握发售情况。问讯处可分为敞开式和窗口式两类。敞开式仅有工作台相隔，易受干扰，但方便旅客提问。窗口式可根据客流量的多少，确定窗口数目。窗口高度以 1.2 m 左右为宜。

(2) 小件寄存处。小件寄存处是为了方便旅客上车前或下车后活动，临时寄存随身携带的小件物品而设立的服务设施。当汽车客运站较小，寄存量不大时，这项业务也可由问讯处、服务台或行包办理处兼办；对于一、二级车站则必须单独设置。小件寄存处宜位于候车厅与售票厅之间，室内一般由办理存取手续和物品保管两部分组成。根据业务量的大小，还应配置一定数量的小件储存架。室内照明光线要好，工作窗口要宽敞。

(3) 服务台。服务台主要办理介绍旅社、出售旅行常用药物、邮票、代办邮电业务等。大型汽车客运站多在候车厅内选择合理位置设置服务台。

(4) 广播室。广播室是为及时向站务人员和旅客通告即将发出班车时间及有关事项而设立的服务设施。它应设在靠近候车厅，又靠近站台的位置，使其不仅与服务员联系方便，而且能清楚地看清站台、车场人员活动及班车到发情况。

(5) 值班站长室。一、二级车站均应在候车厅内设置值班站长室，以便接待旅客并听取意见，处理站内发生的纠纷，协调现场服务，不断改进工作，提高服务质量。

(6) 公安执勤室。为加强汽车客运站及其周围的治安保卫工作，较大的汽车客运站可设立公安执勤室(或公安派出所)。其位置应设在站内的明显处，以便执行执勤任务和旅客反映治安方面的问题。

(7) 超市。超市主要是满足旅客在上车前临时购买旅行用品、食品和土特产等的需要。其位置宜布置在候车厅内或入口附近。

(8) 旅客厕所。厕所与盥洗室布置在候车厅内或入口附近。

(9) 停车场。停车场是供驻站车辆停放的场所。停车场一般分为两部分，一部分为停车所用，应划出停车线，使客车整齐地停放；另一部分为行车通道，使车辆能在停车场、发车位和大门之间畅通行驶。根据需要还应在停车场周围合理布置车辆清洗、加油和维修场地，以保证车辆的正常运行。

(10) 售票处。售票处包括售票室、售票厅两部分。由于售票厅的人流集中，流动性较大，售票厅宜单独设置，并成为站房建筑的一个主要入口。为便于旅客购票后能很快进入候车厅休息或办理其他乘车手续，售票厅应与候车厅毗连，以保证形成旅客从进站、购票到候车的合理流线。

(11)行包办理处。行包办理处是旅客办理行包托运和提取手续的地方，它包括托运厅作业室、库房、提取厅等。行包托运处和提取处是分设还是合置，要因地制宜。对于客流量较大的汽车客运站，行包业务繁忙，为避免旅客托运和提取行包时拥挤及流线的不必要交叉，可分别设立行包托运处和行包提取处；而中、小型汽车站及客、货兼营车站，由于面积及人员有限，客流量不大、行包业务量较小，为充分利用设施、设备，也可合并设立，但发送和到达行包要分开堆放。

2. 汽车客运站主要流线

在汽车客运站内，旅客、行包、车辆沿一定方向流动所形成的轨迹称为流线。根据汽车客运站的工作过程和作业程序，汽车客运站主要流线可分为旅客流线(简称客流)、行包流线(简称行包流或货流)、车辆流线(简称车流)3种。

(1)旅客流线。旅客流线是车站内各种流线的主线，这一流线应尽量短捷畅通。旅客流线的布局，将直接影响整个车站的工作。按照旅客在站内流动的方向，旅客流线可分为进站流线和出站流线，如图7-9、图7-10所示。

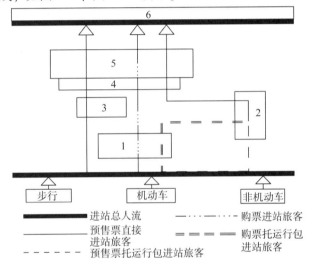

1—售票处；2—托运行包处；3—小件寄存处；4—门厅；5—候车厅；6—发车位。

图7-9　进站旅客流线图

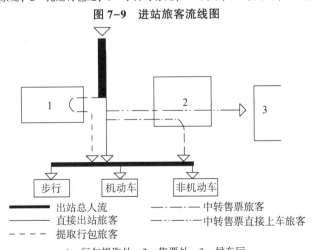

1—行包提取处；2—售票处；3—候车厅。

图7-10　出站旅客流线图

（2）行包流线。按照行包在站内的流动方向，行包流线可分为发送流线和到达流线，如图7-11、图7-12所示。发送流线的特点是先分散后集中，而到达流线的特点是先集中后分散。

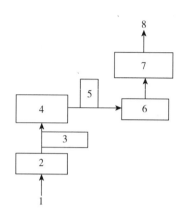

1—发送行包；2—托运厅；3—托运作业处；
4—发送包库；5—组装；6—装运；7—发出车停车位；8—车辆离站。

图7-11　发送行包流线图

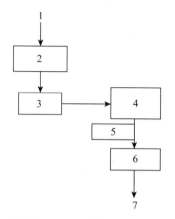

1—到达车；2—到达车停车位；3—卸运；
4—到达行包库；5—提取作业处；6—提取厅；7—提取行包。

图7-12　到达行包流线图

（3）车辆流线。按照车辆在站内的流动方向，车辆流线可分为发送流线和到达流线。发送车辆流线一般是客车从停车场驶入发车位，待旅客入座、行包装妥后，按时驶离车位，经出站口出站。到达车辆流线的情况比较复杂，如图7-13所示。另外，站前广场上各种车辆的流线必须引起重视，防止发生与人流的交叉和干扰。

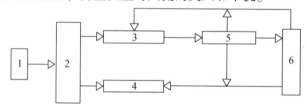

1—入口；2—卸行包、下旅客；3—停车场；4—发车位；5—洗车处；6—维修间。

图7-13　到达车辆流线图

7.4.3　汽车客运站的总平面布置

汽车客运站的总平面布置应合理，且分区明确、流线清晰，如果各部分互相影响、相互干扰，将直接影响客运站的正常使用。

1. 总平面布置的基本原则及要求

汽车客运站的工艺流程设计、工艺计算数据和各部位的使用功能要求，是总平面布置的主要依据。为了布局合理，构成完整有效的统一体，在总平面布置时还必须遵循下列原则。

1）符合城市规划要求

总平面布置不能脱离总体而孤立地进行，必须把它放在特定的环境中来考虑，使其与周围环境构成一个协调的、完整的统一体，以满足城市规划的总体布局要求，起到美化城市的作用。因此，在总平面布置前，必须熟悉环境，了解城建部门的总体规划意图，掌握建设地段在总体规划中的地位和作用，了解所在地段近远期的发展情况，以及汽车客运站有哪些建筑要求等。在进行总平面布置时，设计组合要因境而异，这就要求设计者要进行仔细地分析研究，反复推敲，调整各部分的组合关系，使之逐渐完善。切忌盲目地采用旧式设计，脱离当地实际。

2）平面布局应合理

在进行汽车客运站的总平面布置时，应布局合理，分区明确，流线简洁，满足汽车客运站的使用功能要求。站前广场应处在汽车客运站总平面流线的最前端，分区要明确，并适当考虑站前各种服务摊点和接送旅客交通工具的位置，明确划分车流路线、客流路线、停车区域、活动区域及服务区域，保证流线简洁通畅。站房是汽车客运站的主要建筑，它在总平面中的位置应明显突出，旅客进出站口也应明显、合理、使用方便。站房、站前广场、站场应根据汽车客运站所在地的环境、城市干道系统等选择合理的布置方式。

汽车客运站内营运、业务办公、站内作业、生活用房等，应分区明确、联系方便，各部分不应相互交叉、相互影响，各部分的环境应相对安静，保证站内营运正常。

3）流线布置避免交叉

应组织好进出站的旅客流线、车辆流线及行包流线，避免交叉。在总平面布置时，首选要考虑旅客出入口的朝向问题。汽车客运站的旅客入口应迎向主要客流的来向，为旅客进站提供方便。汽车客运站的旅客出入口、各车辆的出入口尽可能分别地独立设置，有利于客流及车流的单向流动。为防止大股客流与车流交叉，保证安全，汽车进出站口距站房旅客主要入口的距离不宜小于25 m，同时要增加车辆进出口的缓冲地段，以防止进出站车辆与城市干道车辆互相影响及发生事故。

由于进站旅客比较集中，特别容易在入站口和检票口附近发生客流混乱交叉。因此，在站房平面布置时，要特别重视售票厅、行包托运处及候车厅三者之间的相互位置及联系。为了合理组织旅客分流，售票厅及行包托运处应单独设置出入口，并保证与候车厅有较好的联系。检票口处于候车厅与站台之间，从旅客的心理及动态分析，检票口宜在3个发车位中间。旅客分批检票后，可由左、中、右3个方向到达3个发车位，如两个发车位设一个检票口，则将增加检票口设置成本；如4个发车位设一个检票口，就容易发生人流拥挤和交叉。因此，规定3个发车位设一个检票口是经济合理的。当候车厅与站台由于地形或设计原因不在同一标高时，检票口设踏步是不适宜的，采用缓坡不但方便旅客，还可供残疾人轮椅通过。

4）选择最佳布置方案

汽车客运站的总平面布置，根据具体条件可采用多种组合形式，设计成多种方案，通过多方案的比较，选择出最佳布置方案。方案设计的主要目的是研究、探讨建筑空间的可能性与合理性；一般应根据调查资料进行具体分析，做出比较方案。进行建筑组合可能性分析，就是要根据使用功能关系，全面考虑各方面的因素，结合总体布置，把各组成部分经济合理地组合起来。

5）经济用地节省投资

总平面布置要充分利用地形，实现布局紧凑、经济用地、节省投资，要和室外空间一起考虑，统筹规划，进行综合分析，尽可能节省投资费用。我国城市用地紧张，而汽车客运站通常占地较多，做到地尽其用是必须遵守的重要原则。由于候车厅是客运站房中占地最多的部分，通常应设于地面层，当有些一级车站候车厅面积较大时，可根据实际需要将部分面积设于二层，以减少占地面积。汽车客运站的立面设计力求大方、美观，线条力求简洁、清晰，能反映当地特色。

2. 站房总体布置形式

汽车客运站的立体建筑是客运楼，通常由站房和办公服务用房组成。根据站房所处位

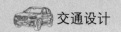

置不同，其布置形式大致分以下 3 种。

1)"一"字形布置

这种布置形式的特点是候车厅、售票厅均沿城市主干道"一"字形排列，且两厅的大门朝向一致，如图 7-14 所示。采用这种布置的汽车客运站，立面雄伟、壮观；缺点是汽车客运站占据主要街道，地段长、立面处理面积大，增加造价；又因为城市规划对汽车客运站临街建筑有一定高度要求，造成辅助房间过多。这种布置适用于大、中型汽车客运站。

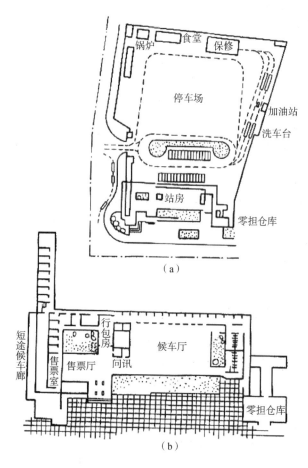

图 7-14　"一"字形站房布置
(a)总平布置；(b)站房平面布置

2)"T"字形布置

这种布置形式的特点是售票厅与候车厅呈"T"字形排列，临街部分采用高层建筑，通常地面层为售票综合服务厅，二层以上为办公及生活用房，将大跨度的单层候车厅布置在后院，候车厅的形状可以是矩形或半圆环形，如图 7-15 所示。这种布置形式临街地段短，容易满足城市对汽车客运站建设的要求。

3)"L"字形布置

这种布置形式适用于位于城市交叉路口的汽车客运站。由于站房两面临街，售票厅与候车厅大门分别面临两条大街，呈"L"字形，如图 7-16 所示。为了满足城市规划对汽车客运站建筑高度的要求，临主要街道一侧布置多层建筑，而临次要街道一侧可以布置单层候车厅。这种形式比较灵活，但两个临街部分要做立面处理。

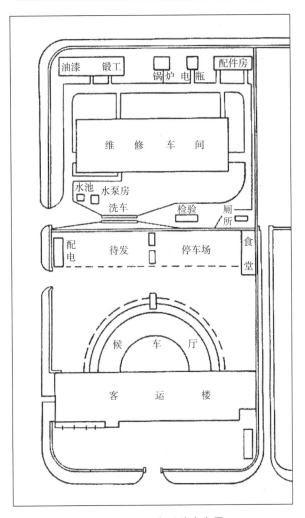

图 7-15　"T"字形站房布置

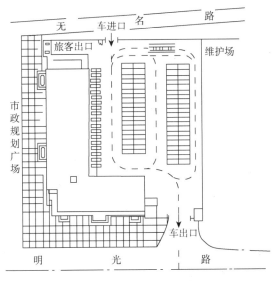

图 7-16　"L"字形站房布置

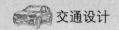

7.4.4 汽车客运站细化设计

汽车客运站的细化设计主要是指旅客人数、各部位的建筑面积、机构设置及人员配备等的确定，它为设计布局提供各种可靠的数据，使汽车客运站建设和平面布置更经济、合理。

1. 旅客最高聚集人数

旅客最高聚集人数，是指一年中旅客发送量偏高期间内，每天最大的同时在站人数的平均值，并不是指一年里客流高峰日中旅客在站内的最高聚集人数。

客运站房的建设规模，是以旅客最高聚集人数为主要依据，并用其计算确定的候车厅最大客容量及主要部位的建筑面积。

1) 据旅客日发送量计算

通过客运量预测的计算，可以获得设计年度的旅客日发送折算量，但无法统计未来的旅客最高聚集人数的具体值。在计算时，通常根据统计规律，按预测所得的旅客日发送折算量乘以相应的百分比来确定设计年度的旅客最高聚集人数。各种不同车站的旅客发送量所选用的百分比值分别为：500 人次以下的汽车客运站为 20%~30%；500~2 000 人次的汽车客运站为 17%~20%；2 000~4 000 人次的汽车客运站为 14%~17%；4 000~7 000 人次的汽车客运站为 12%~14%；7 000~10 000 人次的汽车客运站为 10%~12%；10 000 人次以上的汽车客运站为 10%。

对于那些旅客日发送量较少，而高峰期间又过分集中的汽车客运站，可按实际情况来确定旅客的最高聚集人数。

通过上述情况可以明显看出，随着旅客日发送量的增加，旅客最高聚集人数所占其百分比值却逐渐减小。这是因为出现客流高峰是公路客运工作中的正常现象和客观规律，且旅客最高聚集人数将随旅客日发送量的增加而增加。对于旅客日发送量较小的汽车客运站，当旅客发送量偏高期内的客流高峰旅客稍有增加时，即使其绝对值不是很大，但相对于正常的旅客日发送量却有较大的增加幅度，所以在确定旅客最高聚集人数时，其所占旅客日发送量的百分比应取较大值。随着汽车客运站的旅客日发送量增加，尽管所增加的高峰旅客绝对值会加大，但相对于正常的旅客日发送量所增长幅度，却将随之减小，因此减小了旅客最高聚集人数所占旅客日发送量的百分比值。

2) 据同期的发车数量计算

旅客最高聚集人数也可根据同期的发车数量，按下列经验公式进行计算，即

$$R_{max} = KN\bar{R} \qquad (7-7)$$

式中，R_{max}——设计年度旅客最高聚集人数(人次)；

K——综合系数，一般取 1.5~2.5；

$\bar{R}$——客车平均定员人数(人/辆)；

N——设计年度车站一次最大发车量(辆)。

由于旅客最高聚集人数与汽车客运站的年平均日旅客发送量密切相关，且与汽车客运站的客流结构、运力供需状况及组织管理水平等因素有关，因此，计算时必然存在一定的误差。为了提供简便方法，根据大量调查资料的综合，可制作旅客最高聚集人数与车站年平均日旅客发送量的函数关系图，如图 7-17 所示。使用该图时，可按设施年度平均日旅客发送量，直接由曲线查出相应的旅客最高聚集人数。

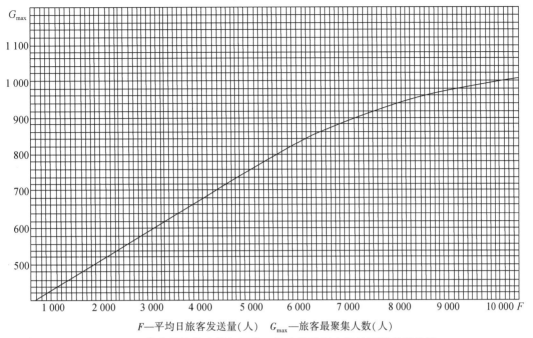

F—平均日旅客发送量(人)　G_{max}—旅客最聚集人数(人)

图 7-17　旅客最聚集人数与平均日旅客发送量之间的函数关系曲线

2. 汽车客运站的建筑面积

1)站前广场

为了满足站前广场使用功能的要求,必须合理地确定其占地面积,以获得经济、适用的技术经济效果。根据旅客最高聚集人数,站前广场的面积计算公式为

$$F_s = R_{max} f_m \qquad (7-8)$$

式中, F_s——站前广场面积(m^2);

R_{max}——旅客最高聚集人数(人);

f_m——每人平均占用面积(m^2/人)。

对于一、二级车站,取 $f_m = 1.2 \sim 1.5 \ m^2$/人;对于三级车站,取 $f_m = 1.0 \ m^2$/人;对于小型汽车客运站,可酌情考虑。

2)站房

(1)候车厅面积 F_1。

候车厅面积 F_1 可根据旅客最高聚集人数的每人 $1.0 \sim 1.5 \ m^2$ 计算,即

$$F_1 = (1.0 \sim 1.5) R_{max} \qquad (7-9)$$

(2)售票厅面积 F_2。

售票厅的面积与旅客最高聚集人数、售票速度、同时售票窗口数、每个售票窗口前应有面积等因素有关。根据资料,人工售票时,售票员每小时可发售 120 张车票,旅客正常排队购票时间可定为 10 min。排队售票时,旅客平均活动面积为每人 1 m^2。假如每人购买一张车票,则 10 min 内,售票窗口前排队旅客有 20 人左右,因此,每个窗口就要留出 20 m^2 的面积,则有

$$F_2 = 20 N_t \qquad (7-10)$$

$$N_t = \frac{R_{max}}{120}$$

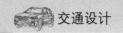

式中，N_t——售票窗口数(个)，计算时取整数。

(3)行包托运处面积 F_3

大型汽车客运站的行包托运处由若干托运单元组成，每个托运单元均由托运厅、行包受理作业处、库房内行包占用面积和行包员作业面积所组成。

在计算中，各项面积按以下经验值确定：托运厅面积为 20 m^2，行包受理作业面积为 20 m^2，库房内行包占用面积按每件 0.3 m^2 计算，行包员作业面积为 20 m^2。因此，每个托运单元面积 f_c 应为

$$f_c = 60 + 0.3\,m_u \tag{7-11}$$

式中，m_u——托运单元日受理行包件数。

托运单元受理行包件数可根据托运单元每小时受理件数和每日办理业务时间确定。一般情况下，每个托运单元 1 h 受理 30 件行包，每日办理 10 h 行包业务。

行包托运单元数，可根据日受理行包总件数和每单元日受理行包件数计算确定，但计算结果必须取整数。由于日受理行包总件数通常按旅客日发送量的 10% 计算，即按平均每 10 个人托运 1 件行包来确定行包总数，所以托运单元数 u 的计算公式为

$$u = \frac{m_b}{m_u} = \frac{0.1D_o}{m_u} \tag{7-12}$$

式中，m_b——日受理行包总件数；

D_o——旅客日发送量。

通常把常数 0.1 称为行包托运系数。这样，行包托运处的面积 F_3 的计算公式为

$$F_3 = f_c u \tag{7-13}$$

(4)行包提取处面积 F_4。

行包提取处面积 F_4 可按经验公式计算，一般按托运处面积 30%~50% 计算，即

$$F_4 = (0.3 \sim 0.5)F_3 \tag{7-14}$$

(5)小件寄存处面积 F_5。

小件寄存处面积是由作业室面积和寄存物品库面积两部分组成。一般取作业室面积为 10 m^2，寄存物品库按每件寄存物品占用 0.2 m^2 和旅客最高聚集人数中有 25% 的旅客各寄存一件物品进行计算，即

$$F_5 = 0.20 \times 0.25R_{max} + 10 \tag{7-15}$$

(6)问讯处面积 F_6。

问讯处面积可按工作人员每人 8 m^2 计算，即

$$F_6 = 8R_6 \tag{7-16}$$

式中，R_6——问讯处工作人员数量。

(7)调度室面积 F_7。

调度室面积 F_7 应根据配备调度员数量而定，考虑调度员要接待驾驶员、办理行车手续和放置调度设备等，故按每名调度员 10 m^2 计算，即

$$F_7 = 10R_7 \tag{7-17}$$

式中，R_7——调度员数量。

(8)站务员室面积 F_8。

站务员室作为站务员临时休息的场所，其面积 F_8 是根据车站配备站务员数量而定，一般按每人占用 1.5 m^2 计算，即

$$F_8 = 1.5R_8 \tag{7-18}$$

式中，R_8——站务员数量。

(9) 乘务员室面积 F_9。

因为乘务员随车工作，在站时间较少，所以乘务员室面积 F_9 计算公式为

$$F_9 = 0.7R_9 \tag{7-19}$$

式中，R_9——乘务员数量。

(10) 驾驶员休息室面积 F_{10}。

驾驶员休息面积 F_{10} 与驻站客车数有关，一般按每车一人，每人占用 $0.5 \ \text{m}^2$ 计算，即

$$F_{10} = 0.5R_{10} \tag{7-20}$$

式中，R_{10}——驾驶员数量。

(11) 其他工作用房面积 F_{11}。

其他工作用房指售票工作室、广播室、公安执勤室等，其面积按每名工作人员 $6 \sim 9 \ \text{m}^2$ 计算。当一间工作室只需配备一名工作人员时，单间面积应不少于 $10 \ \text{m}^2$，即

$$F_{11} = (6 \sim 9)R_{11} \tag{7-21}$$

式中，R_{11}——其他用房工作人员数量。

(12) 旅客厕所面积 F_{12}。

旅客厕所面积根据旅客最高聚集人数计算。公式为

$$
\begin{aligned}
F_{12} &= F_m + F_n \\
&= 1.2 \times (4\% \sim 6\%) \times R_{\max} + 15.0 + 2.0 \times (4\% \sim 6\%) \times R_{\max} + 15.0
\end{aligned} \tag{7-22}
$$

式中，F_m——男厕所面积（m^2）；

$\quad\quad\ F_n$——女厕所面积（m^2）。

3) 发车位

发车位数目是汽车客运站设计中的一个重要指标，它表示一个汽车客运站在同一时刻内能发送客运班车数的能力。它与旅客最高聚集人数、客车平均座位数、始发车合理座位利用率、每时可发出班车次数等因素有关，即

$$
\begin{aligned}
N_a &= \frac{R_{\max}}{R_h}(1 + 20\%) \\
&= \frac{R_{\max}}{m_a \gamma_a n_h}(1 + 20\%)
\end{aligned} \tag{7-23}
$$

式中，N_a——发车位数（个）；

$\quad\quad\ R_h$——每车位每小时发出旅客人数（人）；

$\quad\quad\ m_a$——客车平均座位数；

$\quad\quad\ \gamma_a$——始发车座位合理承载率，取 80%。

$\quad\quad\ n_h$——每时可发出的车次数，一般为三次。

上式中系数 20% 是考虑回站和部分发出客车同时停靠而增加的幅度。

发车位面积 F_n 按每辆客车投影面积的 4 倍乘以发车位数计算，即

$$F_n = 4\sum_{i=1}^{N_a} f_i \tag{7-24}$$

式中，f_i——单位客车投影面积（m^2）。

为了使计算简化，可按汽车客运站主要车型的客车投影面积来计算发车位面积，即

$$F_n = 4f_i N_a \tag{7-25}$$

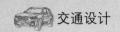

4）停车场及行车通道

停车场及行车通道面积，根据每辆停放客车平均占用场地面积乘以驻站客车数计算，停放客车平均占用场地面积，一般按驻站客车平均投影面积的 4 倍计算，则有

$$F_a = m\overline{f_o} = 4m\overline{f_i} \qquad (7\text{-}26)$$

式中，F_a——停车场及行车通道面积（m^2）；

$\quad\quad m$——驻站客车数（辆）；

$\quad\quad \overline{f_o}$——停放客车平均占用场地面积（$m^2$）；

$\quad\quad \overline{f_i}$——驻站客车平均投影面积（$m^2$）。

5）维修车间

汽车客运站一般设有维修车间，承担客车的低级维护作业和小修作业。除距离维修基地较远的一级车站或汽车客运总站外，客车的高级维护作业及大修作业均由专业维修厂承担。

汽车客运站车辆维修作业所需面积，由维修作业工位、辅助间和材料库三部分的面积组成。维修作业工位面积按每车位 75～90 m^2 计算，辅助间面积按每车位 10～15 m^2 计算，材料库面积按每车位 10 m^2 计算。

客车维修车位数 N_m 包括低级维护作业车位数和小修作业车位数，即

$$N_m = n_1 + n_s = \eta_t \left[\frac{T_1 L_d Z_m}{8L_1} - \frac{T_1 L_d Z_m}{8L_2} - \frac{T_1 L_d Z_m}{8L_3} - \frac{T_1 L_d Z_m}{8L_\gamma} + \frac{T_s f L_d Z_m}{8} \right] \qquad (7\text{-}27)$$

式中，n_1——一级维护作业车位数（个）；

$\quad\quad n_s$——小修作业车位数（个）；

$\quad\quad T_1$——一级维护作业占用车位的时间（h），一般取 $T_1 = 0.07$ h；

$\quad\quad T_s$——小修作业占用车位的时间（h），一般取 $T_s = 1$ h；

$\quad\quad L_1$、L_2、L_3、L_γ——分别为客车一、二级维护与日常维护周期及大修间隔里程（km）；

$\quad\quad f$——小修作业频率，通常为 1 次/车·$(1\,000\ \text{km})^{-1}$；

$\quad\quad L_d$——客车每日平均行驶里程（km）；

$\quad\quad Z_m$——车站建制客车数（辆）；

$\quad\quad \eta_t$——维修不平衡系数，一般取 1.1～1.5。

其他商店（超市）、娱乐设施、生活福利设施等可酌情自定；建筑面积可按国家相关规定计算。

7.5 停车场（库）

停车场是供车辆停放的场所。车辆停放的需求一方面是拥有车辆所带来的，另一方面是车辆在使用过程中带来的。停车问题是道路交通，特别是城市道路交通中的一个重要问题。容量充足、布局合理的停车场对于缓解交通拥挤、提高道路通行能力、减少交通事故等具有重要的意义。

停车场规划应与城市总体规划和综合交通规划相协调，根据城市的用地条件、出行特征、服务对象等进行停车需求预测，确定停车场的性质与规模，结合停车场用地的性质和面积，确定停车场的形式。然后，根据设计车型、设计泊位数等进行场内综合布置及设计场内路面结构、绿化、照明、排水、竖向设施等。对于专用停车场，还应根据不同的情况，设置相应的附属设施。

7.5.1 停车场类型

1. 按用地性质分类

(1)路内停车场：道路红线内划定的供车辆停放的场地，一般包括车行道边缘、公路路肩、较宽的隔离带、高架路及立交桥下的空间等。

(2)路外停车场：在道路红线外专辟的停车场地，包括汽车库及各类大型公共建筑物附设的停车场，一般由停车泊位、停车出入口通道、计时收费系统等管理设施及其他附属设施组成。

2. 按停放车辆性质分类

(1)机动车停车场：主要是汽车停车场，可分为小汽车停车场、公交车停车场、货运汽车停车场、出租车停车场等。

(2)非机动车停车场：主要指自行车停车场，包括各种类型的自行车停放处。

3. 按停车场服务对象分类

(1)公用停车场：又称社会停车场，可分为大型集散场所的停车场、商业与服务业的停车场、生活居住区的停车场，其显著特点是供公众使用。

(2)专用停车场：主要指机关、企事业单位、公交车公司和汽车运输公司专用的停车场，主要停放自用车辆。

4. 按空间位置分类

(1)地面停车场：布置在地面的露天停车场。

(2)汽车库：可分为停车楼和地下汽车库。此外，根据与地面建筑的关系，汽车库还可以分为单建式和附建式两种。其中，单建式汽车库是指独立的停车楼或地面上没有建筑物的地下汽车库；附建式汽车库是利用地面上多层或高层建筑物及其裙房的地下室或(和)地面上底部的若干楼层布置的专用汽车库。

5. 按构造分类

(1)坡道式停车场：也称为自走式停车场，是人工将车辆停放到泊位的停车场。

(2)机械式停车场：又可分为全自动机械式和半自动机械式两类。其中，全自动机械式停车场是指完全利用机械设备将车辆运送且停放到指定泊位或从指定泊位取出的停车设施，即汽车的竖向和水平移动都是机械化的；半自动机械式停车场是指停车场内安装有机械停车设备，并通过驾驶员自行驶入和驶出车辆的停车设施，即汽车仅在楼层之间的竖向移动是机械化的。

7.5.2 停车特性

停车特性包括以下内容。

1. 停车需求与供应

停车需求是指给定停车区域内特定时间间隔的停放吸引量，停车供应是指一定的停车区域内按规范提供的有效车位数。

2. 停车场容量

停车场容量是指给定停车区域或停车场有效面积上可用于停放车辆的最大泊位数。

3. 停车目的

停车目的是指驾驶员停放车辆后的活动目的，包括上班、上学、购物、娱乐、公务

等。了解停车目的对合理规划与管理停车场很有利，如限时停车和确定收费标准等。停车目的的比重可根据各城市的停车调查或停车起终点调查确定，它与停车地点、停车场容量、停车持续时间和停车费用密切相关。通常比重最大的是公务停车，其次是购物等生活出行停车。随着经济和文化的发展，商业中心区和旅游区的停车需求量将会增大。

4. 停放时间

车辆停放时间是衡量停车场交通负荷与周转效率的基本指标之一。其分布与停车目的、停放点土地使用等因素有关。可以根据平均停放时间和停放时间范围，制定合理的收费标准。

对停放时间进行调查与分析，发现停放时间服从负指数分布。约80%的车辆停放时间为0.5~3 h。随着城区规模增大，平均停放时间显著增加，并且停放时间分布偏向长时停车。

5. 累计停车数

累计停车数也称为实际停车量，是指在调查期间内，调查对象区域内的实际停放车辆数量。

6. 延停车数

延停车数也称为累计观测停车量。将调查期间等分为若干调查时段，延停车数是指在调查期间内，调查对象区域内在各调查时段观测到的停车数量的总和。延停车数除以调查时段数量得到调查期间停车场每时段的平均停放的车数。

7. 停车周转率

停车周转率是指单位停车位在某一间隔时段(一日、一小时或几个小时)内的停放车辆次数，为实际停放车累计次数与停车泊位数之比，是停车场利用率指标之一，因停车场性质不同有很大的差别。停车场的利用率指标也可用停车利用率来表示，停车利用率在数值上等于一天内总停放车次数与平均停放时间的乘积与停车泊位和营业时间的乘积的比值。

8. 停车密度

停车密度是停车负荷的基本度量单位，有两种定义：一是指停放吸引量(累计存放量)大小随时间变化的程度(时变规律)；二是指同一时段，在不同吸引点上停车吸引量的大小程度(空间变化规律)。了解车辆停放量的分布特性，将有助于改进和完善停车场的规划与管理。例如，对停车需求量大的停车场或在停车的高峰期间，可以采取加倍收费和限时停放的措施，以加快停车周转，缓解停车需求大于停车供应的矛盾。

9. 停放车指数(停放饱和度、占有率)

停放车指数也称为停放饱和度、占有率，是指某时段内实际停车数量或停放吸引量与停车场容量之比，是反映停车场拥挤程度的指标。

10. 步行距离

步行距离是指停车后至目的地的实际步行距离，反映停车场布设的合理程度，是停车场规划的重要控制因素之一。一般能承受的最大步行距离为400~500 m，步行距离随城市规模的增大而增加。研究停车的可达性可以考虑停车者的心理要求并据此合理布设停车场。

7.5.3 停车场规划

1. 停车场规划指导原则

(1)停车场的设施应符合城市总体规划、规划期停车数和道路交通组织的需要，大、中、小型停车场相匹配，路上停车场、路外停车场、停车楼、地下汽车库相结合，形成一个合理的停车场系统。

（2）各个停车场的规划，应根据城市的总停车需求量，并考虑各个停车场的服务对象、性质和用地条件等因素合理确定。

（3）应结合城市公共交通场站规划，布设不同交通方式之间的换乘停车场，以方便乘客换乘，形成合理的交通结构。

（4）为对外交通服务的停车场，应在市区边缘地区易于换乘交通的位置布设，面向各对外公路，减少不必要的车辆进入市区内部。

（5）在城市繁华地区，一般空余场地较少，修建大型停车场有困难，可根据某一范围内的停车数量，结合城市改造，分散布设几个小型停车场或停车楼；在城市的非繁华地区，按主要交通汇集点设置停车场。

（6）停车场内必须按不同的车型分别设置停车区，至少应将微型和小型汽车与其他车型分开，以利于场地的充分使用和出入方便，也利于交通组织和管理。

（7）专用和公共建筑配建的停车场原则上应在主体建筑用地范围之内，以方便停车场的使用者。

（8）专用停车场应紧靠使用单位布置，并与使用单位在道路的同一侧，步行距离应控制在 300 m 以内，最大不得超过 500 m；公共停车场在全市应均衡分布，其服务半径（100~300 m）应能覆盖城市的大部分地区；大型集会的场所最好按分区就近布置的原则确定停车场的位置，以利于车辆在短时间内迅速疏散。

（9）进出停车场的车辆应不妨碍道路上的交通，停车场不宜靠近干道交叉口。为了便于组织车辆右行，可在停车场周边开辟辅路，由停车场进出的车辆，通过辅路绕过交叉口或右行至交叉口，减少交叉，便于管理。

2. 停车需求预测

停车需求预测的目的是为规划泊位预留提供依据，为停车用地规划提供基础参数，为停车需求与供给战略选择提供基础，为城市交通需求管理提供依据。

一般而言，停车需求可分为两大类，一类称为车辆拥有的停车需求，另一类称为车辆使用过程中的停车需求。前者为夜间停车需求，主要为居民或单位车辆夜间停放服务，根据车辆在各个区域的注册情况很容易预测；后者为日间停车需求，主要是由社会、经济活动所产生的各种出行所形成。停车需求预测模型主要有 3 类：基于类型分析法的产生率模型、基于相关分析法的多元回归模型、基于停车与车辆出行关系的出行吸引模型。

1）产生率模型

产生率模型的基本原理是建立土地使用性质与停车产生率的关系模式。例如，对一个办公大楼而言，其停车需求可以用每 100 m^2 建筑面积需要若干个停车位来表示，也可以用每个就业岗位（雇员）配备若干停车位来表示。此模型的数学表达式为

$$p_{di} = \sum_{j=1}^{n} R_{dij}L_{dij} \tag{7-28}$$

式中，p_{di}——第 d 年 i 区高峰时间停车需求量，即泊位数；

R_{dij}——第 d 年 i 区 j 类土地单位停车需求产生率；

L_{dij}——第 d 年 i 区 j 类土地使用量，单位面积或雇员数；

n——土地种类。

我国《城市停车规划规范》（GB/T 51149—2016）给出的建筑物分类和停车需求发生率指标参考值如表 7-5 所示。

表7-5　建筑物分类和停车需求发生率指标参考值

建筑物大类	建筑物子类	机动车停车位指标下限值	非机动车停车位指标下限值	单位
居住	别墅	1.2	2.0	车位/户
	普通商品房	1.0	2.0	车位/户
	限价商品房	1.0	2.0	车位/户
	经济适用房	0.8	2.0	车位/户
	公共租赁住房	0.6	2.0	车位/户
	廉租住房	0.3	2.0	车位/户
医院	综合医院	1.2	2.5	车位/100 m² 建筑面积
	其他医院(包括独立门诊、专科医院等)	1.5	3.0	车位/100 m² 建筑面积
学校	幼儿园	1.0	10.0	车位/100 师生
	小学	1.5	20.0	车位/100 师生
	中学	1.5	70.0	车位/100 师生
	中等专业学校	2.0	70.0	车位/100 师生
	高等院校	3.0	70.0	车位/100 师生
办公	行政办公	0.65	2.0	车位/100 m² 建筑面积
	商务办公	0.65	2.0	车位/100 m² 建筑面积
	其他办公	0.5	2.0	车位/100 m² 建筑面积
商业	宾馆、旅馆	0.3	1.0	车位/客房
	餐饮	1.0	4.0	车位/100 m² 建筑面积
	娱乐	1.0	4.0	车位/100 m² 建筑面积
	商场	0.6	5.0	车位/100 m² 建筑面积
	配套商业	0.6	6.0	车位/100 m² 建筑面积
	大型超市、仓储式超市	0.7	6.0	车位/100 m² 建筑面积
	批发市场、综合市场、农贸市场	0.7	5.0	车位/100 m² 建筑面积
文化体育设施	体育场馆	3.0	15.0	车位/100 座位
	展览馆	0.7	1.0	车位/100 m² 建筑面积
	图书馆、博物馆、科技馆	0.6	5.0	车位/100 m² 建筑面积
	会议中心	7.0	10.0	车位/100 座位
	剧院、音乐厅、电影院	7.0	10.0	车位/100 座位

续表

建筑物大类	建筑物子类	机动车停车位指标下限值	非机动车停车位指标下限值	单位
工业和物流仓储	厂房	0.2	2.0	车位/100 m² 建筑面积
	仓库	0.2	2.0	车位/100 m² 建筑面积
交通枢纽	火车站	1.5	—	车位/100 高峰乘客
	港口	3.0	—	车位/100 高峰乘客
	机场	3.0	—	车位/100 高峰乘客
	长途客车站	1.0	—	车位/100 高峰乘客
	公交枢纽	0.5	3.0	车位/100 高峰乘客
游览场所	风景公园	2.0	5.0	车位/公顷占地面积
	主题公园	3.5	6.0	车位/公顷占地面积
	其他游览场所	2.0	5.0	车位/公顷占地面积

近年来，我国机动车拥有量大幅度提高，特别是私人小汽车的拥有和使用使城市停车需求大幅度提高，表7-5中规定的机动车停车位配建指标已明显偏低。各大城市，如广州、上海、长沙、深圳等，进行停车规划时，对于建筑类别划分更加详细，机动车停车场的配建指标有不同幅度的提高。深圳市实施的《深圳市城市规划标准与准则》2023年局部修订条款(第6章交通设施)中规定的主要项目配建停车设施的停车位指标如表7-6所示。

表7-6　深圳市主要项目配建停车设施的停车位指标

分类			单位	停车位配建标准			备注
				一区	二区	三区	
居住类	商品房、保障性住房(含共有产权住房、保障性租赁住房和公共租赁住房等)	建筑面积<60 m²	车位/户	0.4~0.6			专门或利用内部道路为每幢楼设置1个装卸货泊位。每1万 m² 建筑面积设置1个出租车上下客泊位；超过20万 m² 建筑面积时，超出部分每3万 m² 建筑面积设置1个出租车上下客泊位。上下客泊位应结合居住区出入口分散布置
		60 m²≤建筑面积<90 m²	车位/户	0.8~1.0			
		90 m²≤建筑面积<144 m²	车位/户	1.0~1.2			
		建筑面积≥144 m²	车位/户	1.2~1.5			
	宿舍		车位/100 m² 建筑面积	0.4~0.6			

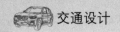

分类		单位	停车位配建标准			备注
			一区	二区	三区	
商业办公类	行政办公楼	车位/100 m² 建筑面积	0.4~0.8	0.8~1.2	1.2~2.0	每1万 m² 建筑面积设置1个装卸货泊位及1个出租车上下客泊位
	其他办公楼	车位/100 m² 建筑面积	0.3~0.5	0.5~0.8	0.8~1.0	
	小型商业设施(含建筑面积<1万 m² 的商场、配套商业)	车位/100 m² 建筑面积	首2 000 m² 按2.0车位/100 m² 建筑面积,2 000 m² 以上的配建标准如下			每2 000 m² 建筑面积设置1个装卸货泊位;超过1万 m² 建筑面积时,超出部分每5 000 m² 建筑面积设置1个装卸货泊位。每5 000 m² 建筑面积设置1个出租车上下客泊
			0.4~0.6	0.6~1.0	1.0~1.5	
	大型商业设施(含建筑面积≥1万 m² 的商场、购物中心、超级市场、专业批发市场)	车位/100 m² 建筑面积	0.8~1.2	1.2~1.5	1.5~2.0	
	酒店、宾馆等	车位/客房	0.2~0.3	0.3~0.4	0.4~0.5	每100间客房设置1个装卸货泊位、1个出租车上下客泊位、0.5个旅游巴士上下客泊位
	餐饮、娱乐	车位/100 m² 建筑面积	0.8~1.0	1.2~1.5	1.5~2.0	每3 000 m² 建筑面积设置1个装卸货泊位。每1 000 m² 建筑面积设置1个出租车上下客泊位
	位于城市轨道车站中心500 m 半径范围内的商业、办公停车位指标,可在相应区间下限的基础上进一步减少					
公共服务类	综合医院、中医院、妇幼保健院(含儿童医院)	车位/病床	0.8~1.2	≥1.0	≥1.2	每100张病床设置1个装卸货泊位、0.5个出租车上下客泊位。另设2个以上有盖路旁停车处,供救护车使用
	专科医院	车位/病床	0.5~0.8	≥0.6	≥0.8	
	医养结合设施	车位/病床	0.3~0.6			每100张病床设置1个装卸货泊位及1个出租车上下客泊位

续表

分类		单位	停车位配建标准			备注
			一区	二区	三区	
公共服务类	专业公共卫生机构及其他医疗设施	需进行专题研究				
	城市公园(综合公园、专类公园)	车位/万 m² 占地面积	8~15			每2万 m² 占地面积设置1个出租车上下客泊位及1个旅游巴士上下客泊位
	其他公园	需进行专题研究				
	位于城市轨道车站中心500 m 半径范围内的公园停车位指标,宜结合公园实际情况、周边交通条件等方面专题研究确定,宜适度控制车位规模					
	体育场馆	车位/100座	大型场馆 3.0~4.0 小型场馆 2.0~3.0			每500个座位设置1个出租车上下客泊位及0.5个旅游巴士上下客泊位
	影剧院	车位/100座	市级(大型)影剧院 4.5~5.5			每100个座位设置1个出租车上下客泊位
			一般影剧院 2.0~3.0			每200个座位设置1个出租车上下客泊位。
	博物馆、图书馆、科技馆	车位/100 m² 建筑面积	0.5~1.0			每5 000 m² 建筑面积设置1个装卸货泊位;
	展览馆	车位/100 m² 建筑面积	0.7~1.0			每3 000 m² 建筑面积设置1个出租车上下客泊位
	会议中心	车位/100座	3.0~4.5			每200个座位设置1个出租车上下客泊位及0.5个旅游巴士上下客泊位
	大专院校	车位/100学位	需进行专题研究			
	中学(含中专)	车位/100学位	1.9~2.2	≥2.2	≥2.6	校址范围内至少设2个校车停车处
	小学	车位/100学位	1.1~1.3	≥1.3	≥1.5	校址范围内至少设2个校车停车处

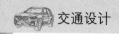

续表

分类		单位	停车位配建标准			备注
			一区	二区	三区	
公共服务类	幼儿园	车位/100学位	0.8~1.2	≥1.2	≥1.5	校址范围内至少设2个校车停车处
	九年一贯制	车位/100学位	参考小学、中学的车位指标执行			
	新建及改扩建中小学及幼儿园宜在学校用地范围内划定主要针对接送学生高峰时段的临时停车区、接送环岛等，临时停车位不计入配建车位总数					
工业仓储类	新型产业	车位/100 m²建筑面积	0.4~0.6	0.6~1.0	1.0~1.4	所提供的车位供客车和货车停放，具体划分比例结合项目特点确定。占地面积较大的项目还需设装卸货泊位
	其他工业、仓储、物流等	车位/100 m²建筑面积	需进行专题研究			

注：①其他未涉及设施的停车位配建标准应专题研究确定。

②对于公共交通高度发达、路网容量有限、开发强度较高、商业办公集中的重点片区，应开展专题研究，统筹确定片区停车位总体规模，单个项目停车位可低于上表的下限标准。

③公共服务类停车位指标为指导性指标，可根据实际情况灵活设置。

④装卸货泊位、上下客泊位一般设置在市政道路以外，出租车和旅游巴士上下客泊位一般以港湾式临时车位设置在建筑物出入口、靠近市政道路的合适位置。

⑤城市轨道车站中心 500 m 半径范围内的项目是以已建、在建、经国家发改委批复或经市政府审议通过的近期建设轨道交通车站为准，以站台几何中心作为规定半径计算圆心，50%及以上用地面积在车站中心 500 m 半径范围内的项目。

2）多元回归模型

根据城市停车需求的本质与因果关系可发现，停车需求与城市经济活动、土地使用等因素相关。美国道路研究委员会提出的数学模型为

$$p_{di} = K_0 + K_1(\mathrm{EP}_{di}) + K_2(\mathrm{PO}_{di}) + K_3(\mathrm{FA}_{di}) + K_4(\mathrm{DU}_{di})$$
$$+ K_5(\mathrm{RS}_{di}) + K_6(\mathrm{AD}_{di}) + \cdots \tag{7-29}$$

式中，p_{di}——第 d 年 i 区高峰时间停车需求量；

EP_{di}——第 d 年 i 区就业岗位数；

PO_{di}——第 d 年 i 区人口数；

FA_{di}——第 d 年 i 区楼地板面积；

DU_{di}——第 d 年 i 区累计单位（企业）数；

RS_{di}——第 d 年 i 区零售服务业数；

AD_{di}——第 d 年 i 区小汽车拥有数；

K_i——回归系数。

上述模型应根据若干年所有变量的资料，用回归分析计算出回归系数值，并经过统计检验而得到。只要将有关变量的未来预测值代入回归式中，即可预测未来高峰时间的停车需求量。值得注意的是须将模型中的参数 K_i 进行适时修正，才能符合未来情况的变化。该法所需资料的精度比产生率模型的低，资料收集较易，是一种简单易行的方法。

上海市对中心区路内外机动车停车需求曾建立的二元线性回归模型为

$$P_d = -297.962\,2 + 1.264\,1T_t + 0.842\,6T_p \quad (R = 0.901\,2) \tag{7-30}$$

式中，P_d——日实际社会停车总需求量(标准车次)；

　　　T_t——白天 12 h 货车出行吸引辆(车次)，取值范围 244~2 050(标准车次)；

　　　T_p——白天 12 h 客车出行吸引辆(车次)，取值范围 230~2 310(标准车次)。

3)出行吸引模型

停车需求与地区的经济、社会活动强度有关，而经济、社会活动强度与该地区吸引的出行车次多少有关。该模型建立的基础条件是开展城市综合交通规划调查。根据各交通小区的车辆出行分布模型和各小区的停车吸引量建立数学模型，由此推算停车车次的预测资料；在此基础上，根据城市人口规模和每一停车车次所需高峰时刻停车泊位数关系计算各交通分区高峰时间的停车泊位需求量。

7.5.4　停车场设计

1. 设计车型

一般选用停车使用比例最大的车型作为设计标准，我国有几百种车型，根据车型的外廓尺寸，归并成微型汽车、小型汽车、中型汽车、大型汽车和铰接车 5 类，将设计车型定为小型汽车。机动车停车场车位配建指标就是以小型汽车为计算当量。在设计时，应将其他类型车辆泊位数乘以换算系数换算成当量车型泊位数，以当量车型泊位数核算车位总指标。表 7-7 给出了不同车型的外廓尺寸和换算关系。

表 7-7　不同车型的外廓尺寸和换算系数

车辆类型	外廓尺寸/m			车辆换算系数
	总长	总宽	总高	
微型汽车	3.20	1.60	1.80	0.70
小型汽车	5.00	1.80	1.60	1.00
中型汽车	8.70	2.50	4.00	2.00
大型汽车	12.00	2.50	4.00	2.50
铰接车	18.00	2.50	4.00	3.50

2. 停放方式

车辆的停放方式按其与通道的关系可分为平行式、垂直式和斜放式 3 种。停放方式不同，所要求的通道宽度、单位停车面积也不同。

(1)平行式：车辆平行于通道的方向停放，如图 7-18 所示。这种方式的特点是所需停车带较窄，驶出车辆方便、迅速，但占地最长，单位长度内停放的车辆数最少。

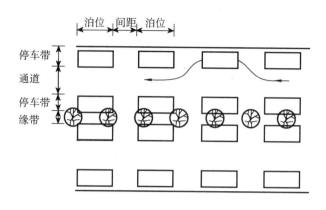

图 7-18 平行停放方式

（2）垂直式：车辆垂直于通道的方向停放，如图 7-19 所示。此种方式的特点是单位宽度内停放的车辆数最多，用地比较紧凑，但停车带占地较宽，且在进出停车位时，需要倒车一次，因而要求通道至少有两个车道宽。布置时可两边停车，合用中间一条通道。

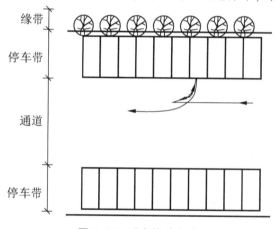

图 7-19 垂直停放方式

（3）斜列式：车辆与通道成一定角度停放，如图 7-20 所示。此种方式一般按 30°、45°、60° 这 3 种角度停放。其特点是停车带的宽度随车身长度和停放角度不同而异，适宜在场地受限制时采用。这种方式车辆出入及停车均较方便，故有利于迅速停置和疏散。其缺点是单位停车面积比垂直停放方式要多，特别是 30° 停放，用地面积最多，故较少采用。

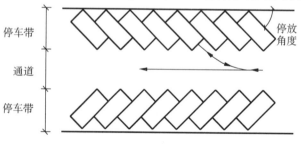

图 7-20 斜列停放方式

以上 3 种停放方式各有优缺点，选用何种方式布置，则应根据停车场的性质、疏散要求和用地条件等因素综合考虑。目前，我国一些城市较多采用平行式和垂直式两种停车方式。

3. 停发方式

停发方式即车辆进出停车位的方式。如图 7-21 所示，停发方式通常有 3 种，即前进式停车、后退式发车，后退式停车、前进式发车，前进式停车、前进式发车。其中，后退式停车、前进式发车，发车迅速方便，占地也不多，被广泛采用。

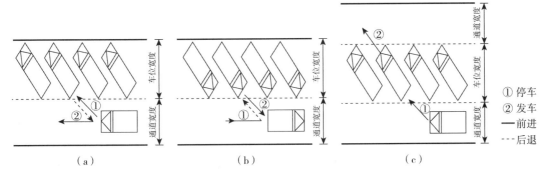

图 7-21　车辆的停发方式

(a)前进式停车、后退式发车；(b)后退式停车、前进式发车；(c)前进式停车、前进式发车

4. 通道

通道形式的确定要综合停车场位置、出入口位置、停车位布置等因素确定，图 7-22 为常见的通道形式。通道宽度按设计车型、停放方式查表 7-8 确定。通道的数量要保证一组连接的停车位不超过 50 个，各组之间无通道时，应留出不小于 6 m 的防火道。停车场通道线形限制值如表 7-9 所示。

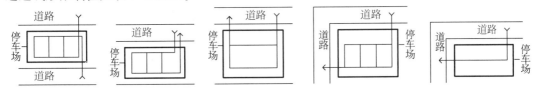

图 7-22　常见的通道形式

表 7-8　停车场通道宽度　　　　　　　　　　　单位：m

停放方式与停发方式		通道宽度				
		微型汽车	小型汽车	中型汽车	大型汽车	铰接车
平行式	前进停车	3.0	4.0	4.5	4.5	5.0
斜列式	前进停车 30°	3.0	4.0	5.0	5.8	6.0
	前进停车 45°	3.0	4.0	6.0	6.8	7.0
	前进停车 60°	4.0	5.0	8.0	9.5	10.0
	后退停车 60°	3.5	4.5	6.5	7.3	8.0
垂直式	前进停车	6.0	9.5	10.0	13.0	19.0
	后退停车	4.2	6.0	9.7	13.0	19.0

表 7-9　停车场通道线形限制值

车型	直线纵坡/%	曲线纵坡/%	最小转弯半径/m
微型汽车	8	6	13.0
小型汽车	10	8	13.0
中型汽车	12	10	10.5
大型汽车	15	12	7.0
铰接车	15	12	7.0

5. 单位停车面积

单位停车面积是指一辆设计车辆所占用的面积，包括停车车位面积、均摊的通道面积及其他辅助设施面积。

单位停车面积与车辆尺寸和停放方式、通道的条数、车辆集散要求以及绿化面积等因素有关。在规划阶段，可根据单位停车面积和规划泊位数来初估停车场用地面积；在设计阶段，一般可按使用和管理要求、预估的停车数量和车型、停放方式、停发方式来确定停车场面积。如图 7-23 所示，两种不同停放方式下，相应的单位停车面积为

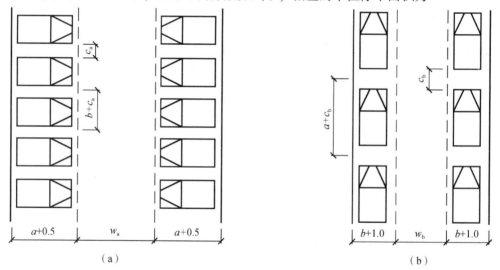

图 7-23　单位停车面积计算图式

(a)垂直式停放方式；(b)平行式停放方式

$$A_{\mathrm{a}} = (a+0.5)(b+c_{\mathrm{a}}) + (b+c_{\mathrm{a}})\frac{w_{\mathrm{a}}}{2} \qquad (7\text{-}31)$$

$$A_{\mathrm{b}} = (a+c_{\mathrm{b}})(b+1) + (a+c_{\mathrm{b}})\frac{w_{\mathrm{b}}}{2} \qquad (7\text{-}32)$$

式中，A_{a}、A_{b}——垂直式、平行式停放方式下的单位停车面积(m^2)；

a——总长(m)；

b——总宽(m)；

c_{a}——垂直停放时两车车厢之间净距(m)；

c_{b}——平行停放时两车车厢之间净距(m)；

w_a——垂直式停车通道宽度(m);

w_b——平行式停车通道宽度(m)。

其中，车辆停放的纵、横向净距如表 7-10 所示。按上述方法，对不同的设计车型、停放方式、停发方式等，计算单位停车面积并制成表格(表 7-11)，在规划、设计中可直接查表选用。但需要注意的是，表 7-10、表 7-11 所列数据都是针对路外停车场的，而对城市中心的路边停车而言，其单位停车面积要小于上述标准。

表 7-10　车辆停放纵、横向净距　　　　　　　　　单位：m

设计车型		微型汽车、小型汽车	中型汽车、大型汽车、铰接车
车间纵向净距		2.0	4.0
背对停车时车间尾距		1.0	1.0
车间横向净距		1.0	1.0
车与围墙、护栏及其他构筑物间	纵向净距	0.5	0.5
	横向净距	1.0	1.0

表 7-11　单位停车面积　　　　　　　　　　　单位：m^2

停放方式与停发方式		单位停车面积				
		微型汽车	小型汽车	中型汽车	大型汽车	铰接车
平行式	前进停车	21.3	33.6	73.0	92.0	132.0
斜列式	前进停车 30°	24.4	34.7	62.3	76.1	78.0
	前进停车 45°	20.0	28.8	54.4	67.5	89.2
	前进停车 60°	18.9	26.9	53.2	67.4	89.2
	后退停车 60°	18.2	26.1	50.2	62.9	85.2
垂直式	前进停车	18.7	30.1	51.5	68.3	99.8
	后退停车	16.4	25.2	50.8	68.3	99.8

6. 出入口

(1) 公用停车场的停车区距所服务的公共建筑出入口的距离宜为 50~100 m。对于风景名胜区，当考虑到环境保护需要或用地限制时，距主要入口距离可增至 150~250 m；对于医院、疗养院、学校、公共图书馆与居住区，为保持环境宁静，减少交通噪声和空气污染的影响，应使停车场与这类建筑物之间保持一定距离。

(2) 停车场的出入口不宜设在主干路上，可设在次干路或支路上并远离交叉口；不应设在人行横道、公交停靠站及桥隧引道处。出入口的缘石转弯曲线切点距铁路道口的最外侧钢轨外缘应不小于 30 m。距人行天桥应不小于 50 m，距离交叉路口须大于 80 m。

(3) 停车场泊位数大于 50 个时，出入口不得少于 2 个；泊位数大于 500 个时，出入口不得少于 3 个。出入口之间的净距须大于 10 m。条件困难或泊位数小于 50 辆时，可设一个出入口，但其进出通道的宽度宜采用 9~10 m。

(4) 双向行驶出入口宽度不得小于 7 m，单向行驶的不小于 5 m。

(5) 出入口应退后红线 10 m 以外，且应有良好的视野。

7. 平面综合布置

当停车场面积较大、泊位与出入口较多时，为了便于停车场的使用、管理和疏散，通

常要进行平面综合布置,特别是针对既定位置和形状的场地,合理的平面布局对于场内车流的运行和土地资源的有效利用尤为重要。

在城市道路中,常将路外停车场布置在与道路毗邻而又在车行道以外的专用场地上。图 7-24 所示为常见的停车场布置形式。

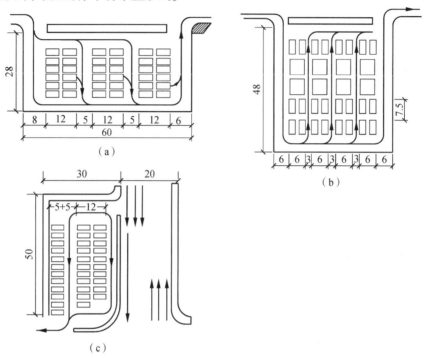

图 7-24　常见的停车场布置形式
(a)平行式停放布置;(b)垂直式停放布置;(c)道路转角处垂直布置

7.5.5　汽车库规划布局

1. 库址选择

汽车库库址选择应符合城市总体规划、城市道路交通规划、城市环境保护及防火等要求;特大、大、中型汽车库库址,应临近城市道路;城市公共设施集中地段,公用汽车库库址距主要服务对象不宜超过 500 m;专用汽车库库址宜设在专用单位用地范围内;地下汽车库库址宜结合城市人防工程设施选择,并与城市地下空间开发相结合;汽车库库址应避开地质断层及可能产生滑坡等现象的不良地质地带。

2. 总平面布局

(1)特大、大、中型汽车库总平面应按功能分区,由管理区、车库区、辅助设施区以及道路、绿化等组成。其中,管理区应有行政管理室、调度室、门卫室及回车场;车库区应有室外停车场及车轮清洗处等设施;辅助设施区应有保养、洗车、配电、水泵等设施;库址内车行道与人行道应严格分离,消防车道必须畅通;库址绿化率不应低于 30%,库址内噪声源周围应设隔声绿化带等设施。

(2)总平面布局的功能分区应合理,交通组织应安全简短快捷,环境应符合《城市容貌标准》(GB 50449—2008)的规定。

(3)总平面布局、防火间距、消防车道、安全疏散、安全照明、消防给水及电气等规划建设，应符合《汽车库、修车库、停车场设计防火规范》(GB 50067—2014)的规定。

(4)大中型汽车库的库址，车辆出入口不应少于 2 个；特大型汽车库库址，车辆出入口不应少于 3 个，并应设置人流专用出入口。各汽车出入口之间的净距应大于 15 m。出入口的宽度，双向行驶时不应小于 7 m，单向行驶时不应小于 5 m。

(5)对于公用汽车库，当需设置办理车辆出入手续的出入口时应设候车道。候车道的宽度不应小于 3 m，长度可按办理出入手续时需停留车辆的数量确定(不应小于 2 辆)，每辆车所需候车道长度应按 5 m 计算。

(6)各单位用地范围内的专用汽车库，其停车泊位数大于 10 个，且当车辆出入必须通过主体建筑人流的主出入口时，该处应设置候车道，候车数量可按停车泊位数的 1/10 计算。

(7)特大、大、中型汽车库的库址出入口应设于城市次干道，不应直接与主干道连接。

(8)汽车库库址的车辆出入口，距离城市道路规划红线不应少于 7.5 m，并在视点的 120°范围内距出入口边线内 2 m 处至边线外 7.5 m 以上不应有遮挡视线的障碍物，如图 7-25 所示。

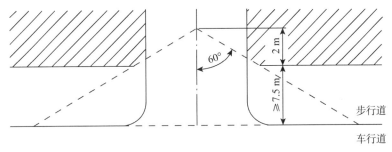

图 7-25 停车场出入口通视要求

7.5.6 坡道式汽车库

1. 坡道式汽车库类型

坡道式汽车库依据坡道的形式可以划分为直坡道式汽车库、斜坡楼板式汽车库、错层式汽车库和螺旋坡道式汽车库 4 种。常见坡道式汽车库的类型如图 7-26 所示。

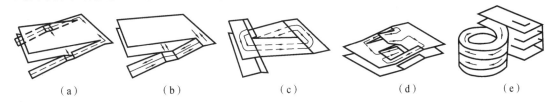

图 7-26 常见坡道式汽车库的类型

(a)单行直坡道式汽车库；(b)双行直坡道式汽车库；(c)斜坡楼板式汽车库；
(d)错层式汽车库；(e)螺旋坡道式汽车库

1)直坡道式汽车库

停车楼面水平布置，每层楼面之间用直坡道相连，坡道可设在库内，也可设在库外，可单行布置，也可双行布置。直坡道式汽车库布局简单整齐，交通路线明确，但单位停车面积较大。

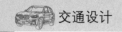

2）斜坡楼板式汽车库

停车楼板呈缓坡倾斜状布置，利用通道的倾斜作为楼层转换的坡道，因而无需再设置专用的坡道，所以用地最为节省，单位停车位占用面积最少。但是，由于坡道和通道的合一，交通路线较长，对车辆进出停车位普遍存在干扰。斜坡楼板式汽车库是常用的汽车库类型之一，建筑外立面呈倾斜状，具有汽车库的建筑个性。

3）错层式汽车库

错层式汽车库是由直坡道式汽车库发展而来，停车楼面分为错开半层的两段或三段楼面，楼面之间用短坡道相连，因而大大缩短了坡道长度，坡度也可适当加大，错层式汽车库用地较节省，单位停车面积较小，但交通路线对部分停车位的进出有干扰，建筑外立面呈错层形式。

4）螺旋坡道式汽车库

停车楼面采用水平布置，基本停车部分布置方式与直坡道式相同，楼层之间用圆形螺旋式坡道相连，坡道可单向行驶（上、下行分设）或双向行驶（上、下行合一，上行在外侧，下行在内侧）。螺旋式坡道汽车库布局简洁，交通路线明确，上下行坡道干扰小，速度较快，但造价较高，单位停车面积较大，是常用的一种类型。

2. 坡道的位置

坡道在汽车库的位置取决于库内水平交通的组织情况和库内与地面之间的交通联系，以及地面上的交通状况等因素。概括起来，坡道在汽车库中的位置基本有两种情况，即在主体建筑之内和在主体建筑之外。在一定条件下，这两种情况也可以混合使用，如图7-27所示。

坡道在主体建筑之内的主要优点是节省用地、上下联系方便，但由于坡道的存在使主体建筑的柱网和结构复杂化，因此对出入口部位实行防护也较困难。坡道在主体建筑之外时，坡道与主体建筑分开，比较容易处理，也便于进行防护；但当场地狭窄时，总平面布置可能会有困难，可采用螺旋式坡道或折线式坡道以适应地基条件。

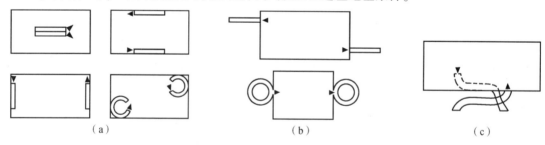

（a） （b） （c）

图7-27 坡道平面位置布设形式

（a）布设于主体建筑之内；（b）布设于主体建筑之外；（c）布设于主体建筑内、外

3. 坡道几何设计

1）纵坡

坡道的纵坡度应综合考虑车辆的爬坡能力、废气产生量和场地大小等因素确定。最大纵坡度限制值参考表7-9。当坡道纵坡大于10%时，坡道与上、下方平地连接处应设置缓坡段，以防止汽车的前端或后端擦地，其坡度为正常坡段的一半，长度一般为4~8 m。

2）长度

坡道的长度取决于坡道升降的高度和所确定的纵坡度，一般由水平段、缓坡段、正常坡段及挡水段几个部分组成，如图 7-28 所示。

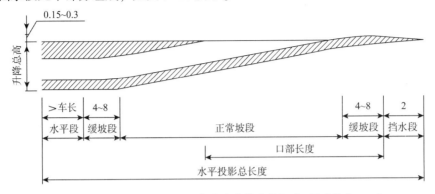

图 7-28　直线坡道的分段组成（尺寸单位：m）

3）宽度

坡道的宽度一方面影响行车的安全，另一方面影响坡道的面积，因此过窄或过宽都是不合理的。直线单车道坡道的净宽度应为车辆宽度加上两侧距墙的必要安全距离（0.8~1 m），双车道坡道还要加上两车之间的安全距离（1 m）。曲线坡道的宽度为车辆以最小转弯半径在弯道上行驶时所需的最小宽度加上安全距离（1 m）。我国的汽车库坡道最小宽度的建议值如表 7-12 所示。

表 7-12　汽车库坡道最小宽度的建议值　　　单位：m

设计车型总宽	最小宽度				
	直线单车道坡道	直线双车道坡道	曲线单车道坡道	曲线双车道坡道	
				里 圈	外 圈
1.8	3.0~3.5	5.5~6.5	4.2~4.8	4.2~4.8	3.6~4.2
2.5	3.5~4.0	7.0~7.5	5.0~5.5	5.0~5.5	4.4~5.0

4）坡道及库内高度

汽车库室内最小净高应符合表 7-13 的规定，坡道的净高一般与汽车库室内的净高一致。如果坡道的结构高度较小，又没有被管线等占用空间时，坡道的净高则可取车辆高度加上到结构构件最低点的安全距离（不小于 0.2 m）。

表 7-13　汽车库室内最小净高

车型	最小净高/m
微型车、小型车	2.2
轻型车	2.8
中、大型、铰接客车	3.4
中、大型、铰接货车	4.2

注：净高指楼地面表面至顶棚或其他构件底面的距离，未计入设备及管道所需空间。

4. 汽车库建筑布置

1) 单建式地下汽车库

单建式地下汽车库的布置方式如图 7-29 所示，其中，图 7-29(a)为单建单层汽车库，体型、柱网结构均比较简单；图 7-29(b)为单建多层式汽车库，容量较大；图 7-29(c)为综合布置式汽车库，地下 1 层布置商业设施，地下 2 层为汽车库；图 7-29(d)也是一种综合布置式汽车库，只是汽车库在商业设施的一侧；图 7-29(e)为将小型车车库与中型车车库单独布置，适用于停车车型差别较大的情况；图 7-29(f)是毗邻多层建筑地下室的单建式地下汽车库。

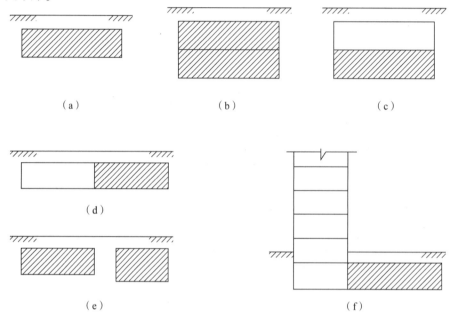

图 7-29 单建式地下汽车库的布置方式

(a)单建单层式；(b)单建多层式；(c)综合布置式汽车库 1；(d)综合布置式汽车库 2；
(e)单建两个不同车型汽车库；(f)毗邻多层建筑地下室

2) 附建式地下汽车库

附建式地下汽车库的布置方式如图 7-30 所示，其中，图 7-30(a)所示汽车库完全附建在多层或高层建筑地下室中，平面轮廓和柱网与上部建筑一致，容量不可能很大；图 7-30(b)所示汽车库完全附建在高层建筑裙房的地下室中，平面形状和柱网都不受高层建筑的限制，规模可以较大。

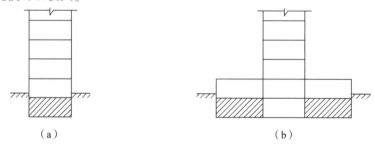

图 7-30 附建式地下汽车库的布置方式

(a)附建于高层建筑地下室；(b)附建于高层建筑裙房中

3）单建与附建混合式地下汽车库

单建与附建混合式地下汽车库的布置方式如图 7-31 所示，其中图 7-31（a）所示汽车库一部分附建在多层或高层建筑地下室中，另外相当大一部分则单建于天井或庭院地下；图 7-31（b）所示汽车库一部分单建于建筑物的一侧或两侧。

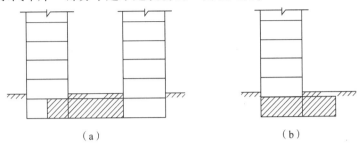

（a）　　　　　　　　　　　　　　　　（b）

图 7-31　单建与附建混合式地下汽车库的布置方式

（a）部分附建于高层建筑地下室，部分单建于天井下；（b）部分附建于高层建筑下，部分单建

5. 停车场管理系统

停车场管理系统由两大部分组成，一部分为停车场管理的设备、仪器等"硬件"；另一部分为停车收费标准、运营管理模式等"软件"。一般来说，停车场管理硬件系统可分为场外管理系统和场内管理系统，场外管理系统主要是停车场导引系统，如路边的停车场导引电子牌和车载停车场导引设备；场内管理系统包括路内停车场的收费电子咪表、手持式车辆管理系统等，公共停车场和配建停车场使用的停车场出入口设备（栏杆机、车牌识别系统、自动出票检票机等）、停车场导引系统、停车位检测指示系统、停车设备运行管理系统等。停车场管理系统的应用有利于停车场管理的规范化、自动化，大大提高停车场运行效率。

6. 停车场内部安全设施

为了保证车辆在停车场内停行的便利与安全，在停车场内部需要设置适当的安全设施，主要包括如下类型。

1）减速垄

减速垄由橡胶、金属材料或水泥混凝土制成。根据不同环境、气候及不同用户需求可分为黄黑橡胶双向减速垄、黄黑水泥双向减速垄和黄黑铁制及混凝土双向反光减速垄。

减速垄设于停车场出入口和内部转弯处，目的是使进入、驶出停车场的车辆或完成转向的车辆减速，确保行车安全。橡胶减速垄形状为人字形，两边设斜坡，减速单元只有 50 mm 高，可使车速减至 5～15 km/h。减速垄单元采用特殊的高强、耐老化橡胶，可承受 20 t 的质量。由橡胶材料制成的减速垄，价格便宜，安装方便，车辆通过无撞击感和噪声，无论在白天还是在夜晚均具有高度的可视性。在日光下黄黑警示色明显醒目，夜晚减速垄内镶嵌的反光体可反射出明亮的红色或绿色光提醒驾驶员。

2）阻车器

阻车器是由生铁或其他金属材料制成，设于停车场内停车泊位一端，起到阻止停放车辆溜车或停放车辆时不慎驶出而影响其他车辆的一种安全设施。阻车器横断面为圆形、梯形或矩形。

3）反光橡胶护角

反光橡胶护角嵌于停车场隔墙及柱体边角，用于警示驾驶员并可在车辆意外碰撞时保

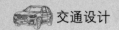

护墙体和车辆不受损坏。

　　4）色带

色带设于通道两侧，目的是醒目、保持美观，有利于行车安全。

　　5）禁停网格线

禁停网格线施画于禁止车辆在出入口或停车场内转弯处。

　　6）黄黑警示带

黄黑警示带设置在地下停车场或停车楼坡道两侧，提示驾驶员注意防止撞壁。

　　7）地面防滑漆

地面防滑漆一般设在上下坡道处，起到防止车辆打滑的作用。

　　8）其他

反光标线用于停车位划分、分割线；反光标志牌用于指示车辆行驶方向；箭头用于指示行驶方向；喷号用于车位编号；反光镜用于了解不通视区域的交通情况；反光限高器用于限制超高车辆进入停车场；反光轮廓标用于视线诱导、示宽；反光路钮用于视线诱导、示宽；灯箱指示交通信息。

 **本章知识小结**

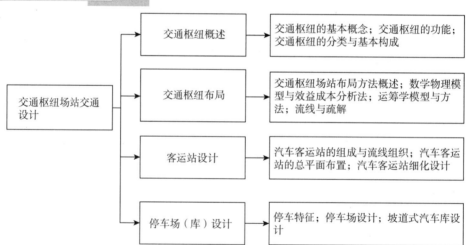

　　思考题

1. 何为交通枢纽？如何从不同层面理解交通枢纽？
2. 简述交通枢纽的功能。
3. 汽车客运站如何进行分级？
4. 影响停车场设计的机动车的外廓尺寸有哪些？
5. 机动车的停车方式有哪几种？各种方式的特点是什么？
6. 试述地面露天停车场的设计要点与设计步骤。
7. 坡道式立体汽车库的交通方式有哪些？

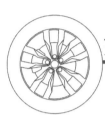

第8章
交通安全设施设计

知识目标

　　掌握：交通冲突与事故；交通安全设计目标；交通安全设计体系；交通宁静化措施。

　　熟悉：安全护栏设施设计（护栏的分类、护栏的基本功能、护栏的选择）；防眩设施设计（防眩原理、防眩设施的分类及形式选择、防眩设施设置方法）；隔离封闭与视线诱导设施设计（公路隔离封闭设施、城市道路隔离设施、视线诱导设施）

能力目标

掌握内容	知识要点	权重
交通安全设计体系	交通冲突与事故；交通安全设计目标；交通安全设计体系	0.4
交通安全设施设计	安全护栏设施设计；防眩设施设计；隔离封闭与视线诱导设施设计	0.3
交通宁静化	交通宁静化措施	0.3

8.1　交通安全设计体系

　　交通安全设计是运用交通工程学、系统工程学、交通行为学和交通心理学等基本理论与原理，借助交通事故与交通冲突分析方法，以交通系统及其组成要素为研究对象，解析交通事故形成过程与机理，以预防交通事故、减少交通伤害与损失为目标，协调交通系统各要素，形成交通安全最佳方案，并进一步实现交通安全、效率、便捷、环境等目标的最佳化。

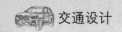

8.1.1　交通事故与交通冲突

交通事故与交通冲突密切相关。交通冲突是指交通出行者在参与道路交通过程中，与其他交通出行者发生相会、超越、交错、追尾等遭遇时，可能发生交通损害的现象。交通冲突也可以表述为交通出行者的一方已明显感知到事故危险的存在，并采取了积极有效避险行为的交通遭遇事件。一定意义上，交通事故同属于交通冲突的范畴，交通事故与交通冲突的成因及发生过程相似，两者之间的唯一区别在于是否存在损害后果。换言之，凡造成人员伤亡或车、物损害的交通事件称为交通事故，否则称为交通冲突。

发生交通事故的风险可以描述为三部分：交通参与者在交通事故发生区域的滞留（Exposure）、交通事故发生的概率（Risk）、交通事故损害后果（Consequence）。

交通冲突技术（Traffic Conflict Technique，TCT）是国际交通安全领域从 20 世纪中叶以来逐步开发并完善的非事故统计评价技术，以交通冲突事件观测分析替代交通事故数据分析，具有大样本、收集数据快速的特点，能够定量评价研究交通安全现状与改善效果。

8.1.2　交通安全设计目标与原则

从减少交通事故风险的角度，可将交通安全设计的目标函数表示为

$$F = \sum_i \sum_j F_{ij} = \sum_i \sum_j E_{ij} R_{ij} C_{ij} \tag{8-1}$$

式中，F——总体安全性能指标；

F_{ij}——i 路径 j 交通方式的交通安全性能指标；

E_{ij}——i 路径 j 交通方式的交通发生量；

R_{ij}——i 路径 j 交通方式与其他交通参与者发生冲突的概率；

C_{ij}——i 路径 j 交通方式发生交通冲突的损害程度。

总体安全性能指标 F 越小，表明设计方案的交通安全效果越好。若通过主动交通安全设计提高交通安全性，就要减少交通出行可能发生冲突的数量、降低冲突的严重程度，并减轻其损害程度。为此，交通安全设计应遵循以下 3 个原则。

1. 减少滞留

交通安全设计的第一个原则是设法减少或消除交通出行者出现在可能发生交通事故的地点。如果原本可能发生交通事故的双方中至少一方不出现，交通事故就能得以避免。

2. 降低事故发生概率

对无法避免的交通冲突点，应对可能冲突的双方的交通状态和时空通行权进行有效的调整，变无序为有序，增加冲突双方发现、判断危险的及时性和准确性，降低交通事故发生的概率。

3. 减轻交通事故严重程度

针对发生交通事故后可能产生的能量释放和运动状态改变，在道路和交通设计中采取科学有效的措施，以减轻交通事故的伤害后果。

8.1.3　交通安全设计策略

根据交通安全设计目标和原则，交通安全设计策略如表 8-1 所示。需要说明的是，同一设计策略有时可以满足不同层次的安全目标，如降速设计可以减少机动车制动距离，又

可以减少碰撞时的能量。

表 8-1 交通安全设计策略

设计目标	设计策略	主要设计方法		
		空间设计	信号控制	设施
减少滞留	隔离、分离	①横断面设计； ②分离冲突点； …	①交通管制、信号控制方式选择； ②信号配时设计； …	①封闭设施； ②隔离设施； ③安全护栏； …
降低事故发生概率	增加交通出行者应对冲突的时间，减少机动车制动距离	①视距设计； ②渠化设计； ③线形设计； ④降速、降低相对车速设计； …	①信号灯位置及识认性设计； ②两难区改善设计； …	①防眩设施； ②标志标线； ③照明设施； …
减轻交通事故严重程度	降低事故双方能量，合理转移能量	①降速、降低相对车速设计； ②汇入角度设计； …	采用非常态交通控制方案	①安全护栏； ②视线诱导设施； …

8.2 护栏

8.2.1 护栏的分类

护栏是一种纵向吸能结构，通过自身变形或车辆爬高来吸收碰撞能量，从而改变车辆行驶方向、阻止车辆越出路外或进入对向车道、最大程度地减少事故中乘员的受伤害程度。

护栏可以从以下几个方面进行分类。

（1）按纵向设置位置分类：可分为路基护栏和桥梁护栏。设置于路基上的护栏均称为路基护栏；设置于桥梁上的护栏均称为桥梁护栏。

（2）按横向设置位置分类：可分为路侧护栏和中央分隔带护栏。路侧护栏是设置于路侧建筑限界以外的护栏，用来防止失控车辆越出路外或碰撞路侧构造物和其他设施；中央分隔带护栏是设置在中央分隔带内的护栏，用来防止失控车辆穿越分隔带闯入对向车道，并保护分隔带内的构造物和其他设施。

（3）按碰撞后护栏的变形程度分类：可分为刚性护栏、半刚性护栏和柔性护栏。刚性护栏是一种基本上不变形的护栏。它利用失控车辆碰撞后爬高并转向来吸收碰撞能量。混凝土护栏是刚性护栏的主要形式，是一种以一定形状的混凝土块相互连接而组成的墙式结构。柔性护栏是一种具有较大缓冲能力的韧性护栏。缆索护栏是柔性护栏的代表形式，是一种以数根施加初张力的缆索固定于立柱上而组成的连续结构，主要依靠缆索的拉应力来抵抗车辆碰撞并吸收碰撞能量。半刚性护栏是一种连续的梁柱式护栏，具有一定的强度和

刚度。它利用土基、立柱、横梁的变形来吸收碰撞能量，并迫使失控车辆改变方向。波形梁护栏是半刚性护栏的主要形式，是一种波纹状钢护栏板相互拼接并由立柱支撑而组成的连续结构。

8.2.2 护栏的功能和防撞等级

1. 护栏的功能

公路上护栏应具备以下功能：防止失控车辆越出路外或穿越中央分隔带闯入对向车道；防止车辆从护栏板下钻出，或将护栏板冲断；能使失控车辆回复到正常行驶方向；发生碰撞时，对乘客的损伤程度最小；能诱导驾驶员的视线。

2. 护栏的防撞等级

护栏最基本的功能是阻止车辆越出路外或闯入对向车道，因此它应具有相当的力学强度来抵抗车辆的冲撞。衡量护栏防撞性能的重要指标是防撞等级，一般根据护栏所能承受的碰撞能量大小来划分。

公路路侧护栏可分为 B、A、SB、SA、SS 5 个级别；公路中央分隔带护栏可分为 Am、SBm、SAm 3 个级别。B、A（Am）、SB（SBm）、SA（SAm）、SS 级护栏能承受的碰撞能量依次增大。防撞等级高的护栏适用于危险性较大需加强防护的路段。护栏的防撞等级、碰撞条件及碰撞能量如表 8-2 所示。

表 8-2 护栏的防撞等级、碰撞条件及碰撞能量

防撞等级	碰撞条件				碰撞能量/kJ
	车辆碰撞速度/（km·h⁻¹）	车辆的质量/t	碰撞角度/（°）	碰撞加速度/（m·s⁻²）	
B	100	1.5		≤200	—
	40	10		—	70
A（Am）	100	1.5		≤200	
	60	10			160
SB（SBm）	100	1.5	20	≤200	
	80	10			280
SA（SAm）	100	1.5		≤200	
	80	14			400
SS	100	1.5		≤200	
	80	18			520

注：碰撞加速度指碰撞过程中，车辆重心处所受冲击加速度 10 ms 间隔平均值的最大值，为车体纵向、横向和铅直加速度的合成值。

8.2.3 护栏的设计依据和形式选择

1. 护栏的设计依据

要实现防护的功能，护栏既要有相当高的力学强度和刚度来抵抗车辆的冲撞力，其刚

度又不能过大，以免碰撞时乘客受到严重的伤害。我国护栏设计应遵循以下原则。

(1)顺应护栏碰撞条件的发展趋势，满足我国公路交通实际情况的要求，确保85%~90%的失控车辆不会越出、冲断或下穿护栏。

(2)坚持"以人为本，安全至上"的指导思想，最大程度地降低事故严重程度并减少二次事故的发生。

(3)车辆碰撞护栏是小概率交通事件，在确定护栏碰撞条件时应坚持经济、实用原则，并考虑我国的经济承受能力。

(4)满足碰撞条件的护栏结构应能通过实车碰撞试验。

我国公路护栏的碰撞条件主要包括碰撞角度、碰撞速度、碰撞车辆质量、碰撞加速度、设计荷载5个方面。

1)碰撞角度

碰撞角度的累计分布曲线如图8-1所示，平均碰撞角度为15.3°，有44%样本的碰撞角度大于15°，有26%的样本的碰撞角度大于20°。假定样本符合正态分布规律，利用样本数据估计总体的分布参数，在此基础上得到85%位碰撞角度的计算值$\theta_{85\%}$为21.8°。因此，规定我国护栏的碰撞角度为20°。

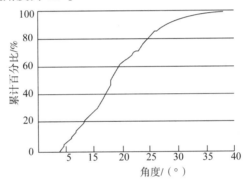

图 8-1 碰撞角度的累计分布曲线

2)碰撞速度

日本护栏设置标准对碰撞速度取值的说明为"车辆的碰撞速度主要取决于运行速度，另外碰撞时驾驶员采取的制动措施、制动距离和路面状况也会影响车辆的碰撞速度，取运行速度的0.8倍作为碰撞速度"。参考此原则，结合我国不同设计速度公路上的碰撞速度调查结果，确定了我国公路设计速度与碰撞速度，如表8-3所示。

表 8-3 我国公路设计速度与碰撞速度

公路等级	高速公路、一级公路				二、三、四级公路
设计速度/(km·h⁻¹)	120	100	80	60	80、60、40、30、20
碰撞速度计算值/(km·h⁻¹)	96	80	64	48	—
碰撞速度规定值/(km·h⁻¹)	100	80	60		40

3)碰撞车辆质量

各级护栏所规定的碰撞车辆质量见表8-2，在确定碰撞车辆质量的过程中，有如下考虑。

(1)小客车主要用于评价发生碰撞时乘员所承受的加速度，以验证乘员的安全性。从理论上分析，小客车的质量越小，其加速度越大，对乘员安全性影响也越大，所以选用

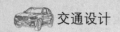

1.5 t 小客车作为评价最大加速度的碰撞车型,是偏安全的。

(2)从高速公路和国家干线公路交通量统计分析结果可以看出,80%左右的车辆是 10 t 以下的中型车辆(包含小型车),因此,选用 10 t 的中型车辆作为碰撞条件之一。

(3)大型车辆的碰撞条件分别选择 14 t 的大货车和 18 t 大客车,确保特大桥和路侧特别危险路段的护栏能防止大客车越出,减少重大恶性交通事故发生。

(4)大货(客)车碰撞试验着重验证护栏应有不被冲破的强度。

4)碰撞加速度

国外交通事故研究成果表明,在碰撞事故中造成乘员伤害的主要原因是车辆获得的加、减速度,且伤害程度与加、减速度的大小成正比。为保护乘员免受伤害或减轻伤害程度,车辆冲撞护栏后不应产生过大的加、减速度,这就要求护栏的刚度不能过大,护栏的刚柔程度就是以车辆碰撞护栏时产生的加、减速度大小来衡量的。

根据我国具体的道路条件及交通管制状况,护栏设计时,以小客车作为发生碰撞时乘员承受加、减速度的评价车型,车辆的加、减速度应控制在 200 m/s^2 以下。

5)设计荷载

桥梁护栏在结构设计时,对其受力构件应进行强度计算和检验。设计荷载包括车辆的碰撞力、风载、人群荷载及护栏的结构重力等。一般情况下,主要受力构件在进行强度计算时,仅考虑车辆的碰撞力,不考虑风载和人群荷载;而辅助构件强度计算则仅考虑风载和人群荷载,不考虑车辆碰撞力的作用。

2. 护栏的形式选择

选择护栏形式时应考虑的因素如表 8-4 所示。

表 8-4 选择护栏形式时应考虑的因素

序号	考虑因素	说明
1	防撞等级选择	护栏在结构上必须能阻挡并使碰撞车辆转向。选择防撞等级时,应考虑道路条件(平纵线形、中央分隔带宽度、边坡坡度、路侧障碍物等)和交通条件(车型构成、交通量、运行车速等)
2	变形量	护栏的变形量不应超过容许的变形距离。柔性护栏的变形量最大,刚性护栏最小,半刚性护栏居中。若护栏与被保护物体间距较大,则可选择对车辆和乘员产生冲击力最小的方案;若障碍物正好临近护栏,则只能选择半刚性或刚性护栏。大多数护栏可通过增加立柱数量或增加板的强度来提高整体强度。宽度小于 4.5 m 的中央分隔带不宜设置柔性护栏
3	现场条件	边坡的坡度、与行车道的距离可能会限制某些护栏的使用。在边坡上设置护栏时,若边坡坡度陡于 1:10,应采用柔性或半刚性护栏;若边坡坡度陡于 1:6,则任何护栏均不应在边坡上设置。若土路肩较窄,则立柱所受土压力减少,需要增加立柱埋深、缩短立柱间距或在土中增加钢板
4	通用性	护栏的形式及其端头处理、与其他形式护栏的过渡处理应尽量标准化,中央分隔带护栏形式还应考虑与其他设施(如灯柱、标志立柱和桥墩等)的协调性。当采用标准护栏不能满足现场要求时,才需要考虑非标准或特殊护栏的设计

序号	考虑因素		说明
5	全寿命周期成本		在确定最终设计方案时，考虑最多的可能是各种方案的初期建设成本和将来的养护成本。一般而言，护栏的初期建设成本会随着防撞等级的增加而增加，但养护成本会减少。相反，若初期建设成本低，则随后的养护成本会大大增加。同时，还要考虑事故养护成本
6	养护	常规养护	各种护栏均不需要大量的常规养护
		事故养护	一般情况下，事故发生后柔性和半刚性护栏比刚性和高强度护栏需要更多的养护；在交通量大、事故频率较高的路段，事故养护成本可能会成为最需要考虑的因素，这种情况通常发生在城市快速路及城市周边的高速公路上，此时，刚性护栏通常作为选择方案
		材料储备	种类越少，所需要的库存类别和存储需求越少
		方便性	设计越简单，成本越低，越便于现场人员准确修复
7	美观、环境因素		美观通常不是选择护栏形式的控制因素，但旅游公路或对景观要求高的公路除外。这种情况下，可选择外观自然、能与周边环境融为一体而又具有相应防撞等级的护栏形式。护栏的选择还要考虑沿线的环境腐蚀程度、气象条件及护栏对视距的影响等，如积雪地区应考虑除雪的方便性
8	实践经验		应对现有护栏的性能和养护需求进行监测，以确定是否需要通过改变护栏形式来减少或消除已发现的问题

8.3 防眩设施

8.3.1 概述

眩光是指由于亮度的分布或范围不适宜，在空间或时间上存在极端的亮度对比，导致驾驶员的视觉机能或视距降低的现象。

在道路交通中，产生眩光的光源主要有对向来车的前照灯、太阳光、道路照明光源、广告或标志照明、路面反光镜或其他物体表面的反射光。对太阳光，可在驾驶员座位前安装可折叠的遮阳板，在早晨或傍晚正向太阳方向行驶时打开，或者配戴太阳镜；对道路照明光源，可采用截光型或半截光型的灯具来调整光源光线的分布以减小眩光影响；对广告或标志照明，可采用发光表面柔和的低压荧光灯、外部投光照明或内部照明；而对于对向车辆前照灯带来的眩光影响，就需要设置专门的防眩设施。

防眩设施能够防止夜间行车受对向车辆前照灯眩目影响，保证行车安全并提高行车舒适性，一般设置在高速公路、一级公路的中央分隔带上。

8.3.2 防眩原理

防眩设施既要有效地遮挡对向车辆前照灯的眩光，也应使横向通视好、能看到斜前方，以减小对驾驶员的心理影响。相会两车非常接近（纵向距离小于 50 m）时，对向车辆前照灯的光线不会影响视距，但当两车纵向距离达到某一数值时，眩光会对视距产生较大的影响。因此，防眩设施不需要把对向车灯的光线全部遮挡，采用部分遮光原理即可。相反，若采用完全遮光，则缩小了驾驶员的视野，产生压迫感，同时影响巡逻管理车辆对对向车道的通视。

常用的防眩设施有防眩板、防眩网等。防眩网通过网股的宽度和厚度阻挡光线穿过，同时将光束分散反射，减少光束强度而达到防止对向车前照灯眩目的目的。板条式的防眩板及扇面式的防眩板等是通过其宽度部分阻挡对向车前照灯的光束，如图8-2所示。

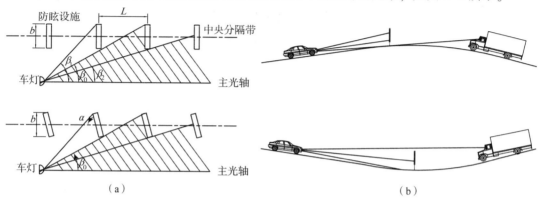

图8-2　防眩板的防眩遮光原理
(a)平面；(b)立面

8.3.3　防眩设施的形式选择

目前在高速公路上广泛应用的防眩设施结构形式主要是防眩板，其次是植树防眩、防眩网。防眩板是一种经济美观、对风阻挡小、积雪少、对驾驶员心理影响小的比较理想的防眩设施。表8-5是对防眩板、防眩网和植树防眩3种防眩设施的综合比较。图8-3为放置于混凝土护栏上的防眩板的结构。

表8-5　不同防眩设施的综合比较

特点	植树(灌木)防眩		防眩板	防眩网
	密集型	间距型		
美观	好		好	较差
对驾驶员心理影响	小	大	小	较小
对风阻力	大		小	大
积雪	严重		轻微	严重
自然景观配合	好		好	不好
防眩效果	较好		好	较差
经济性	差	好	好	较差
施工难易	较难		易	难
养护工作量	大		小	小
横向通视	差	较好	好	好
阻止行人穿越	较好	差	较好	好

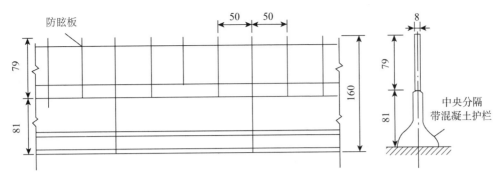

图 8-3 放置于混凝土护栏上的防眩板的结构(尺寸单位：cm)

8.3.4 防眩设施的设置

1. 设置依据

防眩设施可防止对向车前照灯的眩目，改善夜间行车条件，增大驾驶员的视距，消除驾驶员夜间行车的紧张感，降低事故率。防眩设施还可以改善道路景观，诱导驾驶员视线，克服行车的单调感。

下列情况可作为考虑设置防眩设施的依据：夜间相对白天事故率较高的路段；夜间交通量大，特别是货车等大型车较多的路段；不寻常的夜间事故(尾撞、碰撞路侧结构物或从弯道外侧越出路外)较多的路段；中央分隔带宽度小于 3 m 的路段；平曲线半径小于一般最小半径的路段；夜间事故较集中的凹形竖曲线路段；道路使用者对眩光程度的评价。

2. 设置原则

1)不需设置防眩设施的条件

防眩设施应设置在高速公路、一级公路的中央分隔带上，最好与护栏有效配合使用。有些情况下，对向来车产生的眩光影响小，可以不设置防眩设施，具体如下。

(1)中央分隔带宽度大于 9 m。

在道路上两车相会时，驾驶员受眩光影响的程度与两车的横向距离有很大的关系。相关研究成果中最有影响的是英国运输与道路研究实验室的《相对两车前照灯对视距的影响》，如图 8-4 所示。

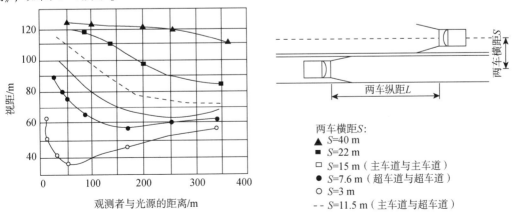

图 8-4 前照灯对视距的影响

从图 8-4 可见，驾驶员由于受对向车前照灯的眩目，视距受到影响，这种影响与两车的横距 S 及纵距 L 有关，特别是横距 S 对视距的影响更大。S 值越小，视距下降越大。如当 $S=3$ m、对向车纵距 $L=350$ m 时，视距降低到 60 m；当两车纵距接近到 50 m 时，几乎什么都看不见；如果再接近，则视距有所恢复。当两车横距较大（$S=15$ m）时，两车纵距越小，视距越大，特别是两车很接近时，视距显著增加。当横距 $S=40$ m 时，视距几乎与纵距无关。

我国交通运输部公路科学研究院进行的防眩试验也表明，当相会两车横向距离达 14 m 以上时，相会两车灯光不会使驾驶员眩目，这一结果和英国试验结果一致。

国内外的研究者普遍认为：提供足够的横向距离以消除对向车前照灯眩目是理想的防眩设计。国外六车道的高速公路，除满足日间的交通量需求外，夜间左侧车道（靠近中央分隔带的车道）上几乎没有或很少有车辆行驶，甚至中间车道的车辆也不多。这样，两车相会时有足够的横向距离，消除了对向车前照灯的眩目。

（2）上下行车道中心高差大于 2 m。

当公路路基的横断面为分离式断面，上下行车道不在同一水平面时，理论计算和实际应用的经验都表明，若上下行车道的高差大于 2 m，会车时眩光对驾驶员的影响就很小了。在这种情况下，一般应在较高的行车道旁设置路侧护栏，而护栏（除缆索护栏外）也起到遮光的作用，此时不必设置专门的防眩设施。

（3）路段有连续照明设备。

在有连续照明设备的路段，车辆夜间一般以近光灯行驶，会车时眩目影响甚微，可以不设置防眩设施。

2）需设置防眩设施的条件

高速公路、一级公路凡符合下列条件之一者，应设置防眩设施：中央分隔带宽度小于 9 m 的路段；夜间交通量较大，服务水平达到二级以上的路段；圆曲线半径小于一般最小半径路段；凹形竖曲线半径小于一般值的路段；公路路基横断面为分离式断面，上下车行道高差小于或等于 2 m 时；与相邻公路或交叉公路有严重眩光影响的路段；连拱隧道进出口附近。

3. 注意事项

设置防眩设施的注意事项：设置防眩设施后，不应减少车辆的停车视距；防眩设施所用材料不得反光；防眩设施的设置应考虑设施的连续性，避免在两段防眩设施中间留有短距离间隙；长距离设置防眩设施时，防眩设施的形式或颜色宜有一定的变化；防眩设施的设置应注意与公路周围景观的协调；防眩设施与各种护栏配合设置时，应针对不同地区，结合防风、防雪、防眩的综合要求，考虑组合结构的合理性。

8.4 隔离设施与视线诱导设施

8.4.1 公路隔离设施

隔离设施又称隔离栅，是阻止人、畜进入公路，防止非法占用公路用地的基础设施。它可有效地排除横向干扰，避免由此产生的交通延误或交通事故，保障公路效益的发挥。

1. 设置原则

(1)除特殊地段外，高速公路、需要控制出入的一级公路沿线两侧必须连续设置隔离栅，其他公路可根据需要设置。

(2)凡符合下列条件之一的路段，可不设隔离栅：高速公路、需要控制出入的一级公路的路侧有水渠、池塘、湖泊等天然屏障，不用担心有人、畜进入或非法侵占公路用地的路段；高速公路、需要控制出入的一级公路的路侧有高度大于 1.5 m 的挡土墙或砌石陡坎，人、畜难以进入的路段；桥梁、隧道等构造物的两侧，除桥头或洞口需与路基上隔离栅连接以外的路段。

(3)隔离栅一般沿公路用地界线以内 20~50 cm 处设置。

(4)隔离栅在遇桥梁、通道时应朝桥头锥坡或端墙方向围死，不应留有让人、畜可以钻入的空隙。

(5)隔离栅与涵洞相交时，沟渠较窄，隔离栅可直接跨过；沟渠较宽，隔离栅难以跨越时，可采取上述(4)的方式处理。

(6)由于地形的原因，隔离栅前后不能连续设置时，就以该处作为隔离栅的端部，并处理好端头的围封。

(7)地形起伏较大，隔离栅不易施工的路段，可根据需要把隔离栅设计成阶梯的形式。

(8)隔离栅宜根据管理养护的需要在适当的地点设置开口，凡在开口处均应设门，以便控制出入。

2. 分类及选择

1)分类

隔离栅有金属网、刺铁丝网和常青绿篱三大类。常青绿篱在南方地区与刺铁丝网配合使用，具有降噪、美化路容和节约投资的功效。金属网按网面材料的不同又可进一步分为电焊网、钢板网、编织网等形式。隔离栅的分类如表 8-6 所示。

2)选择

隔离栅的形式选择必须考虑其性能、造价、美观、与周围环境的协调、施工条件及养护维修等因素，并应与公路的设计标准相适应。

表 8-6　隔离栅的分类

类　型		埋设条件	支撑结构
金属网	电焊网	混凝土基础或直埋土中	钢支撑
	钢板网		
	编织网		
刺铁丝网		混凝土基础或直埋土中	钢筋混凝土支柱或钢支柱
常青绿篱		土中	—

金属网隔离栅是一种结构比较合理、美观大方的结构形式，但单位造价较高，故主要适用于：城镇及城镇郊区人口稠密的路段两侧；风景区、旅游区、名胜古迹等美观性要求较高的路段两侧；互通式立交、服务区和通道的两侧。其中，编织网比较适用于地势起伏不平的路段，而钢板网和电焊网适用于地势平坦路段。

刺铁丝隔离栅是一种比较经济适用的结构形式，但美观性较差，故主要适用于：人烟

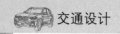

稀少的路段；山岭地区的高速公路；郊外的公路保留用地；郊外高架构造物下方；路线跨越沟渠而需封闭的地方。

常青绿篱常在南方地区与刺铁丝网配合使用，具有降低噪声、美化路容和节约投资的功效。

8.4.2　城市道路隔离设施

城市道路隔离设施安装在城市道路的车行道与人行道之间、机动车道与非机动车道之间、对向行驶的机动车道之间或快速路的主路与辅路之间的界线位置，可有效地排除横向交通干扰，避免由此产生的交通延误或交通事故。

城市道路隔离设施按设置时间长短可分为临时性的和永久性的两类；按材料及外形可分为铸铁格栅式、钢管护栏式及混凝土墩座链条式等。

城市道路隔离设施应根据道路等级、交通组成及干扰程度等确定是否设置，一般快速路都应设置；主干路原则上应该设置；非机动车，特别是人力三轮车较多的路段，可设机非隔离设施。

8.4.3　视线诱导设施

视线诱导设施是沿车行道两侧设置，用于明示道路线形、方向、车行道边界及危险路段位置，诱导驾驶员视线的设施。车辆在道路上行驶需有一定的通视距离，以便掌握道路前方的情况，尤其在夜间行驶时，仅依靠汽车前照灯照明来弄清道路前方的线形、明确行驶的方向是有一定困难的。因为汽车前照灯的照明范围是有限的，要想达到白天的通视距离，就要依赖于视线诱导设施。

视线诱导设施按功能可分为轮廓标、分合流诱导标和线形诱导标，轮廓标以指示道路线形轮廓为主要目标；分合流诱导标以指示交通流分合为主要目标；线形诱导标以指示或警告改变行驶方向为主要目标。它们以不同的侧重点来诱导驾驶员的视线，使行车趋于安全、舒适。

1. 轮廓标

轮廓标用来指示道路方向、车行道边界，其结构按设置条件可分为独立式和附着式两种。高速公路、一级公路的主线，以及互通立交、服务区、停车场的进出匝道或连接道，均应连续设置轮廓标。轮廓标在公路前进方向的左右两侧对称设置。

1）设置间隔

在直线段，轮廓标的设置间隔为 50 m，当附设于护栏上时，其设置间隔可为 48 m。主线或匝道的曲线段，其设置间隔可按表 8-7 的规定选用。道路宽度变化及有其他危险的路段，应适当加密轮廓标的间隔。

表 8-7　曲线段轮廓标的设置间隔

曲线半径/m	<30	30~89	90~179	180~274	275~374	375~999	1 000~1 990	>2 000
设置间隔/m	4	8	12	16	20	30	40	50

注：曲线半径一般指互通立交匝道曲线半径。

2）独立式轮廓标

独立式轮廓标设置于土中，其结构如图 8-5 所示。独立式轮廓标由柱体、反射器组成，柱体为空心圆角的三角形截面，顶面斜向车行道，柱身为白色，在柱体上部有 25 cm

长的一圈黑色标记，黑色标记的中间镶嵌一块 18 cm×4 cm 的反光片。反光片分白色和黄色两种，白色反光片安装于道路右侧，黄色反光片安装于道路左侧或中央分隔带上。轮廓标采用混凝土基础，柱体与基础的连接可采用装配式安装。

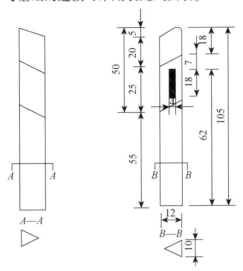

图 8-5 独立式轮廓标(尺寸单位：cm)

3)附着式轮廓标

附着式轮廓标附着设置在各类建筑物上，由反射器、支架和连接件组成。可根据建筑物的种类及附着的部位的不同采用不同形状和不同的连接方式。

轮廓标附着于波形梁护栏的波形板中间的槽内时，反光片的形状为梯形，支架做成封闭式，固定在护栏与立柱的连接螺栓上。轮廓标柱体应采用聚乙烯树脂、玻璃纤维增强塑料、聚碳酸酯树脂、氯乙烯树脂等强度高，耐候性、耐温性、耐蚀性好，加工成型方便的材料制造。

2. 分、合流诱导标

分流或合流诱导标设置于交通分流或合流区段，可以引起驾驶员对公路进、出口匝道附近的交织运行的注意，如图 8-6 所示。原则上应在有分流、合流的互通立交进、出口匝道附近设置分、合流诱导标。分流诱导标设在减速车道起点和分流端部，合流诱导标设在加速车道终点和合流端部。

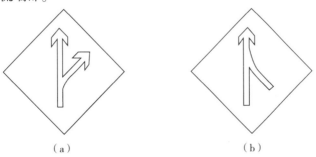

图 8-6 分、合流诱导标
(a)分流诱导标；(b)合流诱导标

分、合流诱导标是以反光片制作符号粘贴在底板上的标志，汽车在公路上行驶，在分、合流标的诱导下，无论在白天还是黑夜，驾驶员可以非常清楚地辨认交通流的分、合流情况。除反光片外，其他材料可按标志材料的技术要求处理。

分流、合流诱导标有颜色规定，高速公路诱导标的底色为绿色，其他公路底色为蓝色，诱导标的符号均为白色。

3. 线形诱导标

线形诱导标设置于急弯或视距不良路段，用来指示道路改变方向，或设置于施工、维修作业路段，用来警告驾驶员改变行驶方向。线形诱导标应至少在 150 m 远处就能被看见，其设置间距应保证驾驶员能至少看到两块线形诱导标，或能辨明前方将进入弯道运行。线形诱导标可分为指示性线形诱导标和警告性线形诱导标两类。指示性线形诱导标应设置在半径小于一般最小半径或通视较差、对行车安全不利的曲线外侧，为白底蓝图案；警告性线形诱导标应设置在道路局部施工或维修作业等需临时改变行车方向的路段，为白底红图案。

线形诱导标的基本单元如图 8-7 所示。基本单元可以单独使用，也可以把几个基本单元组合在一起使用，如图 8-8 所示。基本单元的尺寸应符合表 8-8 的规定，其中，Ⅰ 型适用于设计速度大于或等于 100 km/h 的道路，Ⅱ 型适用于设计速度在 100 km/h 以下的道路。

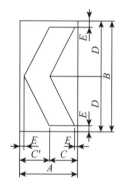

图 8-7　线形诱导标的基本单元

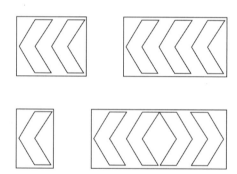

图 8-8　线形诱导标基本单元的组合

表 8-8　线形诱导标的尺寸

类别	尺寸/mm					
	A	B	C	C'	D	E
Ⅰ 型	600	800	300	300	400	30
Ⅱ 型	220	400	100	120	200	15

8.5　交通宁静化措施

8.5.1　概述

交通宁静化措施是为了提高交通安全性，改善交通环境，降低机动车运行速度、噪声和空气污染而采取的一系列措施的总称。交通宁静化措施常用于居住区、生活区内部道路及其他需要保障交通安全、改善交通环境的区域。

交通宁静化措施存在一定的负面效应，如通行能力下降、减速丘或减速台噪声大等。因此，在设立永久性交通宁静化设施之前，可先设置临时性设施，实际运行一段时间后视其实施效果再确定是否实施永久性措施。在实施宁静化措施前后，应做好宣传和说明工作。

8.5.2　交通宁静化措施的类型

路段上，常用的交通宁静化措施有以下几种。

1. 变化路面铺装颜色、铺装材质与纹理

在需要减速或提醒注意力的路段，可以通过变化路面铺装颜色提醒机动车驾驶员，也可以运用路面铺装材质和纹理的变化，促使其降低行驶车速，如图 8-9 所示。

图 8-9　路面铺装颜色、铺装材质与纹理变化

2. 视觉标线

在弯道、交叉口和其他需要减速的路段，可施画视觉标线，使驾驶员产生路面变窄的视觉感受，从而降低车速，如图 8-10 所示。

图 8-10　施画视觉标线

3. 减速丘或人行横道减速台

减速丘是设置在道路出入口和其他需要减速的路段上，顶部呈抛物面状的凸起障碍物，用于降低车辆行驶速度。其负面作用是会降低行驶的舒适度，特别是对高速行驶的车

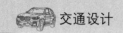

辆造成的影响更大。因此,必须在减速丘前方设置警告标志,如图 8-11 所示。

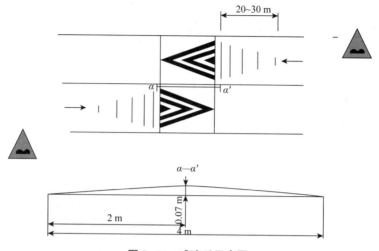

图 8-11 减速丘示意图

人行横道减速台是将人行横道与减速丘结合在一起的减速设施,常用于过街通道,必须与相关警告标志和标线结合使用,如图 8-12 所示。

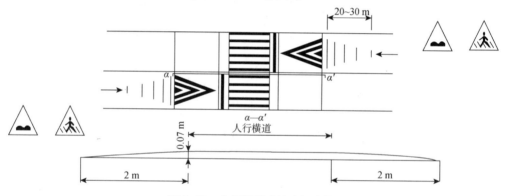

图 8-12 人行横道减速台示意图

4. 变化道路线形

人为变化道路线形,以降低车辆运行速度,同时应设立警告标志和限速标志等,如图 8-13 所示。

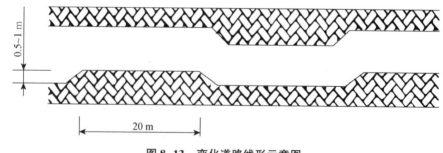

图 8-13 变化道路线形示意图

5. 道路宽度局部收窄处理

所谓道路宽度局部收窄,是指在通道的一侧或两侧设置物理障碍,缩减通道或车道宽度，以降低车辆的行驶速度，可用于居住区内部道路和其他需要减速的路段。为防止对机动车行驶造成危险影响，必须配合警告标志和标线使用，如图 8-14 所示。当机动车和非机动车处于道路同一平面行驶时不宜使用。缩减的道路宽度可以用于路内临时停车。

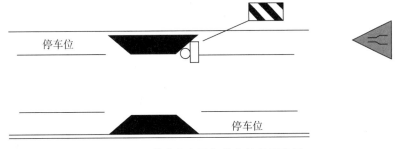

图 8-14　道路宽度局部收窄处理示意图

本章知识小结

```
                          ┌─ 交通安全设计体系 ──→ 交通冲突与事故；交通安全设计目标；
                          │                      交通安全设计策略
                          │
                          ├─ 护栏 ──────────→ 护栏的分类；护栏的基本功能；护栏的
                          │                      选择
                          │
交通安全设施设计 ──────────┼─ 防眩设施 ────────→ 眩光；防眩原理；防眩设施的形式选择；
                          │                      防眩设施的设置
                          │
                          ├─ 隔离设施与视线诱导设施 → 公路隔离设施；城市道路隔离设施；轮
                          │                      廓标；分、合流诱导标；线性诱导标
                          │
                          └─ 交通宁静化措施 ──→ 变化路面铺装颜色、铺装材质与纹理；
                                                 视觉标线；减速丘或人行横道减速台；
                                                 变化道路线形；道路宽度局部收窄处理
```

思考题

1. 交通安全设施主要包括哪些类型？
2. 护栏的功能是什么？
3. 护栏依据碰撞能量的大小是如何分级的？设计时如何确定护栏的防撞等级？
4. 防眩设施有哪些类型？在选择时需考虑哪些因素？
5. 公路隔离设施与城市道路隔离设施的作用分别是什么？
6. 公路隔离设施有哪些类型？如何进行选择？
7. 视线诱导设施的功能是什么？主要有哪几种类型？
8. 在给定公路土建工程设计资料的基础上，如何进行护栏设计？
9. 在给定公路土建工程设计资料的基础上，如何进行防眩设施设计？
10. 交通宁静化措施主要有哪些类型？简述其优缺点。

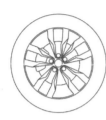

第9章
道路照明设施设计

> ▎**知识目标**
>
> 　　掌握：道路照明评价指标；道路照明标准；道路照明系统布局；道路照明设计与计算。
>
> 　　熟悉：道路照明的基本功能；照明的概念；道路照明的分类；光源的类型与选择。

> ▎**能力目标**

掌握内容	知识要点	权重
道路照明评价指标与标准	路面平均亮度；路面亮度均匀度；眩光限制；环境比；视觉诱导性；照度评价指标；城市道路机动车道、交会区、人行道的照明标准	0.2
照明系统整体布局	路段常规照明布局；平面交叉口照明布局	0.2
照明设计与计算	照明设计参数；照明设计步骤；照明计算方法	0.6

　　道路照明设施是指：为保证夜间以及白天低能见度下交通的正常运行，使道路使用者正确地识别路况、预知前进方向和前方几何线形条件，而设置于道路上的灯光照明设施。道路照明设施系统不仅包括一系列的光源、灯具及其附属设施，还包括照明控制设备及节能措施等。道路照明既属于照明工程学的范畴，又是交通设计的一个重要组成部分。

9.1　概述

9.1.1　道路照明的功能

1. 交通功能

　　道路照明的交通功能包括：为驾驶员提供良好、舒适的视觉环境，保障道路交通安全；通过人工辅助照明，驾驶员能够自身定位、获取前方道路交通信息并认清前方各类障碍物，从而提高行车速度和道路利用率；可在隧道及较长地下通道内提供全日照明，保证车辆不论是夜间还是白天均可安全行驶，同时改善上述设施进出口处的视觉环境；有助于非机动车出行者及行人更好地完成夜间交通出行活动。

2. 其他功能

道路照明的其他功能包括：降低夜间道路上的犯罪率，提高居民的社会安全感；刺激夜间交通出行，缓和白天的交通拥堵；通过吸引夜间顾客及观众，可以促进商业，尤其是零售业的发展，活跃夜间的社会活动；改善城市景观，美化城市夜间空间环境。

9.1.2 照明基本概念

1. 光及其度量

1）光

一切温度高于绝对零度（−273.15 ℃）的物体会向外辐射电磁波，波长为 380~760 nm 的电磁波射入人眼能使人产生明亮的感觉，这就是光，又称可见光。

2）光通量

光源在单位时间内向四周空间发射的辐射能值叫辐射能通量。人眼所能感觉到的那一部分辐射能，叫作光通量（以 F 表示），单位是流明（lm）。

3）光出射度

单位面积被照面反射或透射的光通量，称为光出射度（以 M 表示），又可分为光反射度和光透射度，单位为 lm/m^2。

4）发光强度

光源在某方向单位立体角内的光通量称为发光强度，即光通量的空间密度，简称光强（以 I 表示），单位是坎德拉（cd）。

5）照度

由光源直接或间接照亮的被照面上入射的光通量与被照面面积之比，即单位被照面上的光通量，称为该表面的照度（以 E 表示），单位是勒克斯（lx）。人的视觉可以适应很大幅度的照度变化，例如从 100 000 lx 的盛夏阳光到 0.000 3 lx 的星光。一般来说，视力会随着照度的增加而提高，如图 9-1 所示。

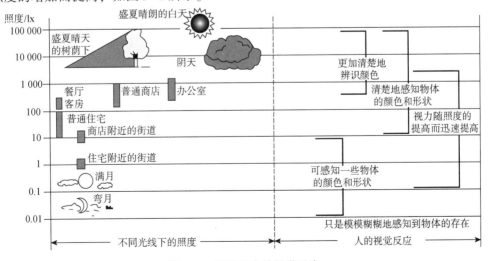

图 9-1 照度与人的视觉反应

6）亮度

照射到被照面上的光通量，一部分从被照面上反射回来，反映到人眼里便出现物体的像，反射到人眼的光通量越大，所引起的视觉就越清楚，这可用亮度（以 L 表示）来描述。亮度就是发光表面在一定方向上的发光强度与该方向的投影面面积之比，单位为 cd/m^2。

7）反射率

从一个微小表面上反射出来的总光通量与投射到其上的总光通量之比，称为反射率（以 ρ 表示）。$\rho=0$ 相当于理想黑体，$\rho=1$ 则相当于完全反射体。沥青混凝土路面 $\rho=0.1\sim0.12$，水泥混凝土路面 $\rho=0.3\sim0.4$。

亮度、照度及反射率三者间的近似关系为

$$L = \frac{\rho E}{\pi} \tag{9-1}$$

式中，π——圆周率。

光度指标汇总表如表9-1所示。光度特性如图9-2所示。

表9-1 光度指标汇总表

指标	符号	单位		指标间的关系
		英制单位	国际单位	
发光强度	I	cd		$I=F/\omega$，$\omega=$ 为立体角（单位：sr）
光通量	F	lm		$F=I\omega$
光出射度	M	lm/ft^2	lm/m^2	—
照度	E	lx		$E=F/A$，A 为被照面面积
亮度	L	cd/ft^2	cd/m^2	$L=I/A\cos\theta$，θ 为光线从被照面上反射的角度

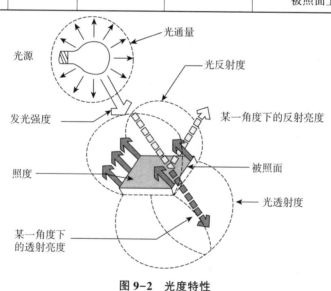

图9-2 光度特性

2. 视觉与颜色

1）视觉

视觉是指进入眼内的辐射的刺激作用使人产生的包括感觉印象或知觉过程在内的意识上的体验。

2）颜色

（1）色表。

色表即人眼直接观察光源时所看到的颜色，可以用色温描述。

（2）色温。

当光源所发出的光的颜色与黑体在某一温度下辐射的颜色相同时，黑体的温度就称为该光源的颜色温度，简称色温。

（3）显色性。

显色性是指光源照射到物体上的客观效果。如果物体受照后的效果和标准光源（即日光）的照射效果相似，则认为该光源的显色性好，如果受照物体颜色失真，则该光源的显色性差。光源的显色性一般用显色指数（以 R_a 表示）来评价。显色指数是根据规定的 8 种不同色调的试验色，在被测光源和参照光源照明下的色位移平均值确定的，其理论最大值是 100。

（4）眩光。

发光面的亮度达到一定数值，且位于视野内的某一位置上时，该发光面就有使能见度降低的特性，这种现象叫作眩光。眼睛受到眩光作用而使能见度降低的现象，称为眩光效应。眩光作用的强弱在很大程度上取决于发光体至人眼的光线与人眼的视线所成的角度 θ，θ 称为眩光作用角，眩光作用与 θ 的关系如图 9-3 所示。

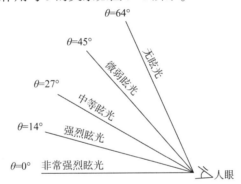

图 9-3 眩光作用与 θ 的关系

3. 照明术语

1）光源发光效率

光源发光效率是指光源所发出的全部光通量和该光源所消耗的电功率之比，简称光效（以 η 表示），单位为流明/瓦（lm/W）。通常，电光源所消耗的电功率只有很小一部分转变成了光能，绝大部分转变成了热能。

2）灯具效率

在相同的使用条件下，灯具发出的总光通量与灯具内所有光源发出的总光通量之比，称为灯具效率。

3）配光曲线

电光源在空间各个方向的发光强度都不相同，且相差较大，在极坐标图上标出各方位的发光强度值，连成的曲线就称为配光曲线。

4）利用系数

光源发射的光通量只有一部分照射到路面上，这部分光通量被称为利用的光通量。利用系数（以 U 表示）是指利用的光通量与光源发射的总光通量之比。

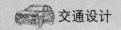

5)维护系数

由于光源光通量衰减、灯具污染及老化等原因，光源及灯具在使用一定时间后效率会降低，从而导致照度和亮度降低。维护系数(Maintenance Factor，MF)是指，照明装置使用一定时期后，在规定表面上的平均照度或平均亮度与该装置在相同条件下新安装时在同一表面上所得到的平均照度或平均亮度之比。维护系数为光源的光衰系数与灯具的光衰系数的乘积。

6)照明功率密度

照明功率密度是指单位路面面积上的照明安装功率(包含镇流器功耗)，是道路照明节能的主要评价指标。照明功率密度(Lighting Power Density，LPD)等于总路灯设备安装功率除以机动车道的面积，单位为 W/m^2。

9.1.3 道路照明分类与需求

1. 道路照明分类

根据道路上照明设置方式或照明区域的不同，道路照明可分类为连续照明、全部照明、局部照明和轮廓照明4类。

1)连续照明

在立体交叉或平面交叉之间的道路主线上进行连续照明的方式，称为连续照明，立体交叉的主线也包含在道路主线内。

2)全部照明

在平面交叉或立体交叉的全部交通活动区域均设有道路照明的方式，称为全部照明。互通式立体交叉的全部照明包括主线照明(一般归类为主线连续照明)、匝道照明、被交道路照明及立体交叉范围内的平面交叉照明等。

3)局部照明

仅在道路上的关键路段、潜在交通冲突区、平面交叉或立体交叉的入口等局部地点设置道路照明的方式，称为局部照明。

4)轮廓照明

轮廓照明是局部照明的一个特例，多用来提示前方道路平面交叉口的存在。

2. 道路照明需求

1)高速公路与互通式立体交叉照明需求

高速公路采用主线连续照明时或互通式立体交叉采用全部照明或局部照明时，需要考虑的因素一般包括以下几个方面：高速公路或互通式立体交叉的日交通量、互通式立体交叉间距、沿线土地利用状况、夜间与白天交通事故比、沿线特殊需求。

2)城市道路与其他公路照明需求

在城市道路与其他公路上设置道路照明时，需要考虑几何线形、交通运行、环境及交通事故等4个方面的因素。

3)平面交叉口照明需求

平面交叉口设置道路照明时要考虑以下几个方面的因素：平面交叉口的交通量(尤其是相交道路上的交通量)、平面交叉口范围内人行横道的设置，由于缺少道路照明而导致的夜间交通事故数、交叉口范围内是否有抬高的中间带。

4)大桥及隧道照明需求

为保障道路交通安全并提高大桥的利用率，即使在桥梁两端无道路照明的条件下，在城市内及郊区的大桥上设置道路照明仍然是十分必要的。我国规定，城市内的桥梁均应设置道路照明，位于城市出入口路段的特大桥宜设置照明，其他公路特大桥根据交通量、安全性等特殊需求可设置照明。

隧道设置照明时应考虑的因素包括：隧道长度、隧道洞口设计、隧道及其出入口路段的几何线形条件、隧道内车辆及行人的交通运行特征、气候条件及隧道方位、隧道安全运营时的能见度目标。

9.2 道路照明评价指标与标准

9.2.1 道路照明评价指标

从世界范围而言，道路照明的评价指标一般包括：路面平均亮度、路面亮度均匀度、眩光限制、环境比、视觉诱导性、路面平均照度、路面照度均匀度、垂直照度与半柱面照度。目前大部分国家使用前五项作为道路照明的评价指标，但还有一些国家使用路面平均照度和路面照度均匀度来代替路面平均亮度和路面亮度均匀度，或者二者并用。应当指出，无论是从视功能还是从视舒适方面看，亮度都比照度更适于作为评价指标。使用照度作为道路照明设计指标，照明质量偏差比使用亮度指标高 1~4 倍。因此，用亮度代替照度是一种发展趋势。

1. 路面平均亮度

路面平均亮度是指在路面上预先设定的特征点上测得的或计算得到的点亮度的平均值，以 L_{av} 表示。路面平均亮度是评价视功能的最重要的指标，同时也是与夜间交通安全最相关的指标，因为它能最直观地描述道路使用者的视觉感受。

一般可采用驾驶员前方 60~160 m 之间的路面平均亮度来评价道路照明水平。通过组织观察者进行主观评价的大量实验表明，对交通密度大而速度又很高的主要道路和密度小且速度低的次要道路，驾驶员的亮度预期是不同的，结果如表 9-2 所示。

表 9-2 路面平均亮度主观评价及其推荐值

道路类型	路面平均亮度主观评价		路面平均亮度推荐值
	可以接受	好	
主要道路的路面平均亮度/(cd·m⁻²)	1.25	2.8	2.0
次要道路的路面平均亮度/(cd·m⁻²)	0.7	1.1	0.5(暗环境) 1.0(亮环境)

2. 路面亮度均匀度

路面亮度均匀度是评价道路照明质量的第二个重要指标。若路面平均亮度较高而均匀度较差，会出现以下两个方面的问题：其一，路面上的过暗区域会屏蔽掉障碍物，从而危及行车安全；其二，行车过程中交替且反复出现的过暗与过亮区域(通常为一系列亮与暗的横带，可称为"斑马效应")，加剧了驾驶员的驾驶疲劳并且降低了行车舒适度。路面亮度均匀度可用路面亮度总均匀度和路面亮度纵向均匀度两个指标来描述。

路面亮度总均匀度是路面上局部最小亮度(L_{min}^{o})与平均亮度的比值(以 U_o 表示)，即：

$$U_o = L_{min}^{o} / L_{av} \tag{9-2}$$

路面亮度纵向均匀度是同一条车道中心线上最小亮度(L_{min}^{l})与最大亮度(L_{max}^{l})的比值(以 U_L 表示)，即

$$U_L = L^l_{\min}/L^l_{\max} \tag{9-3}$$

另外，也可采用亮度梯度来细化路面亮度均匀度。亮度梯度是指路面上的亮度变化率，路面上出现高亮度梯度往往是无法接受的。由于连续梯度较难测定，建立亮度梯度与亮度均匀度之间的关系也相当困难，因此，照明标准中未采用该指标。

为了保持一个可以接受的视觉察觉能力和视舒适性，路面亮度总均匀度不应低于 0.4，主要道路的亮度纵向均匀度不宜低于 0.7，而次要道路不宜低于 0.5。

3. 眩光限制

眩光有失能眩光和不适眩光两种。使视觉功能减弱的眩光称为失能眩光，用阈值增量 TI 表示；使视觉产生不舒适感的眩光称为不适眩光，用眩光控制等级 G 表示。由于不适眩光更侧重于道路使用者的主观感受且对交通运行的不利影响相对较小，因此不宜作为评价指标。目前，道路照明设计中的眩光限制主要是限制失能眩光。

直接视场中的物体通过其亮度聚焦在人眼的视网膜上，物体形象的视觉感觉因此而出现。与此同时，另一个眩光源射来光线，在眼内形成散射，这部分光线非聚焦地叠落在被聚焦的物体形象上，好似视场上蒙上了一层透明的帷幕，此时的亮度称为等效光幕亮度，其经验计算公式为

$$L_v = 10 \times \frac{E_{eye}}{\theta} \tag{9-4}$$

式中，L_v——等效光幕亮度（cd·m^{-2}）；

E_{eye}——由眩光产生的垂直视线上的照度（lx）；

θ——视线方向与眩光照射方向的夹角，国际照明委员会规定为 20°。

若有多个眩光源，则总的等效光幕亮度（以 $L_{v,total}$ 表示）为各眩光源等效光幕亮度之和，即

$$L_{v,total} = \sum L_{vi} \tag{9-5}$$

在没有眩光作用时能够刚好看到的物体，有了眩光以后就看不见了，这说明要提高物体及其背景之间的亮度对比。存在眩光源时，为了达到同样看清物体的目的，物体及其背景之间的亮度对比所需要增加的百分比，称之为阈值增量（以 TI 表示），单位为%。在背景亮度范围为 0.05~5 cd/m^2 时，阈值增量的近似计算公式为

$$TI = 65 \times \frac{L_{v,total}}{(L_{av})^{0.8}} \tag{9-6}$$

TI 值可在不同点通过测定或计算取得。该值的变化与亮度纵向均匀度密切相关，TI 值变化越大，纵向均匀度越低。对于主要道路，TI 值达到 10% 时限制眩光的效果最佳，对于次要道路其值还可再高一些。

4. 环境比

环境比（Surround Ratio，SR）是指车行道外 5 m 宽带状区域内的平均照度与相邻的 5 m 宽车行道上的路面平均照度之比。控制环境比不能过小的目的是，道路照明不仅需要照亮路面还要给道路两侧直接相关区域提供照明服务，使道路周边高大物体能够从黑暗的背景中显现出来。我国城市道路中的快速路及主次干道，其最小环境比要求在 0.5 以上。

5. 视觉诱导性

沿着道路纵向恰当地安装灯杆、灯具等照明设施，可以给驾驶员提供有关道路前进走向、线形、坡度、道路交叉点等视觉信息，这称为道路照明的视觉诱导性。

下面几种做法具有参考和借鉴意义：利用照明方式的变化实现视觉诱导；利用光源光色变化实现视觉诱导；采用灯具布置及照明布局的变化实现视觉诱导。

6. 照度评价指标

照度评价指标主要包括路面平均照度、路面照度均匀度、垂直照度及半柱面照度等。

路面平均照度，是指在路面上预先设定的特征点上测得的或计算得到的点照度的平均值，以 E_{av} 表示。

路面照度均匀度，是路面上局部最小照度（E_{min}）与平均照度（E_{av}）的比值（以 U_E 表示），即

$$U_E = E_{min}/E_{av} \qquad (9-7)$$

垂直照度及半柱面照度（分别以 E_v 及 E_{sc} 表示）主要应用于人行道照明。人行道上行人的一项重要视觉活动是看清对面来人的面部，这就需要照明设备能提供适当的垂直面或半柱面照度。

9.2.2　道路照明标准

我国《城市道路照明设计标准》（CJJ 45—2015）将城市道路照明分为机动车道照明、交会区照明和人行道照明 3 类。交会区是指道路的出入口、交叉口、人行横道等区域，在这些区域内，机动车之间、机动车和非机动车或行人之间、车辆与固定物之间有发生碰撞的可能。机动车道照明分为 3 个级别，快速路和主干路为 I 级，次干路为 II 级，支路为 III 级。人行道照明按照交通流量大小分为 4 级。我国城市道路机动车道、交会区、人行道的照明标准分别如表 9-3、表 9-4 和表 9-5 所示。

表 9-3　城市道路机动车道照明标准值

级别	道路类型	路面亮度			路面照度		眩光限制阈值增量 TI/%（最大初始值）	环境比 SR（最小值）
		平均亮度 $L_{av}(cd \cdot m^{-2})$ 维持值	总均匀度 U_o（最小值）	纵向均匀度 U_L（最小值）	平均照度 E_{av}/lx（维持值）	均匀度 U_E（最小值）		
I	快速路、主干路	1.5/2.0	0.4	0.7	20/30	0.4	10	0.5
II	次干路	1.00/1.50	0.4	0.5	15/20	0.35	10	0.5
III	支路	0.5/0.75	0.4	—	8/10	0.3	15	—

注：①表中所列的平均照度仅适用于沥青路面。若为水泥混凝土路面，其平均照度值可相应降低约 30%。

②表中各项数值仅适用于干燥路面。

③表中对每一级道路的平均亮度和平均照度给出了两档标准值，"/" 的左侧为低档值，右侧为高档值。

表 9-4　城市道路交会区照明标准值

交会区类型	路面平均照度 E_{av}/lx（维持值）	照度均匀度 U_E	眩光限制
主干路与主干路交会	30/50	0.4	在驾驶员观看灯具的方位角上，灯具在 80° 和 90° 高度角方向上的光强分别不得超过 30 cd/1 000 lm 和 10 cd/1 000 lm
主干路与次干路交会			
主干路与支路交会			
次干路与次干路交会	20/30		
次干路与支路交会			
支路与支路交会	15/20		

注：①灯具的高度角是在现场安装使用姿态下度量的。

②表中对每一类道路交会区的路面平均照度给出了两档标准值，"/" 的左侧为低档值，右侧为高档值。

表 9-5　城市道路人行道照明标准值

级别	区域	路面平均照度 E_{av}/lx（维持值）	路面最小照度 E_{min}/lx（维持值）	最小垂直照度 E_{vmin}/lx（维持值）	最小半柱面照度 E_{scmin}/lx（维持值）
1	商业步行街，市中心或商业区行人流量高的道路，机动车与行人混合使用、与城市机动车道路连接的居住区出入道路	15	3	5	3
2	流量较高的道路	10	2	3	2
3	流量中等的道路	7.5	1.5	2.5	1.5
4	流量较低的道路	5	1	1.5	1

9.3　照明设备

9.3.1　光源的类型

电光源按发光原理可分为固体发光光源和气体放电发光光源两类。固体发光光源是利用物体加热时辐射发光的原理制成的光源，主要分为两大类：一类是利用电能将物体加热到白炽程度而发光的光源，称为热辐射光源，包括白炽灯和卤钨灯等；另一类是半导体材料发光，即 LED 光源。气体放电发光光源是利用气体、金属蒸气或几种气体与金属蒸气的混合物的放电而发光的光源。气体放电是在电场作用下，载流子在气体或金属蒸气中产生并运动，从而使电流通过气体或金属蒸气的过程。气体放电分为辉光放电和弧光放电，利用辉光放电的光源包括霓虹灯和一些辉光指示灯，利用弧光放电的光源包括低气压放电灯和高气压放电灯。

1. 白炽灯

白炽灯是利用钨丝通过电流时被加热而发光的一种热辐射光源。其结构简单、成本低、显色性好、使用方便，还有良好的调光性能，适用于日常生活照明、工矿企业照明和剧场、舞台的布景照明。但是，普通白炽灯的光效很低，一般只有 7.3~18.6 lm/W。

2. 卤钨灯

卤钨灯是在白炽灯的基础上改进而得到的。在普通白炽灯中，灯丝的高温造成钨的蒸发，蒸发出来的钨沉积在灯泡泡壳上，使灯泡泡壳逐渐发黑。为此，可在灯泡中充入卤素，利用卤钨循环原理消除灯泡发黑的现象，这就是卤钨灯。与白炽灯相比，卤钨灯具有体积小、功率集中、光通稳定、光色好、光效高和寿命长等特点，特别适用于电视转播照明，以及绘画、摄影和建筑物的投光照明等。其缺点是对电压波动比较敏感，耐震性较差。

3. 荧光灯

荧光灯是低压放电灯的典型代表，其发光原理是低气压的汞原子放电辐射出大量紫外线，紫外线激发管壁上的荧光粉，将紫外线能量转化为可见光发射出来。其光效主要由荧光粉决定，同时还与环境温度和电源频率有关。荧光灯分为直管型、环型和紧凑型 3 种。直管型荧光灯是预热阴极低气压汞荧光灯，具有光效高(为普通照明灯泡的 4 倍)、光色好、寿命长等优点，广泛用于工业与家庭室内照明中，在道路交通系统中主要用于隧道照明、标志照明等。环型荧光灯有光源集中、照度均匀及造型美观等优点，可用于民用建筑、机车车厢及家庭居室照明。紧凑型荧光灯集成了白炽灯和荧光灯的优点，具有光效高、耗能低、寿命长、显色性好、使用方便等特点，可以大面积替代白炽灯并广泛应用于民用照明和绿化、庭院以及城市生活区和住宅区道路照明中。

4. 低压钠灯

低压钠灯是另一种低压放电光源，与荧光灯的汞蒸气不同，它是钠蒸气放电。低压钠灯是迄今光效最高的人造光源，光效可高达 180 lm/W，光色柔和、眩光小、透雾能力极强，适用于公路、隧道、港口、货场和矿区等场所的照明，也可作为特技摄影和光学仪器的光源。但是，低压钠灯辐射近乎单色黄光，分辨颜色的能力差，不宜用于繁华的市区街道照明。

5. 荧光高压汞灯

高压汞灯采用耐高温高压的透明石英玻璃做放电管，管内除充有汞外，同时还充有 2 500~3 000 Pa 的氩气，以降低启动电压和保护电极。有的还在外泡壳内壁涂上荧光粉，将紫外线转化为可见光，从而成为荧光高压汞灯。荧光高压汞灯的特点是光效较高（35~52 lm/W）、寿命长、耐震性较好，但显色指数低，可用于街道、广场、车站、码头、工地和高大建筑物等场所的室内外照明。

6. 金属卤化物灯

为了改善高压汞灯的光色，除了涂荧光粉，还有一种方法是在放电管内充入金属卤化物，可以达到较高的蒸气压，满足放电要求，同时可以防止活泼金属对石英电弧管的侵蚀。充入不同的金属卤化物，可制成不同特性的光源。金属卤化物灯是一种日光色、高发光效率、长寿命、显色性好的光源，广泛用于工业厂房、体育场馆、展览中心、游乐场所、广场、车站、码头等地的照明。

7. 高压钠灯

高压钠灯是一种高压钠蒸气放电灯，其放电管由抗钠腐蚀的半透明多晶氧化铝陶瓷管制成，工作时发出金白色光。它具有发光效率高、寿命长、透雾性能好等优点，广泛用于道路、机场、码头、车站、广场、体育场及工矿企业照明，是一种理想的节能光源。

8. LED 灯

LED 灯是一种基于半导体 PN 结形成的用微弱的电能就发光的高效固态光源，在一定的正向偏置电压和注入电流下，注入 P 区空穴和注入 N 区的电子在扩散至有源区后经辐射时复合，从而发出光子，将电能直接转化为光能。它是一种固态冷光源，具有环保无污染（不含汞、氙等有害元素）、耗电少、光效高、寿命长等特点，近些年来越来越多地被用于公路、主干路、次干路、支路、工厂、学校、城市广场等地的照明。

9.3.2　光源的选择

室外照明光源多数情况下要求寿命长、光通量大、效率高。主要原因是室外开灯时间长，更换、检查、清洁等维护工作不便。

在进行道路照明光源选择时，应充分把握光源特征，重点考虑光源寿命、效率、光色和显色性。道路照明常用光源的光色和显色性一般都能满足要求，选择的重点在于光源的使用效率和寿命。白炽灯虽然价格便宜，但由于其发光效率过低，已很少在新建的道路照明系统中使用。高压钠灯光效平均超过 100 lm/W，在道路照明中广泛使用。而目前光效最高的低压钠灯，在欧洲的道路照明特别是高速公路照明中应用非常广泛。由于光源更换的综合成本高昂，寿命长的光源在道路照明中越来越受欢迎。高压钠灯超过 20 000 h 的平均寿命是其在道路照明中被广泛应用的重要原因。LED 灯虽然价格略贵，但由于其超长的寿命(平均超过60 000 h)，在一些重要的道路和较难维护的隧道照明中也得到了较广泛的应用。

我国《城市道路照明设计标准》明确规定：快速路和主干路宜采用高压钠灯，也可选择LED 灯或陶瓷金属卤化物灯；次干路和支路可选择高压钠灯、LED 灯或陶瓷金属卤化物灯；居住区机动车和行人混合交通道路宜采用 LED 灯或陶瓷金属卤化物灯；市中心、商业中心等对颜色识别要求高的机动车交通道路可采用 LED 灯或陶瓷金属卤化物灯；商业区步行街、居住区人行道路、机动车交通道路两侧人行道或非机动车道可采用 LED 灯、小功率金属卤化物灯或细管径荧光灯、紧凑型荧光灯。

9.4 照明布置

9.4.1 路段常规照明

常规照明有单侧布置、双侧交错布置、双侧对称布置、横向悬索布置和中心对称布置5 种灯具布置方式，如图 9-4 所示。

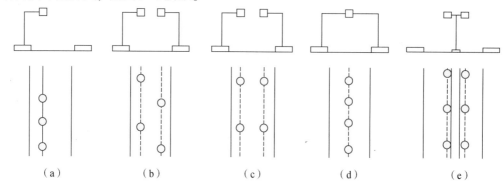

图 9-4 常规照明的灯具布置方式

(a)单侧布置；(b)双侧交错布置；(c)双侧对称布置；(d)横向悬索布置；(e)中心对称布置

(1)单侧布置：适用于较窄的道路，灯具安装高度大于或等于路面有效宽度。其优点：诱导性好，造价低。其缺点：不设灯的一侧路面亮度低，两个方向行驶的车辆得到的照明条件不同。

(2)双侧交错布置：适用于较宽的道路，要求灯具安装高度不小于路面有效宽度的70%。其优点：亮度总均匀度高，在雨天提供的照明条件比单侧布置好。其缺点：亮度纵向均匀度差，诱导性不如单侧布灯效果好，容易使驾驶员产生混乱的视觉感受。

(3)双侧对称布置：适用于宽阔的路面，要求灯具安装高度不小于路面有效宽度的50%。其优点：两个方向行驶的车辆得到的照明条件大体相当，照明总均匀度、纵向均匀度均好。其缺点：道路较窄时经济性较差。

(4)横向悬索布置：灯具悬挂在横跨道路上的绳索上，灯具的垂直对称面与道路轴线成直角。此种方式灯具安装高度较低，在 6~8 m 之间，多用于树木遮光较多的道路，或安装灯杆困难的狭窄街道。其优点：光效利用高，纵向均匀度均好。其缺点：灯具容易摆动或转动造成闪烁眩光。

(5)中心对称布置：适用于有中间分隔带的双幅路。灯具在中间分隔带上用 Y 形或 T 形杆安装，灯杆高度应大于或等于单侧道路的有效宽度。其优点：使人行道侧、车道侧都有照明，效率较高、诱导性好。其缺点：道路上要有适合布置灯杆的中间带。

采用常规照明方式时，灯具的配光类型、布置方式、安装高度和间距等应满足表 9-6 的规定。

表 9-6 灯具的配光类型、布置方式、安装高度和间距的规定

项目	灯具配光类型					
	截光型		半截光型		非截光型	
灯具布置方式	安装高 H/m	间距 S/m	安装高 H/m	间距 S/m	安装高 H/m	间距 S/m
单侧布置	$H \geqslant 1.0W_{eff}$	$S \leqslant 3.0H$	$H \geqslant 1.2W_{eff}$	$S \leqslant 3.5H$	$H \geqslant 1.4W_{eff}$	$S \leqslant 4.0H$
双侧交错布置	$H \geqslant 0.7W_{eff}$	$S \leqslant 3.0H$	$H \geqslant 0.8W_{eff}$	$S \leqslant 3.5H$	$H \geqslant 0.9W_{eff}$	$S \leqslant 4.0H$
双侧对称布置	$H \geqslant 0.5W_{eff}$	$S \leqslant 3.0H$	$H \geqslant 0.6W_{eff}$	$S \leqslant 3.5H$	$H \geqslant 0.7W_{eff}$	$S \leqslant 4.0H$

注：W_{eff} 为路面有效宽度(单位：m)。

9.4.2 平面交叉口照明

平面交叉口的照明应符合下列要求。

(1)平面交叉口的照明水平应高于通向路口的每条道路的照明水平，且交叉路口外 5 m 范围内的平均照度不宜小于交叉路口平均照度的 1/2。

(2)为了清楚显示交叉路口的存在，交叉路口可采用与相连道路不同光色的光源、不同外形的灯具、不同的灯具安装高度或不同的灯具布置方式。

(3)十字交叉路口的灯具可根据道路的具体情况，分别采用单侧布置、交错布置或对称布置等方式；大型交叉路口必要时可另行安装附加灯杆和灯具，并应限制眩光。当有较大的交通岛时，可在岛上设灯，有条件时也可采用高杆照明。

(4)T 形交叉口应在道路尽端设置路灯，这样可以有效地照亮交叉路口，而且有利于驾驶员识别道路的尽头，如图 9-5 所示。

(5)环形交叉口的照明应充分显现环岛、交通岛和路缘石。当采用常规照明方式时，宜将灯具设在环形道路的外侧，如图 9-6 所示。当环岛的直径较大时，可在环岛上设置高杆灯，并应按车行道亮度高于环岛亮度的原则选配灯具并确定灯杆位置。

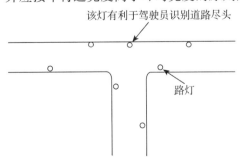

图 9-5 T 形交叉口的灯具布置

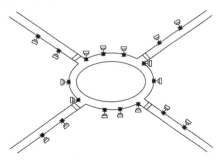

图 9-6 环形交叉口的灯具布置

9.5　照明设计与计算

9.5.1　照明设计

1. 照明设计基本原则

进行道路照明设计时，应遵循下列原则：路面亮度(或照度)水平、亮度(或照度)均匀度、眩光限制及环境比等必须满足现行标准的规定，同时，照明设施还应具有良好的诱导性；投资低，耗电少，即既要经济又要节能；运行安全可靠，便于维护管理；在符合上述各项原则的前提下尽可能采用先进技术，不断提高道路照明的技术水平。

2. 照明设计内容

(1)搜集资料。

进行道路照明设计时，需要收集的资料如下。

①道路的几何特征：道路横断面形式及各组成部分的宽度、道路坡度、平曲线半径、道路出入口与立体交叉布局等。

②路面材料及其反光特性。

③道路周围环境，绿化及环境污染程度等。

④可供选择的光源、灯具及其附件的型号、规格、光电特性和价格等。

⑤可供选择的供电、线路敷设及控制方式等。

⑥计划维护方式和周期。

(2)确定照明灯具的布置方式。

(3)确定灯具的安装高度、间距、悬挑和仰角。

(4)确定光源的类别和规格。

(5)确定灯具的类型和规格。

(6)确定灯杆、灯台及其他器材的类型和规格。

3. 照明设计步骤

道路照明设计一般按以下步骤进行。

(1)确定照明水平、照明均匀度、眩光限制、环境比等道路照明标准。

(2)结合当地条件和实践经验选择一种灯具布置方式，并初选光源和灯具。

(3)初定灯具的安装高度、间距、悬挑和仰角。

(4)计算平均亮度(或照度)、亮度(或照度)均匀度及眩光限制水平等指标，并将计算结果与应达到的标准进行对比分析。

(5)若计算结果未能达到标准要求，则应调整设计方案，变更灯具的类型、布置方式、安装高度、间距之中的一项或几项或变更光源类型，重新进行计算直至符合标准，通常可以得到几种符合标准要求的设计方案。

(6)对几种设计方案进行技术、经济和能耗的综合分析，并适当考虑当地情况，最终确定一种设计方案。

4. 照明设计参数

1）灯具的安装高度

如图 9-7 所示，灯具的安装高度（以 H 表示），是指从灯具的光中心到路面的垂直距离。根据道路宽度的不同，一般路灯的安装高度在 6~15 m 之间。总体而言，在过去的几十年中，灯杆的高度在逐渐增加，这得益于光源效率的提高和大功率光源的应用。一般来说，加高灯具的安装高度可以减少眩光，增加照明光线的舒适感。但是，高度增加既增加灯杆自身成本又使溢向路面以外的光通量增加，这降低了灯具的利用率。根据气体放电光源的特点，灯杆的高度在 10~15 m 是经济的。

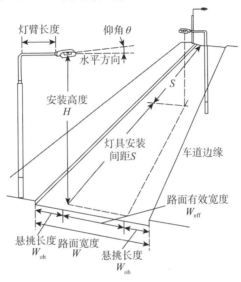

图 9-7　杆柱照明方式灯具安装参数

2）灯具的悬挑长度

灯具的悬挑（以 W_{oh} 表示）也称为外伸长度，是指从灯具的光中心到灯杆所在一侧道路边缘的水平距离。加大灯具的悬挑长度，可增加路面的亮度，但会降低非机动车道和人行道的亮度。悬挑长度过长或过短都不易发挥灯具的配光性能，从而影响照明质量。因此，根据对环境的要求与影响，外伸长度一般不超过灯杆高度的 1/4。

3）灯具的仰角

灯具的仰角（以 θ 表示）亦称为安装角度，是指灯具的开口面和水平面之间的夹角。安装角度的变化虽不影响灯具的平均亮度及其均匀度，但会对眩光及光线的舒适性产生影响，一般安装角度为 5°~15°。

4）路面有效宽度

路面有效宽度（以 W_{eff} 表示）是与道路路面的实际宽度、灯具的悬挑长度和灯具的布置方式等有关的理论距离。当灯具采用单侧布置方式时，路面有效宽度为道路路面实际宽度减去一个悬挑长度；当灯具采用双侧布置方式（包括双侧交错布置和双侧对称布置）时，路面有效宽度为实际道路宽度减去两个悬挑长度；当灯具在两块板道路的中央分隔带上采用中心对称布置时，路面有效宽度就是道路路面的实际宽度。

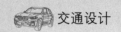

5）灯具安装间距

灯具安装间距（以 S 表示）是指沿道路的中心线测得的相邻两个灯具之间的距离。为了保证合理的亮度均匀度，应当选择合理的安装间距。安装间距取决于道路的宽度、灯杆在道路横断面上的位置、相邻交叉口之间的路段长度、建筑物位置和周边地形条件等。一般而言，采用高光通量的光源、高安装高度和较大的安装间距是比较经济的。在灯具配光许可的距高比范围内，较高的安装高度会有更好的照明质量。

9.5.2 照明计算

1. 照明计算项目与计算方法

道路照明计算通常包括路面上单点照度、平均照度、照度均匀度、单点亮度、平均亮度、亮度均匀度及阈值增量比计算等，计算方法可以归纳为逐点法、公式法和基于灯具光度数据的图表法等，具体如表9-7所示。

表9-7　道路照明计算项目与计算方法

计算项目		计算方法
照度	单点照度	逐点法
		等照度曲线图法
	平均照度	逐点法
		利用系数曲线图法
亮度	单点亮度	逐点法
	平均亮度	逐点法
		亮度产生曲线图法
照明均匀度	亮度均匀度	公式法
	照度均匀度	公式法
眩光计算	阈值增量	公式法

2. 路面上单点照度和平均照度的计算——逐点法

一个灯具在任意点 P 上（图9-8）的水平照度为

$$E_P = \frac{I(c,\ \gamma)}{H^2} \cos^3\gamma \tag{9-8}$$

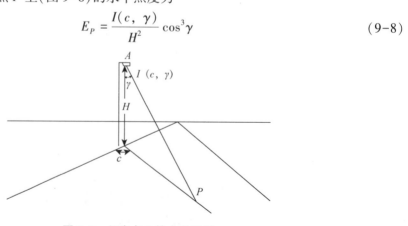

图9-8　任意点 P 的水平照度

式中，E_P——任意一点 P 的水平照度(lx)；

$I(c, \gamma)$——灯具指向 c、γ 角所确定的方向上的光强(cd)，可由等光强曲线查出；

γ——垂直角(或高度角)($°$)；

c——水平角(或方位角)($°$)；

H——灯具安装高度(m)。

n 个灯具在任意点 P 上的总照度为

$$E_P = \sum_{i=1}^{n} E_{P_i} \qquad (9-9)$$

针对选取的照明计算点，利用式(9-9)计算出各计算点上的照度值，最后取其算术平均值作为路面平均照度，计算公式为

$$E_{av} = \frac{\sum_{i=1}^{n} E_i}{n} \qquad (9-10)$$

式中，E_{av}——路面平均照度(lx)；

E_i——第 i 个计算点上的照度(lx)；

n——计算点的总数量。

3. 路面上单点亮度和平均亮度的计算——逐点法

一个灯具在任意点 P 上的亮度为

$$L_P = qE = q(\beta, \gamma)E(c, \gamma) = \frac{q(\beta, \gamma)I(c, \gamma)}{H^2}\cos^3\gamma = r(\beta, \gamma)\frac{I(c, \gamma)}{H^2} \qquad (9-11)$$

式中，L_P——任意一点 P 的亮度(cd)；

q——亮度系数，是表示路面反光性能的一个系数，其值为路面上某点的亮度和该点的水平照度之比，即 $q = L/E$。它除了和路面材料有关，还取决于观察者和光源相对于路面所考察的那一点的位置，即 $q = q(\beta, \gamma)$，其中 β 为光的入射平面和观察平面之间的角度，γ 为入射光线的垂直角(或高度角)，如图 9-9 所示；

$r(\beta, \gamma)$——简化亮度系数，其值为 $q(\beta, \gamma)\cos^3\gamma$，可查简化亮度系数表确定。

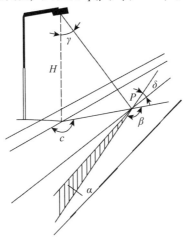

图 9-9 确定路面亮度系数时的角度

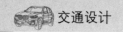

数个灯具在任意点 P 的总亮度为

$$L_P = \sum_{i=1}^{n} L_{Pi} \qquad (9\text{-}12)$$

路面平均亮度计算公式为

$$L_{av} = \frac{\sum_{i=1}^{n} L_i}{n} \qquad (9\text{-}13)$$

式中，L_{av}——路面平均亮度（cd）；

　　　L_i——第 i 个计算点上的亮度值（cd）；

　　　n——计算点的总数量。

4. 路面上单点照度的计算——等照度曲线图法

等照度曲线图是一种专供用户逐点计算路面照度的曲线图。该图采用直角坐标系，其坐标横轴为以灯具安装高度（H）的倍数来表示的道路横向距离，且将道路横向分成车行道侧和人行道侧两部分；纵轴则为以灯具安装高度的倍数来表示的道路纵向距离；图中的曲线即为等照度曲线。等照度曲线图有相对等照度曲线图和绝对等照度曲线图两种。

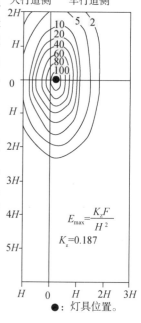

图 9-10　相对等照度曲线图

1）相对等照度曲线图

某灯具的相对等照度曲线图如图 9-10 所示，它是以最大照度的百分比来描述照度分布的，通常包括最大照度的 1%、2%、5%、6.25%、10%、12.5%、15%、20%、25%、30%、40%、50%、60%、70%、80% 和 90% 的等照度曲线，同时还给出了最大照度的绝对值和位置。最大照度的绝对值可表示为

$$E_{max} = \frac{K_z F}{H^2} \qquad (9\text{-}14)$$

式中，E_{max}——最大照度（lx）；

　　　K_z——灯具常数，可在相对等照度曲线中查出；

　　　F——灯具中光源的光通量（lm）。

2）绝对等照度曲线图

某灯具的绝对等照度曲线图如图 9-11 所示，它直接给出了照度值的分布。由于这种等照度曲线通常是对一定的灯具安装高度和 1 000 lm 的光通量计算得到的，因此，当实际的灯具安装高度及光源光通量和等照度曲线所采用的灯具安装高度及光源光通量不一致时，应进行照度修正。先依据等照度曲线图上给出的灯具安装高度修正系数进行高度修正，再进行光源光通量修正。目前，绝对等照度曲线图已较少使用。

3）等照度曲线图的使用方法

使用等照度曲线图计算单点照度时，通常有以下两种做法。

（1）方法一：在同一张等照度曲线图上标出计算点相对于各个灯具的位置，读出各个灯具（一般是计算点周围 3~4 个灯具）对计算点照度的贡献，然后求和，最后再换算成照度绝对值。

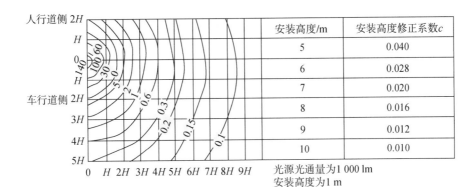

安装高度/m	安装高度修正系数 c
5	0.040
6	0.028
7	0.020
8	0.016
9	0.012
10	0.010

光源光通量为 1 000 lm
安装高度为 1 m

图 9-11　绝对等照度曲线图

（2）方法二：将等照度曲线图复印在透明纸上制成透明覆盖图，然后将它叠加在与其比例相同的道路平面图上。令覆盖图的原点和第一个灯具的位置重合，读出第一个灯具在计算点上产生的照度，以此类推可分别读出计算点周围 3~4 个灯具在该计算点上分别产生的照度，如图 9-12 所示，再求和并换算成照度绝对值。

换算成照度绝对值时应注意实际使用的等照度曲线图是哪一种形式。若是相对等照度曲线图则需乘以最大照度值，若是绝对等照度曲线图则应进行灯具安装高度和光源光通量修正。

5. 路面平均照度的计算——利用系数曲线图法

计算直线路段上的平均照度最容易、最迅速的方法是采用灯具光测试报告中给出的利用系数曲线图，查出利用系数，可按下式计算平均照度，即

$$E_{av} = \frac{F \cdot U \cdot MF \cdot N}{S \cdot W} \qquad (9-15)$$

式中，F——光源的光通量（lm）；

　　　U——利用系数，根据道路的宽度和灯具的安装高度、悬挑和仰角，由灯具的利用系数曲线图查出；

　　　MF——维护系数；

　　　N——与灯具排列有关的数值，单侧排列及双侧交错排列时 $N=1$，双侧对称排列时 $N=2$；

　　　S——路灯的安装间距（m）；

　　　W——道路宽度（m）。

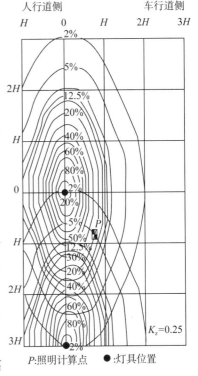

P：照明计算点　●：灯具位置

图 9-12　等照度曲线图的应用

利用系数是到达路面上的光通量与光源发射的总光通量的比值。利用系数不但和灯具本身的光学性能有关，还与路面的宽窄及灯具安装的几何条件有关。为了体现悬挑长度的影响，往往通过灯具光中心在路面上的垂直投影点作一条与路轴平行的直线，将路面分成车行道侧和人行道侧两部分，并分别给出这两侧的利用系数。为了体现路宽（W）和安装高度（H）的影响，通常给出与不同的 W/H 值相对应的利用系数值。为了体现灯具仰角的影

响，把灯具的仰角作为参变量，分别给出在其他条件不变的情况下不同仰角所对应的利用系数值。在上述各种条件下的利用系数值计算出来以后，就可以把结果标在直角坐标图上，坐标横轴为以灯具安装高度的倍数表示的道路横向距离，坐标纵轴为相应的利用系数值，然后连接成光滑曲线，即为利用系数曲线，如图9-13所示。

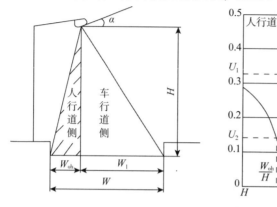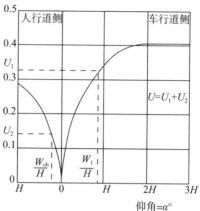

图9-13　利用系数曲线图

6. 路面平均亮度的计算——亮度产生曲线图法

计算路面上的平均亮度也可采用亮度产生曲线图法，此时，路面平均亮度的计算公式为

$$L_{av} = \eta_L \cdot q_0 \cdot \frac{F}{S \cdot W} \tag{9-16}$$

式中，η_L——灯具的亮度产生系数，根据道路的几何尺寸、灯具安装条件及观察者位置，由该灯具的亮度产生曲线图查出；

q_0——路面平均亮度系数$[cd/(m^2 \cdot lx^{-1})]$。

亮度产生曲线图的坐标横轴是以灯具安装高度（H）的倍数来表示的横向距离（同样分车行道侧和人行道侧两部分），坐标纵轴是亮度产生系数，如图9-14所示。由于路面上的亮度不但和灯具的光强分布、路面的反光性能有关，而且同观察者所在的位置也有关，因此，需根据观察者所处的不同位置分别给出亮度产生曲线。通常规定了相对于灯具排列的3种

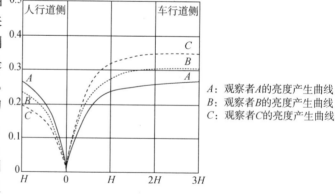

图9-14　亮度产生曲线图

观察者位置（图9-15）：观察者位置A在左侧与灯具排列线的横向距离为$1H$；观察者位置B在灯具排列线上；观察者位置C在右侧与灯具排列线的横向距离为$1H$。3个观察者位置分别对应的亮度产生曲线就是图9-14中的曲线A、曲线B和曲线C。

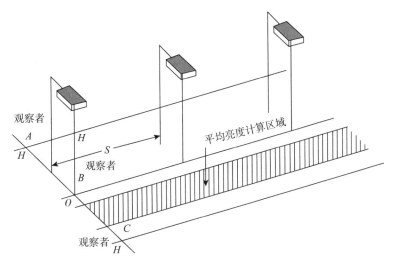

图 9-15　亮度产生曲线图中的观察者位置

9.5.3　照明设计与计算案例

1. 应用相对等照度曲线法计算平均照度

【例 9-1】如图 9-16 所示，某十字形交叉口，相交道路宽度均为 15 m，在四角对称布置 4 个路灯，灯具安装高度为 10 m，仰角为 0°，光源光通量为 22 500 lm，相对等照度曲线如图 9-10 所示，试计算交叉口中心点的照度（维护系数取 0.65）。

【参考答案】4 盏路灯的位置相对于交叉口中心对称，可取 1 盏路灯计算，然后乘以 4 倍。

路中心点相对于任意一盏路灯的横、纵坐标为

$$x = (15/2)/10H = 0.75H$$
$$y = (15/2)/10H = 0.75H$$

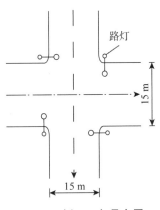

图 9-16　例 9-1 灯具布置

由图 9-10 可知，自原点（0，0）分别量取 0.75H 作平行坐标轴的直线交于一点，查该交点处的相对照度值，结果为 38%。

则一盏灯的照度 $E_{L1} = E_{max} \times 38\%$

由图 9-10 可知，$E_{max} = 0.187 \times \dfrac{22\,500}{10^2} = 42.1(\text{lx})$

考虑维护系数的影响，则交叉口中心点的照度为

$$E_{总} = 4E_{L1}K = 4 \times 42.1 \times 0.38 \times 0.65 = 64(\text{lx})$$

2. 应用利用系数曲线法计算平均照度

【例 9-2】如图 9-17 所示，某一段道路灯具采用单侧布置方式，路面宽度为 7 m，灯具安装高度为 8 m，灯具安装间距为 35 m，悬挑长为 0.5 m，灯具的仰角为 0°，光源光通量为 5 600 lm，灯具的利用系数曲线如图 9-18 所示，试计算该段道路的路面平均照度；若灯具的仰角设为 10°，则此时的路面平均亮度又为多少？（暂不考虑维护系数，即 MF 取 1）

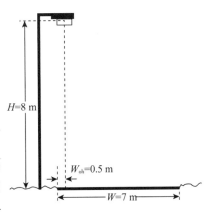

图 9-17　例 9-2 灯具布置

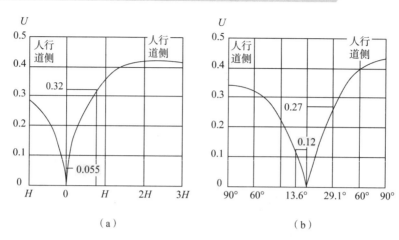

图 9-18　例 9-2 灯具利用系数曲线图

(a)横向距离；(b)横向角度

【参考答案】道路横向从灯具左侧(人行道侧)的 0.5 m 延伸至灯具右侧(车行道侧)的 6.5 m，这分别等价于 0.06H 和 0.81H。查图 9-18(a)中的利用系数曲线可知，人行道侧和车行道侧的利用系数分别为 0.055 和 0.32，此时，灯具的利用系数 U 为 0.375。

由式(9-15)可计算得到路面的平均照度为

$$E_{av} = \frac{F \cdot U \cdot MF \cdot N}{S \cdot W} = \frac{5\ 600 \times 0.375 \times 1 \times 1}{35 \times 7} = 8.6(lx)$$

当灯具的仰角调整为 10°时，道路左侧边缘的横向角度为

$$\arctan \frac{0.5}{8} + 10° = 13.6°$$

道路右侧边缘的横向角度为

$$\arctan \frac{6.5}{8} - 10° = 29.1°$$

查图 9-18(b)中的利用系数曲线可知，人行道侧和车行道侧的利用系数分别为 0.12 和 0.27，总的利用系数 U 为 0.39，此时路面平均照度为：

$$E_{av} = \frac{5\ 600 \times 0.39 \times 1 \times 1}{35 \times 7} = 8.9\ (lx)$$

3. 应用亮度产生曲线图法计算平均亮度

【例9-3】道路几何条件及灯具布置同例9-2，路面平均亮度系数 q_0 为 0.075 cd/(m²·lx⁻¹)，亮度产生曲线如图 9-19 所示，观察者位于距道路右侧边缘 1.75 m 处，试计算该视点处的路面平均亮度。

【参考答案】同例 9-2，道路左侧边缘和右侧边缘距灯具的横向距离仍为 0.06H 和 0.81H。本例中观察者距灯具的横向距离为 4.75 m，这相当于 0.59H。

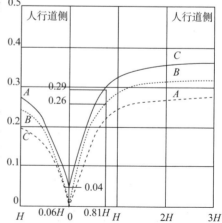

图 9-19　例 9-3 亮度产生曲线图

由于亮度产生曲线图给出了 A(人行道侧 1H 处)、B(灯具排列线处，即 0H 处)、C(车行道侧 1H 处)3 个观察位置的亮度产生曲线，因此，对新的观察位置需要通过内插来确定

其亮度产生系数。本例中，观察者位置介于观察者 B 和 C 之间。

查图 9-19 可知，对于观察者位置 C，其亮度产生系数 η_L^C 为

$$\eta_L^C = 0.04 + 0.29 = 0.33$$

同理，对于观察者位置 B，其亮度产生系数 η_L^B 为

$$\eta_L^B = 0.04 + 0.26 = 0.30$$

根据线性内插原理，本例中观察者位置处的亮度产生系数 η_L 为

$$\eta_L = 0.30 + 0.59(0.33 - 0.30) = 0.32$$

由式(9-16)可计算得到该视点处的路面平均亮度为

$$L_{av} = \eta_L \cdot q_0 \cdot \frac{F}{S \cdot W} = 0.32 \times 0.075 \times \frac{5\ 600}{35 \times 7} = 0.54\ (\text{cd/m}^2)$$

本章知识小结 ▶▶　▶

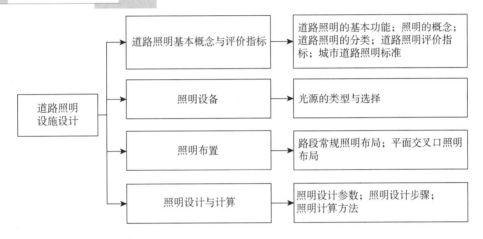

思考题 ▶▶　▶

1. 衡量道路照明水平的主要技术指标有哪些？这些指标的含义是什么？

2. 道路照明系统常用光源有哪些？在进行光源选择时，主要需考虑哪些因素？

3. 常规照明灯具的布置方式有哪几种？各种布置方式的特点及适用条件是什么？

4. 试述照明设计的内容和步骤。

5. 如图 9-20 所示，某道路采用双侧交错布灯，灯的安装高度 H=6 m，灯距 S=25 m，悬挑长度 W_{oh}=1 m，道路宽度 W=10 m。所采用灯具的等照度曲线如图 9-10 所示，光源为 200 W 高压荧光汞灯，其光通量为 5 500 lm。试计算 A 点处的照度(维护系数取 0.7)。

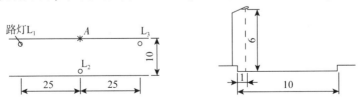

图 9-20　题 5 图(尺寸单位：m)

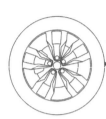

第10章
交通语言系统设计

掌握：交通语言概念与内涵；交通标志设计的内容，包括机动车交通标志设计、慢行交通标志设计、行人与无障碍交通标志设计、公共交通标志设计；交通标线设计的内容，包括机动车交通标线设计、非机动车交通标线设计、行人与无障碍交通标线设计、公共交通标线设计。

熟悉：智能交通语言系统的设计，包括智能换乘导向系统、电子公交站牌系统等内容。

| 能力目标 |

掌握内容	知识要点	权重
交通语言概念与内涵	交通语言基本概念；交通语言系统内涵	0.2
交通标志设计	机动车交通标志设计；慢行交通标志设计；行人与无障碍交通标志设计；公共交通标志设计	0.4
交通标线设计	机动车交通标线设计；非机动车交通标线设计；行人与无障碍交通标线设计；公共交通标线设计	0.4

　　在交通系统中，出行者或管理者基于标志和符号及其传递的信息进行交通活动或交通管理。这个符号系统被称为"交通语言"。交通系统的设计者通过这种方式清晰、明确地表达交通管理和服务信息，从而实现交通管理者的意图。本章试图将描述这种行为的语言概念引入到交通工程的研究中，从而提出交通语言的概念。交通语言作为一种传达交通信息的形式语言，目前还是一个全新的概念。本章将阐述其规则、结构体系和设计方法。

10.1　交通语言概念与内涵

10.1.1　交通语言的概念产生背景

随着经济发展，城镇扩大，城际之间的交流日益增多，人们的出行维度不断扩展。当出行者面临陌生的出行环境时，难免出现无法及时获取有效出行信息、出行方案难以抉择等情况，因此人们对于出行中可能出现的相关交通信息的需求不可忽视。面对不确定的出行环境，出行者接下来将要发生的不同事件，包括出行目的地的地理位置、所选路径、出发时间等存在许多不确定性，需要通过获取出行信息来判断或减少不确定因素。从交通管理者角度来看，合理配置交通资源可使道路功能得到充分利用，从而实现效率最大化和设施最优化配置(图 10-1)，达到提高出行体验的效果。鉴于此，交通系统和交通主体之间的沟通和信息交换越来越重要。

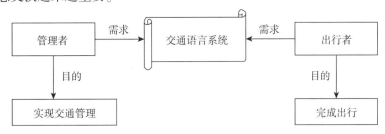

图 10-1　交通管理者和出行者对交通语言的需求

10.1.2　交通语言概念的形成

作为交通信息载体，交通标志、标线、标识及信号灯等在现在的交通系统中已经得到广泛应用，但是对于交通信息的传递及承接组合还没有成熟的理论支撑。基于此，借助语言学的相关理论描述信息之间的承接关系，并对结构体系加以构建。交通管理者借助交通语言系统实现其管理理念，达到管理意图，对于交通管理和组织有积极意义。同时，在出行者的出行体验中，交通语言也是出行者获取管理和控制信息的有效途径之一，所以需要反映出行者信息需求的特点。

据此，给出交通语言系统定义：交通语言系统是交通管理者与出行者之间进行信息交流的工具，是以颜色、符号、文字和声音等为基础的符号体系与规则体系的集合体。

当人们处于交通系统之中，以不同的形式参与交通相关的活动时，由人的思维和感知特征产生的一种形式语言称为交通语言，交通语言是自然语言的简单化产物，形象并直观地转化为有关交通活动的自然语言。交通语言的具体形式，包含标线、标志、交通信号、行人标识等。

10.1.3　交通语言的内涵

交通语言的本质是为了体现交通系统中各种服务信息，延伸来讲可以解释为具体表达交通语言信息的各种形式和设施等。但是，交通语言设施不仅仅存在于有限的空间内，而存在于任何有交通活动发生的空间，如常见的公路、城市道路(包含机动车道、非机动车道、各类交叉口和人行道等)，以及住宅区、交通枢纽等。由于交通场景广泛，我们常提

到的交通语言通常是指标志、标线和交通信号、交通诱导信息板等所传递的信息。

10.2 交通标志设计

10.2.1 机动车交通标志设计

交通标识系统作为交通语言系统的组成部分，是使用图形、符号、颜色和文字向出行者传递特定信息的交通附属设施，一般设置在道路一侧或道路上方。通过交通标识系统以期达到两方面的用途，但是主要都是为了向驾驶员传递信息：一方面是为驾驶员提供交通管理和控制信息(指示标志、警告标志、禁止标志和一些辅助标志)；另一方面是提供基本道路信息和服务信息，以便驾驶员实时掌握路况(路标、服务区、停车位信息板、可变信息板)。

交通标识系统应实现的目标为：简洁明晰地提供交通管理与服务信息，各交通标志之间不出现歧义和矛盾现象；标志设置位置遵循驾驶员的心理状态及其对标志识别和理解过程的基本规律。根据道路交通标志的指引和提示，驾驶员不需要其他外在指路措施就能安全、顺利地到达目的地。

1. 驾驶员出行信息需求分析

一般来说，对路况陌生的出行者对交通语言的依赖性最强，因此交通语言设计要以不熟悉路况的出行者的信息需求为基础。

在出行者对于路况陌生的情况下，其主要依赖交通语言来获取交通信息。

1)指路信息

指路信息主要是帮助出行者获取路线信息，传递当下的道路信息，包括路线方向、所处地理位置，以及距离下一个地点的距离方位等。指路信息主要包含两类：一类是高速公路或者城市快速路相关的指路标志，主要包括地点、距离、里程碑及分合流标志等语言元素；另一类是一般公路和城市道路的指路标志，这类指路标志包含的内容以城镇信息为主，如周边相关道路的路名、道路的大致走向及当前相交道路的道路信息等。

2)服务信息

(1)加油站、维修站等：加油站和维修站对于机动车交通来说都是必不可少的基础设施，在不影响其他交通标志识别的情况下，可以考虑设置在城市道路上没有其他交通标志的前后 100~150 m 范围内。

(2)停车引导信息：机动车出行一定具有停车需求。停车引导信息对于减少车辆在停车上的时间消耗或者绕行距离，以及提高交通设施使用效率等极为重要。

(3)动态交通信息发布：动态信息的发布多采用可变信息板，发布路况信息、交通事件和灾害天气信息等。

3)交通管理信息

交通管理信息是指管理人员在交通管理过程中发布的与交通系统管理相关的信息，包括指示信息、警告信息和禁令信息等。这方面的信息的关键主要在于其表达的交通组织方式和交通管理措施是否明确、无歧义，是否与其他交通语言如路面标线一致等。

2. 交通标志分类与设计

交通标志按功能区分，包括警告标志、禁令标志、指示标志、指路标志、旅游区标志、道路施工安全标志和辅助标志(表 10-1)。

表 10-1　交通标志设置简表

类型		语气	设置地点	作用
静态	警告	警示	在通过技术判断认为易发生危险的路段;容易造成驾驶者错觉而放松警惕的路段;同一位置连续发生同类事故的路段	对可能出现的危险提出警示,保障交通安全
	禁令	否定	禁止某种交通活动或某种车辆的路段前方	禁止进行某种交通活动
	指示	说明	交通组织方式出现变化路段的前方	说明道路交通管理措施或辅助其他标志,明确交通组织形式
	指路	说明	一般在交叉口进口道前方或路线出现分叉处	指示路名和战略、战术方向
	旅游区	说明	主要在通往旅游区的各个连接道路的交叉口处	提供旅游景点方向和距离的信息
	道路施工安全	警示	放置在施工区域前方适当位置	告示路人前方施工,为了安全,要减速慢行或绕行,以减少安全事故的发生。
	辅助	说明	在主标志下方	辅助说明
动态	VMS	说明	需要发布交通信息的地方	向道路使用者提供动态可变信息

1)警告标志

面对陌生道路的出行,人们无法预知前方潜在的路况影响因素,通过警告标志,及时提醒出行者注意不同路段道路实况的变化,以标志提醒驾驶员,获取信息的驾驶员能够在遇见突发情况之前有足够的时间预警,确保出行安全。

2)禁令标志

禁令标志主要运用否定的方式传递信息,表示禁止进行某种交通行为,强硬的语气对出行者具有一定的威慑作用。

3)指示标志

指示标志是面向车辆、行人行进的标志,按功能可以分为以下 3 类。

(1)道路遵循方向标志,表示道路上应遵循的方向规定。

(2)道路通行权分配标志,表示道路通行优先权分配的规定。

(3)专用标志,表示道路(或车道)上遵循的特殊规定。

4)指路标志

(1)指路方式。指路方式将指路相关(包括目的地、距离图等)的信息进行有机组织。在设计指路标志时,将地名元素的排列方式与出行者的视角保持一致,这种方法使指路标志更加贴近需要传递的信息,如图 10-2 所示。在出行者角度来看,获取的指路信息应当保持连贯和通畅,因此连续性定义为指路信息与前后同类信息之间的关联度。为避免信息断链,常采用"战略信息+滚动战术信息"的组合指路方式,其形式如图 10-3 所示。

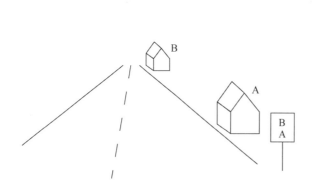

图 10-2　指路标志信息组织方式

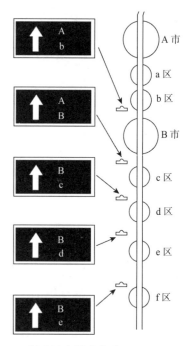

图 10-3　指路标志指路方式

不同等级道路的指路标志形式不同，主、次干道指路标志的形式如图 10-4 所示，支路指路标志的形式如图 10-5 所示。

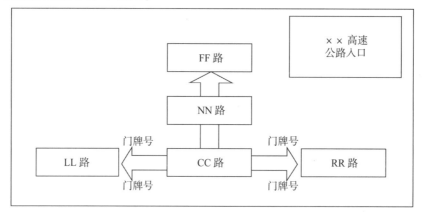

图 10-4　主、次干道指路标志形式

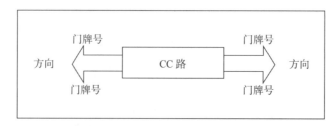

图 10-5　支路指路标志形式

此外，指路标志还包括专用标志，给出行者指示附近的交通枢纽、服务设施及著名场所等的位置，可根据具体需要设置大小。

（2）地点距离的选择。在指路标志信息选择中，对于控制性地点的选择是不可忽视的一项内容，如经过各级城镇的公路，连接城市不同区域的城市道路等。对于重要的各级中心城市名称、特殊地物名称，各级道路名称、标志性建筑物、重要的对外交通枢纽等都可作为标志以提供指路目标信息。根据控制性节点城市的属性，可获取指路标志中的地点和距离信息，我国对于指路信息中的地点要素分级如表 10-2 所示。在公路指路标志应用中，可根据公路行政等级和公路所在行政区域特点分级选择信息要素，由近及远分层次叙述。

表 10-2 指路信息要素分级

等级	一级	二级	三级
要素	直辖市和省或自治区的省会城市、计划单列市、经济特区、交通枢纽、高速公路名称和编号、国道编号、飞机场、著名风景区等	地级市、县(市)、省道编号、大型经济开发区、著名地点、公路沿线设施、港口等	乡镇、重要集镇、著名村庄、县乡道编号、旅游景点等

5）旅游区标志

旅游区标志是提供旅游景点方向和距离的信息。这些标志通常为棕色背景，形状为长方形和正方形，用于指示旅游景点的方向和距离。

6）道路施工安全标志

道路施工安全标志用于通告道路施工区的通行信息。这些标志用于提醒驾驶人和行人注意施工区域，确保安全通行。

7）可变信息标志

可变信息标志(Variable Message Signs，VMS)是内容随时间和交通流状况变化而变化的一种动态交通标志，它以实时的交通数据采集为基础，是用文字和图形来发布交通状况信息的一种设施，起到辅助管理和诱导交通流的作用。VMS 通常设置在城市出入口、高速道路出入口和城市核心区等适当的位置。在城区出入口附近，可以通过 VMS 发布城市间连接道路的交通状况信息，以及出入直接相关的主干路交通状况等；在高速道路入口处，可以通过 VMS 向出行者发布高速道路的运行状况信息及拥堵信息；在城市核心区，可以通过 VMS 向出行者发布主要道路的拥堵状况、停车场(库)的使用状况等。为了使出行者在接收到事件信息后能够及时判断是否调整出行路线，VMS 应设置于可替代路径上游的路段，并距离交叉口不少于 150 m。随着车载信息服务系统的不断完善和普及，VMS 将趋于车内化。

10.2.2 慢行交通标志设计

行人交通和非机动车交通总称为慢行交通，对于慢行交通我们最在意的问题是安全性和人本性。慢行交通是交通系统中重要的内容，不仅应得到足够的重视，更应当作为交通管理的首要考虑因素。慢行交通语言作为慢行交通服务的信息系统，包括慢行交通本身的方向和目的地指引，以及换乘指引信息服务等。

1. 路名牌构造设计

在交叉口处各个方向的行人和机动车交通流交换最频繁，在设计路名牌的时候应当充分考虑视觉特征。由生物学知识得知，人的视锥角在 1.5°~3° 的范围内时，视觉效果最清晰。因此，应把路名牌设计在大多数行人和驾驶员的可调节中心视力范围内。除此之外，在交叉口有车辆排队时，为使不同车道的出行者可以认读路名牌信息，需要考虑路名牌离地高度在 2.8~3.2 m 之间。路名牌尺寸如表 10-3 所示。

表 10-3 路名牌尺寸

类别	尺寸
标准路名牌尺寸	1 200 mm×300 mm
大交叉口(主干道)的路名牌尺寸	1 500 mm×350 mm

组合式路名牌可增加信息量,即同一根杆柱上设置多个指示方向的路名,设置本向道路名牌在下,相交道路名牌安排在本向道路名牌上,一般设置于路幅较大的道路上,如图10-6 所示。

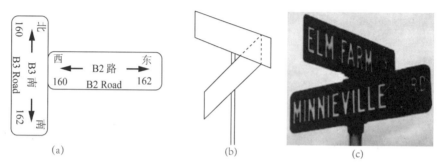

图 10-6　组合式路名牌布置

2. 路名牌信息设计

路名牌信息设计的内容包括信息的逻辑范围和空间范围、如图 10-7 所示信息的表达方式等。

(1)道路路名:包括中英文路名。

(2)道路两端指向:以东南西北标出其指向,与正方向偏角 45°以下的仍以正方向标出。

(3)门牌号信息:这是非常重要的信息,有益于减少转向交通的无谓绕行。

3. 路名牌位置

一般进口道可以按照如图 10-8 中所示的方法设置路名牌,位置设置横向距行车道路缘 0.3~1 m,纵向距停车线后 0~3 m。在基本原则相同的情况下,为了方便机动车驾驶员通过路名牌获取信息,宜将路名牌设置于有机非分隔带的道路的机非分隔带中。

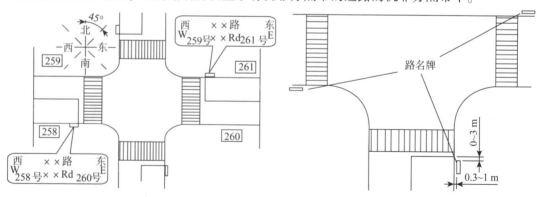

图 10-7　含有路名及两侧门牌号信息的路名牌　　　图 10-8　交叉口路名牌位置

4. 慢行交通导向标志设计

方向信息是导向信息的重要组成部分。通行环境视野开阔,则除了导向信息,还有环境中实体建筑或者设施都可以为出行者提供方向参照，但是通行环境视野受限时，出行者需要专门的导向信息。常用的慢行交通导向信息如下。

1）指引交通设施

"目标、箭头、距离"称为导向信息三要素，由这 3 种要素组成导向信息作为交通设施的导向，如图 10-9 所示。人行天桥和地下通道也可以采用这类导向标志。为指引停车完毕后的步行交通，适当调整传递的信息，就可以为室内或地下停车场、自走式立体停车库中的步行系统提供服务。

图 10-9　指引交通设施的导向标志

2）身体不便者专用设施

身体不便者专用设施专门用来指示身体不便者(残疾人)专用设施的位置。一般设置在身体不便者专用设施附近的适当位置，并附加辅助标志，指示设施的方向或距离。

5. 慢行交通路面指示标志设计

1）道路路面指示标识

慢行交通路面上的自行车和行人标识主要用来明确区分机动车和行人交通空间，如图 10-10 所示。

图 10-10　路面指示标志图例

2）交通枢纽和地下空间行道面的交通标识

交通枢纽和地下空间行道面的交通标识设置于交通枢纽、地铁站、地下商业街或大型体育场馆的行人集散处。大型建筑物或地下空间中的行人方向感较差，在步道路面上施画标识能为步行者指明正确的方向，如图 10-11(a)、(b)所示。行人标识也可以规范行人的行走轨迹，改善行人通行秩序。图 10-11(c)为地铁站指示乘客分两列排队上车的标识。

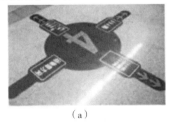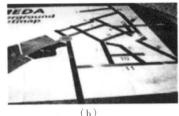

图 10-11　交通枢纽和地下空间行道路面指示标识和导向标识

10.2.3　行人与无障碍交通标志设计

1. 一般规定

非机动车专用路、非机动车与行人专用路上设置的标志，汉字字高不宜低于15 cm。字母、数字与汉字高度的关系及字间距等应遵循 GB 5768. 2—2022《道路交通标志和标线 第 2 部分：道路交通标志》的要求。特殊情况经论证，汉字字高可减小，但不应低于 10 cm。非机动车专用路、非机动车与行人专用路上设置的三角形警告标志边长宜取50 cm，圆形与八角形的禁令与指示标志外径宜取 45 cm，三角形的禁令标志边长宜取 50 cm。

2. 行人交通标志位置

1）路段

在非机动车与行人专用路的起点、每过一个交叉口后的适当位置应设置非机动车与行人通行标志。在非机动车专用路、非机动车与行人专用路结束处，宜设置专用路结束标志。

非机动车与行人共享空间通行的专用路，可根据需要设置路面标记，如图 10-12 所示。

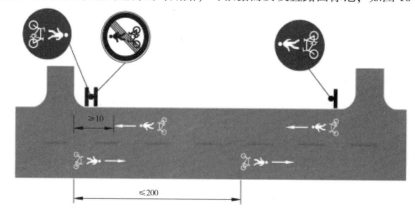

图 10-12　非机动车与行人共享专用路路面标记（尺寸单位：m）

非机动车和行人分开空间通行的专用路，宜设置非机动车和行人的路面标记，可配合使用路面箭头标记，如图 10-13 所示。

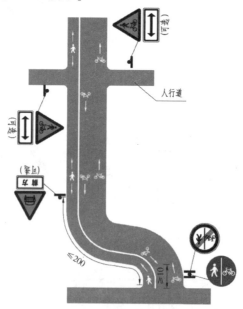

图 10-13　非机动车与行人分行专用路路面标记（尺寸单位：m）

2）交叉口

非机动车专用路、非机动车与行人专用路与机动车道相交叉时，应在与机动车道的交叉位置设置人行横道线，应在非机动车专用路或非机动车与行人专用路的交叉位置前设置停车让行或减速让行标志和标线，如图 10-14 所示。

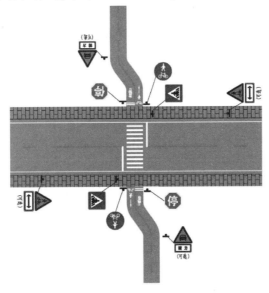

图 10-14　非机动车与行人专用路与机动车道相交叉示例

3. 无障碍交通标志设计要求

1）字符

交通标志的字符信息应考虑视力等机能障碍者的出行方便性，合理设计其大小、间距、颜色及亮度对比度等，具体要求如下。

（1）为方便视力障碍者辨识交通标志信息，应采用提高颜色饱和度和对比度、加大字号和尺寸、缩短视距等方法设计文字和图形符号。

（2）为盲人设计的盲文提示牌应易于用手触摸和识别，盲文标志的表示方法应采用国际通用的表示方法。

2）布局

交通标志应根据残障人士的出行便利性进行合理的布局，宜符合以下要求。

（1）宜根据无障碍通行要求设置相应的无障碍交通标志。

（2）无障碍交通标志应设置在行进方向最易于发现、辨识的位置，不应被栏杆、树和其他设施遮挡。

（3）城市主要地段的道路和建筑物宜提供无障碍交通标志。

（4）宜根据行动障碍者、视力障碍者和听力障碍者的交通出行需求状况进行调研和科学预测，合理地布局无障碍交通标志的位置、数量和间距。

10.2.4　公共交通标志设计

1. 公共交通出行过程及信息需求

根据出行者的出行特征及出行目的，公共交通出行过程主要分为固定出行路线（如通勤、通学）和非固定路线（如休闲、旅游、业务出行）两类。以非固定路线出行者的信息需求为基础设计公共交通导向系统。乘客在出行前、出行中、出行后及换乘等过程中的信息需求如下。

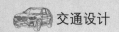

（1）出行前：出行者出行前对于此次出行初步规划，通过上网查询、纸质地图或其他方式获取相关信息，从战略角度获取初步认识。

（2）出行中：在交通站点或者乘坐的交通工具中获取所需要的出行信息，这些都属于乘坐公共交通的导向服务信息，出行中的信息需求还有表10-4所列的处于交通枢纽中的信息需求。

表10-4　出行者在交通枢纽中的信息需求内容

类别	信息内容
常规公交、轨道交通相关信息	公交车实时到/离站信息、延误信息、拥挤状况(是否有空位和空位数)、到站换乘提示、回程站点导向；换乘车次、票价、售票地点等
飞机、火车、长途客运等对外交通方式信息	航班或车次到港(站)信息、航班或车次晚点情况信息、车票信息、与市内交通的换乘信息、目的地交通和天气情况等
黄页服务信息	通过各种设备访问公众信息服务系统，获取与出行有关的社会综合服务信息，包括天气、娱乐、购物、旅游、食宿等。根据这些信息制订或调整出行计划，选择合适的路径，从而减少无谓出行和因此造成的延误
特色信息	特定条件下的信息需求，如奥运会信息服务、世博会信息服务等

公共交通语言系统还应包括公交运行时刻表、车辆到站信息、换乘信息及公交/枢纽中的步行导向。其中，导向系统包括外部导向和属性指引两种形式。

1)外部导向

公共交通有固定的停靠站，且有一定的服务范围。导向信息的设置可增大其服务范围，提高公共交通服务水平。导向标志设计可参照慢行交通导向系统设计方法。对于交通枢纽周边的密集住宅区，有必要加强对慢行交通的导向，具体方法如下。

（1）在各大社区的出口处设置动态信息服务设施，向出行者发布轨道交通的到达情况。

（2）改善轨道站点的停车服务和换乘服务，吸引通过自行车换乘轨道交通的出行者，进一步扩大轨道交通服务的辐射范围。

2)属性指引

属性指引主要考虑乘客位于轨道或是公交车站的情况，通过交通设施及交通工具自身的属性，同时考虑出行目的，对交通工具、乘车线路及方向作出选择，而线路编号(或名称)为乘坐公交的出行者提供最重要的信息。线路编号是出行者区分不同线路的主要信息渠道，同时可以获取大量的交通信息，如用编号开头数字代表线路的等级。另外，出行者还有许多获取出行信息的渠道，线路基础设施设置不同的特征色，甚至公交车本身都存在不同的特征(如车型、颜色)，如表10-5所示。

表10-5　公交线路和车辆特征及其可提供的信息

线路或车辆特性	可提供的信息
线路编号	根据特定的编号规则区别不同等级和类别的线路
车型	利用车型可以区别不同等级和类别的线路，如大型车→干线、大站车；中巴车→短途运输和接驳
颜色	不同的车体颜色代表不同等级和类别的线路

2. 公交枢纽及站点设计

1) 公交站牌设计

公交站牌设置在公交停靠站，乘客在乘车过程中主要通过这种设施获取出行信息。科学合理地设计公交站牌，可以满足人们对出行信息的需求，体现人文设计理念。公交站牌主要有两种形式：一是静态的普通公交站牌，二是信息可变的电子公交站牌。

(1) 普通公交站牌。

公交乘客的一般乘车过程为：确定路线走向→选择适当线路→寻找所选线路的停靠站。因此，公交站牌应包括如下信息。

① 线路起终点和途经各停靠站名称及当前站点名称。

② 线路走向或带有地图的线路图。

③ 线路号码标识(色彩标识)。

④ 票价、是否为空调车、售票方式等。

⑤ 首末班车时刻等。

(2) 电子公交站牌。

电子公交站牌是运用先进的电子、通信、多媒体、网络等技术，为候车乘客提供实时、动态的公交出行信息的设施，可便于乘客根据实际情况调整出行计划，其可提供的信息如下。

① 换乘引导信息：在普通交通站牌上也可提供。

② 公交车当前位置信息：主要靠公交车定位技术来实现。

③ 公交车到站时间预报信息：信息的精度取决于公交车行程时间预测的准确性。实际到站与预报到站时间的吻合程度，会影响乘客对电子公交站牌信息的信任度。

④ 公交车内的服务水平(拥挤度)信息：公交车内的实际乘车人数与额定载客数的比值，候车乘客可根据该信息判断选择自己想要搭乘的线路或者选择其他的交通方式。拥挤度可以通过公交车的计数装置获得，或者由公交车乘车费用计算得到。

⑤ 车辆调度信息：公交调度中心根据公交车的实时运行情况，对在线运行的公交车时刻表进行临时调整的信息。

2) 出入站点及换乘导向系统设计

在乘客出行过程中，往往以导向系统的指引为基础寻找公交站点或者换乘枢纽，进入枢纽后，结合实际情况，继续通过导向系统寻找合适的搭乘线路。公交导向系统中应用众多交通语言元素，其中包含声音、颜色(特征色/识别色)、图形、符号、文字等。

(1) 站外导向。

借助导向系统等将站点服务范围内的客流引导至站点的过程称为站外导向，分为客流集中和疏散导向。通常，导向目标为枢纽或公交站点为汇集客流的导向信息，而以站点周边标志性的建筑、重要企事业单位，特别是学校等为导向目标的情况一般为疏散客流的导向信息。

(2) 站内导向。

站内导向仅对地铁站、BRT 车站或大型交通枢纽具有意义，以指引乘客购票、进站、候车等为目的，其导向系统的设计与车站形式、收费方式、交通组织等情况有关。站内导向系统主要有两种形式，一是导向标志牌，二是地面导向标识，如图 10-15 所示，常将两种方式并用。

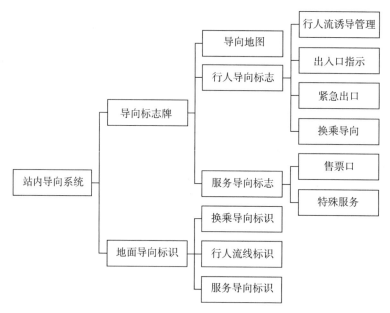

图 10-15 站内导向信息发布内容

10.3 交通标线设计

道路交通标线是由标画于路面上的各种线条、箭头、文字、立面标记、突起路标和轮廓标等所构成的交通安全设施。它的作用是管制和引导交通，可以与标志配合使用，也可单独使用。

高速公路，一、二级公路和城市快速道路、主干路应按 GB 5768.3—2009《道路交通标志和标线 第 3 部分：道路交通标线》规定设置反光交通标线，其他道路可根据需要按 GB 5768.3—2009 设置标线。交通标线的名称、图例及含义如表 10-6 所示。

表 10-6 交通标线的名称、图例及含义

编号	名称	图例	含义
1	白色虚线		标画于路段中时，用以分隔同向行驶的交通流；标画于路口时，用以引导车辆行进
2	白色实线		标画于路段中时，用以分隔同向行驶的机动车、机动车和非机动车，或指示车行道的边缘；标画于路口时，用作导向车道线或停止线，或用以引导车辆行驶轨迹；标画为停车位标线时，指示收费停车位
3	黄色虚线		标画于路段中时，用以分隔对向行驶的交通流或作为公交车专用车道线；标画于交叉口时，用以告示非机动车禁止驶入的范围或用于连接相邻道路中心线的路口导向线；标画于路侧或缘石上时，表示禁止路边长时间停放车辆

编号	名称	图例	含义
4	黄色实线		标画于路段时，用以分隔对向行驶的交通流或作为公交车、校车专用停靠站标线；标画于路侧或缘石上时，表示禁止路边停放车辆；标画为网格线时，标识禁止停车的区域；标画为停车位标线时，表示专属停车位
5	双白虚线		标画于路口时，作为减速让行线
6	双白实线		标画于路口时，作为停车让行线
7	白色虚实线		用于指示车辆可临时跨线行驶的车行道边缘，虚线侧允许车辆临时跨越，实线侧禁止车辆跨越
8	双黄实线		标画于路段中时，用以分隔对向行驶的交通流
9	双黄虚线		标画于城市道路路段中时，用于指示潮汐车道
10	黄色虚实线		标画于路段中时，用以分隔对向行驶的交通流。实线侧禁止车辆跨线，虚线侧准许车辆临时跨线
11	橙色虚、实线		用于作业区标线
12	蓝色虚、实线		作为非机动车专用道标线；标画为停车位标线时，指示免费停车位

交通标线按功能可分为以下 3 类。

（1）指示标线：指示车行道、行车方向、路面边缘、人行道、停车位、停靠站及减速丘等标线。

（2）禁止标线：告示道路交通的遵行、禁止、限制等特殊规定的标线。

（3）警告标线：促使道路使用者了解道路上的特殊情况，提高警觉准备应变防范措施的标线。

交通标线按设置方式可分为以下 3 类。

（1）纵向标线：沿道路行车方向设置的标线。

（2）横向标线：与道路行车方向交叉设置的标线。

（3）其他标线：字符标记或其他形式标线。

交通标线按形态可分为以下 4 类。

（1）线条：标画于路面、缘石或立面上的实线或虚线。

（2）字符：标画于路面上的文字、数字及各种图形、符号。

（3）突起路标：安装于路面上用于标示车道分界、边缘、分合流、弯道、危险路段、路宽变化、路面障碍物位置等的反光体或不反光体。

（4）轮廓标：安装于道路两侧，用以指示道路边界轮廓、道路前进方向的反光柱（或

反光片）。道路交通标线种类及其作用如表 10-7 所示。

表 10-7　道路交通标线种类及其作用

标线种类		标线作用
指示标线	双向两车道路面中心线	用于分隔对向行驶的交通流，指示车辆驾驶员靠右行驶，各行其道，分向行驶
	车行道分界线	用来分隔同向行驶的交通流
	车行道边缘线	用来指示机动车道的边缘或划分机动车道与非机动车道的分界
	左弯待转区线	用来指示左弯车辆可在直行时段进入待转区，等待左转
	左转弯导向线	表示左转弯的机动车与非机动车之间的分界，主要用于畸形平面交叉口
	人行横道线	表示准许行人横穿车行道的标线
	高速公路车距确认标线	用以提供行车安全距离参考
	高速公路出入口标线	为保证驶入或驶出匝道车辆安全交汇，减少与突出部缘石碰撞的标线
	停车位标线	用以表示车辆停放位置
	港湾或停靠站标线	用以表示公共客车通向专门的分离引道和停靠位置
	收费岛标线	用以表示收费岛的位置，为驶入收费车道的车辆提供清晰的标记
	导向箭头	用以表示车辆的行驶方向
	路面文字标记	利用路面文字，指示或限制车辆的行驶
禁止标线	禁止超车线	中心黄色双实线表示严格禁止车辆跨线超车或压线行驶。中心黄色虚实线表示实线一侧禁止车辆越线超车或向左转弯，虚线一侧准许车辆越线超车或向左转弯；中心黄色单实线表示不准车辆跨线超车或压线行驶
	禁止变换车道线	用于禁止车辆变换车道和借道超车
	禁止路边停放车辆线	用以指示禁止路边长时停放车辆的路段
	停止线	表示车辆等候放行信号的停车位置
	让行线	表示车辆在此路口必须停车或减速让干道车辆先行
	非机动车禁驶区标线	用以告示非机动车在交叉口内禁止驶入的范围
	导流线	表示车辆需按规定的路线行驶，不得压线或越线行驶
	网状线	用以告示驾驶员禁止在设置本标线的交叉口（或其他出入口处）临时停车，防止交通阻塞
	车种专用道线	用以指示仅限于某车种行驶的专用车道，其他车种或行人不得进入
	禁止掉头标记	用于禁止车辆掉头的交叉口或区间
	中心圈	用以区分车辆大、小转弯及交叉口车辆左右转弯的指示，车辆不得压线行驶

续表

标线种类		标线作用
警告标线	车行道宽度渐变段标线	用以警告车辆驾驶员路宽缩减或车道数减少,应谨慎行车,并禁止超车
	路面障碍物标线	用以指示路面有固定性障碍物,警告车辆驾驶员谨慎行车,绕过路面障碍物
	近铁路平交道口标线	用以指示前方有铁路平交道口,警告车辆驾驶员谨慎行车
	减速标线	用以警告车辆驾驶员前方应减速慢行
	减速车道线	用以警告车辆驾驶员前方应减速慢行
	立面标记	用以提醒驾驶员注意,在车行道或近旁有高出路面的构造物,以防止发生碰撞的标记

10.3.1　机动车交通标线设计

1. 指示标线

因篇幅限制,这里主要介绍可跨越对向车行道分界线和可跨越同向车行道分界线,其他内容参考《道路交通标志和标线　第 3 部分:道路交通标线》(GB 5768.3—2009)中的相关内容。

1)可跨越对向车行道分界线

凡路面宽度可标画两条及以上机动车道的双向行驶的道路,在允许车辆越线超车或转弯时,应标画可跨越对向车行道分界线。

可跨越对向车行道分界线为单黄虚线,线段及间隔长分别为 400 cm 和 600 cm,一般线宽为 15 cm,交通量非常小的农村公路、专属专用道路等特殊应用情况下,线宽可采用 10 cm,如图 10-16 所示(图中箭头仅表示车流行驶方向)。

2)可跨越同向车行道分界线

可跨越同向车行道分界线为白色虚线,用来分隔同向行驶的交通流,设在同向行驶的车行道分界上。在保证安全的情况下,允许车辆短时越线行驶。

同一行驶方向有两条或两条以上车行道,并允许车辆变换车道或短时跨越车行道分界线行驶时,应标画可跨越同向车行道分界线。

可跨越同向车行道分界线一般线宽为 10 cm 或 15 cm,交通量非常小的农村公路、专属专用道路等特殊应用情况下,线宽可采用 8 cm。设计速度不小于 60 km/h 的道路,可跨越同向车行道分界线线段及间隔长分别为 600 cm 和 900 cm,如图 10-17 所示(图中箭头仅表示车流行驶方向);设计速度小于 60 km/h 的道路,可跨越同向车行道分界线线段及间隔长分别为 200 cm 和 400 cm,如图 10-18 所示(图中箭头仅表示车流行驶方向)。

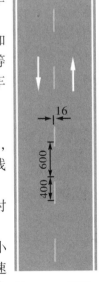

图 10-16　可跨越对向车行道分界线(尺寸单位:cm)

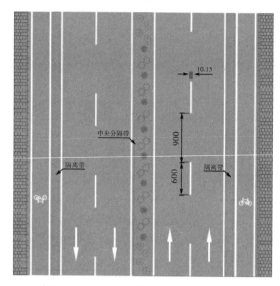

图 10-17　可跨越同向车行道分界线 1
（尺寸单位：cm）

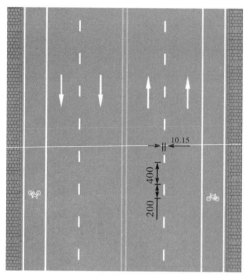

图 10-18　可跨越同向车行道分界线 2
（尺寸单位：cm）

2. 禁止标线

在机动车禁止标线中，纵向禁止标线包括禁止跨越对向车行道分界线、禁止跨越同向车行道分界线、禁止停车线；横向禁止标线包括停止线、停车让行线、减速让行线；其他禁止标线包括非机动车禁驶区标线、导流线、网状线、专用车道线、禁止掉头（转弯）线。

因篇幅限制，这里主要对禁止跨越对向车行道分界线、禁止跨越同向车行道分界线、停止线、让行线和网状线的基本内容进行介绍，其他机动车禁止标线可参考《道路交通标志和标线 第 3 部分：道路交通标线》（GB 5768.3—2009）中的相关内容。

1）禁止跨越对向车行道分界线

禁止跨越对向车道分界线（也可称为禁止跨越道路中心线）有双黄实线、黄色虚实线和单黄实线 3 种类型，用于分隔对向行驶的交通流，并禁止双方向或一个方向车辆越线或压线行驶。一般设在道路中线上，但不限于一定设在道路的几何中心线上。

双黄实线作为禁止跨越对向车行道分界线时，禁止双方向车辆越线或压线行驶。一般标画于单方向有两条或两条以上机动车道而没有设置实体中央分隔带的道路上，除交叉路口或允许车辆左转弯（或掉头）路段外，均应连续设置，可采用振动标线的形式。

黄色实线线宽一般为 15 cm，特殊情况下可降低至 10 cm，两标线的间隔一般为 10~30 cm，如图 10-19 所示（图中箭头仅表示车流行驶方向）。

黄色虚实线作为禁止跨越对向车行道分界线时，实线一侧禁止车辆越线或压线行驶，虚线一侧准许车辆暂时越线或转弯。越线行驶的车辆应避让正常行驶的车辆。

中心黄色虚实线可用作双向通行的三条机动车道道路

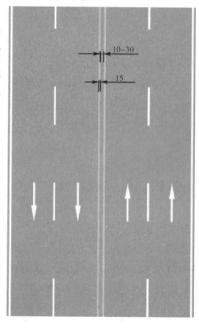

图 10-19　双黄实线禁止跨越对向车行道分界线（尺寸单位：cm）

的对向车行道分界线，以及需要实行单侧禁止超车的其他道路的对向车行道分界线。标线线宽一般为 15 cm，特殊情况下可降低至 10 cm，两标线的间隔一般为 10~30 cm，虚线段与间隔长分别为 400 cm 和 600 cm，如图 10-20 所示(图中箭头仅表示车流行驶方向)。

单黄实线作为禁止跨越对向车行道分界线时，禁止双方向车辆越线或压线行驶。一般标画于单方向只有一条车道或一条机动车道和一条非机动车道道路、视距受限制的竖曲线、平曲线路段及有其他危险需要禁止超车的路段，可采用振动标线的形式。

标线线宽 15 cm，在路面较宽时，为保证车行道宽度不大于 3.75 m，单黄实线线宽可以适当增加，最大为 30 cm，如图 10-21 所示(图中箭头仅表示车流行驶方向)。

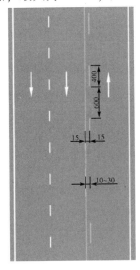

图 10-20 黄色虚实线禁止跨越对向车行道
分界线(尺寸单位：cm)

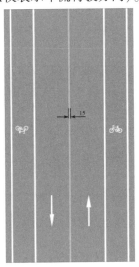

图 10-21 单黄实线禁止跨越对向车行道
分界线(尺寸单位：cm)

2)禁止跨越同向车行道分界线

禁止跨越同向车行道分界线用于禁止车辆跨越车行道分界线进行变换车道或借道超车，多设于交通繁杂而同向有多条车行道的桥梁、隧道、弯道、坡道、车行道宽度渐变路段、接近人行横道线的路段或其他需要禁止变换车道的路段。

本标线为白色实线，一般线宽为 10 cm 或 15 cm，交通量非常小的农村公路、专属专用道路等特殊应用情况下，线宽可采用 8 cm，可采用振动标线的形式，如图 10-22 所示(图中箭头仅表示车流行驶方向)。

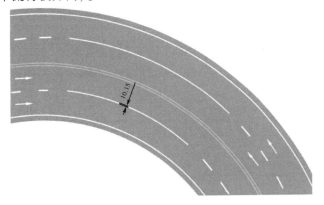

图 10-22 禁止跨越同向车行道分界线(尺寸单位：cm)

3）停止线

停止线表示车辆让行、等候放行等情况下的停车位置，可标画于交叉路口、铁路平交道口、左弯待转区的前端、人行横道线前及其他需要车辆停止的位置。

停止线为白色实线。双向行驶的路口，停止线应与对向车行道分界线连接；单向行驶的路口，其长度应横跨整个路面。停止线的宽度可根据道路等级、交通量、行驶速度的不同选用 20 cm、30 cm 或 40 cm。

停止线应设置在有利于驾驶员观察路况的位置。设有人行横道时，停止线应距人行横道 100～300 cm，如图 10-23 所示。

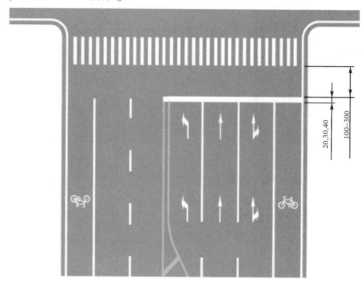

图 10-23　停止线设置位置（尺寸单位：cm）

4）让行线

停车让行线应设在有利于驾驶员观察路况的位置。如有人行横道线，停车让行线应距人行横道线 100～300 cm，如图 10-24 所示。

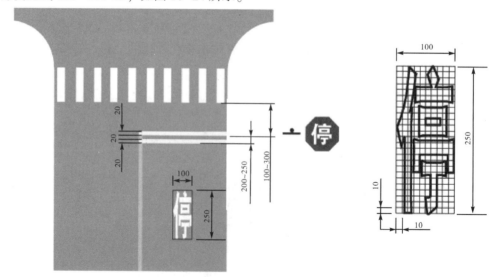

图 10-24　停车让行线设置位置（尺寸单位：cm）

减速让行线为两条平行的虚线和一个倒三角形，颜色为白色。双向行驶的路口，白色虚线长度应与对向车行道分界线连接；单向行驶的路口，白色虚线长度应横跨整个路面。虚线宽 20 cm，两条虚线间隔 20 cm。倒三角形底宽 120 cm，高 300 cm。

减速让行线应设在有利于驾驶员观察路况的位置。如有人行横道线，减速让行线应距人行横道线 100~300 cm，如图 10-25 所示。

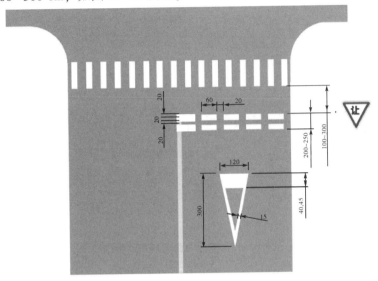

图 10-25 减速让行线设置位置(尺寸单位：cm)

5）网状线

网状线用以标示禁止以任何原因停车的区域，视需要标画于易发生临时停车造成堵塞的交叉路口、出入口及其他需要设置的位置。

标线颜色为黄色，外围线宽 20 cm，内部网格线与外边框夹角为 45°，内部网格线宽 10 cm，斜线间隔 100~500 cm，如图 10-26 所示。

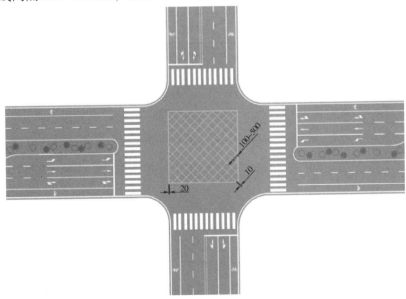

图 10-26 网状线(尺寸单位：cm)

3. 警告标线

因篇幅限制，这里主要对路面(车行道)宽度渐变段标线、立面标记的基本内容进行介绍，其他警告标线可参考《道路交通标志和标线 第3部分：道路交通标线》(GB 5768.3—2009)中的相关内容。

1) 路面(车行道)宽度渐变段标线

路面(车行道)宽度渐变段标线(图10-27)用以警告车辆驾驶员路宽或车道数变化，应谨慎行车，并禁止超车，标线颜色为黄色。在路宽缩窄的一侧应配合设置窄路标志。

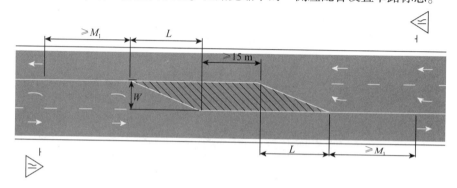

图10-27 车行道宽度渐变段标线

图10-27中，渐变段的长度 L 按下式确定：

$$L = \begin{cases} \dfrac{v^2 W}{155} & (v \leqslant 60 \text{ km/h}) \\ 0.625 \times vW & (v > 60 \text{ km/h}) \end{cases}$$

式中，L——渐变段的长度(m)；

v——设计速度(km/h)；

W——变化宽度(m)。

图10-27中，M_1 为安全停车视距，其取值如表10-8所示。

表10-8 安全停车视距取值

速度/(km·h^{-1})	停车视距 M_1/m	速度/(km·h^{-1})	停车视距 M_1/m
120	210	50	55
100	160	40	40
80	110	30	30
60	75		

注：表中没有包括的速度的视距值，可以内插或外插法求算。

2) 立面标记

立面标记用以提醒驾驶员注意在车行道或近旁有高出路面的构造物。可设在靠近道路净空范围的跨线桥、渡槽等的墩柱立面、隧道洞口侧墙端面及其他障碍物立面上，一般应涂至距路面2.5 m以上的高度。标线为黄黑相间的倾斜线条，斜线倾角为45°，线宽均为15 cm。设置时应把向下倾斜的一边朝向车行道，如图10-28所示。

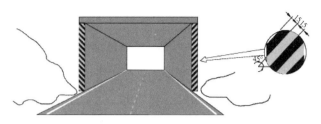

图 10-28　立面标记(尺寸单位:cm)

10.3.2　非机动车交通标线设计

1. 指示标线

在非机动车指示标线中,这里主要对非机动车停车位标线、路面图形标记(非机动车道路面标记)进行介绍。

1)非机动车停车位标线

非机动车专用停车位可根据需要和场地实际情况规划。非机动车专用停车位标线由标示停车区域边缘的边线和标画于其中的非机动车路面标记组成。非机动车专用停车位标线可单独设置,已设置非机动车停车标志的,可以不标画地面非机动车路面图形标记,未设置非机动车停车标志的应标画地面非机动车路面图形标记,如图 10-29 所示(图中箭头仅表示车流行驶方向)。

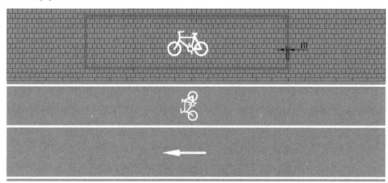

图 10-29　非机动车停车位标线(尺寸单位:cm)

2)路面图形标记(非机动车道路面标记)

非机动车路面标记标画于车道起点或车道中,表示该车道为非机动车道,如图 10-30 所示。

图 10-30　非机动车道路面标记

2. 禁止标线

在非机动车禁止标线中，这里主要对非机动车禁驶区标线、车种专用车道线（非机动车道线）进行介绍。

1）非机动车禁驶区标线

在无专用左转弯相位信号控制的较大路口或其他需要规范非机动车行驶轨迹的路口内，可设非机动车禁驶区标线，用以告示非机动车在路口内禁止驶入的范围。非机动车禁驶区范围以机动车道外侧边缘为界，可配合设置中心圈。左转弯非机动车应沿禁驶区范围外绕行，且两次停车，其停止线长度不应小于相应非机动车道宽度，如图10-31所示。

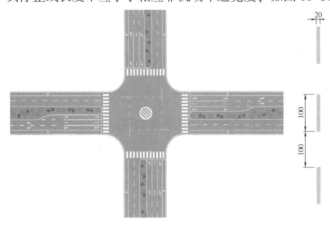

图10-31 非机动车禁驶区标线（尺寸单位：cm）

2）车种专用车道线（非机动车道线）

非机动车道线由车道线、非机动车标记图案和"非机动车"文字组成，一般情况下可仅采用非机动车标记图案而不标画文字标记，如图10-29所示（图中箭头仅表示车流行驶方向）。除特殊情况外，该车道为非机动车道，机动车不得进入。非机动车道标线颜色为蓝色时，表示此车道仅供非机动车行驶，行人及其他车辆不得进入。

图10-32 非机动车道线

10.3.3　行人与无障碍交通标线设计

在行人与无障碍指示标线中，这里主要对人行横道线、停车位标线(残疾人专用停车位标线)、路面图形标记(残疾人专用停车位路面标记)进行介绍。

1)人行横道线

人行横道线一般与道路中心线垂直，特殊情况下，其与中心线夹角不宜小于 60°(或大于 120°)，其条纹应与道路中心线平行；人行横道线的最小宽度为 300 cm，并可根据行人交通量以 100 cm 为一级加宽。人行横道线的线宽为 40 cm 或 45 cm，线间隔一般为 60 cm，可根据车行道宽度进行调整，但最大不应超过 80 cm，如图 10-33 所示。人行横道线的设置间距根据实际需求确定，但路段上设置的人行横道线之间的距离一般应大于 150 cm。

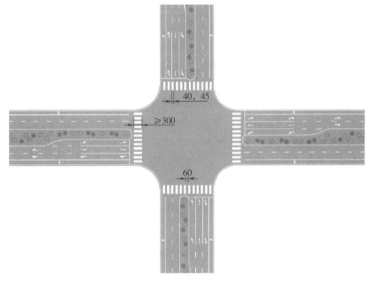

图 10-33　与道路中心线垂直的人行横道线(尺寸单位：cm)

2)停车位标线(残疾人专用停车位标线)

残疾人专用车辆或载有残疾人的车辆专用的停车位标线如图 10-34 所示。其中，停车位标线为白色表示收费停车位、为蓝色表示免费停车位、为黄色表示专属停车位。停车位两边的黄色网格线为残疾人上下车区域，禁止车辆停放。其他车辆不得占用残疾人车位。

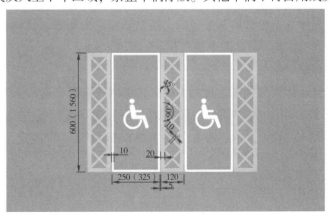

图 10-34　残疾人专用停车位标线(尺寸单位：cm)

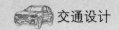

3)路面图形标记(残疾人专用停车位路面标记)

残疾人专用停车位路面标记标画于残疾人专用停车位内,表示此车位为残疾人专用车或载有残疾人的车辆专用的停车位,其他车辆不得占用,如图10-35所示。

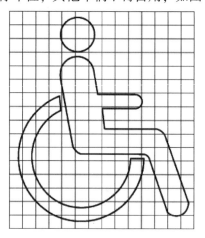

图10-35　残疾人专用停车位路面标记

10.3.4　公共交通标线设计

1. 指示标线

公共交通指示标线,主要包括停车位标线(出租车专用待客停车位标线)、停靠站标线(公交车专用停靠站标线)。

因篇幅限制,这里主要对公交车专用停靠站标线的基本内容进行介绍,其他公共交通指示标线可参考《道路交通标志和标线 第3部分:道路交通标线》(GB 5768.3—2009)中的相关内容。

1)港湾式公交停靠站标线

港湾式公交停靠站正常段的长度一般不小于30 m,两侧渐变段引道的长度一般不小于25 m。标线形式一般用于公交停靠站较宽的情况,以保证停车区域宽度处于合适的范围。当专用公交车、校车等特定车辆停靠时,应在公交停靠站中间标注停靠车辆的类型文字,并以黄色实折线填充停靠站正常段其他区域,指示除特定车辆外,其他车辆不得在此区域停留,表现尺寸如图10-36所示(图中箭头仅表示车流行驶方向)。

2)路边式公交停靠站标线

路边式公交停靠站标线的外围为黄色实线,内部填充黄色实折线,并在中间位置标注停靠车辆的类型文字,如图10-37所示(图中箭头仅表示车流行驶方向)。路边式公交停靠站的尺寸需考虑客流量大小、停靠站公交车线路数量等因素确定,长度一般不小于25 m。

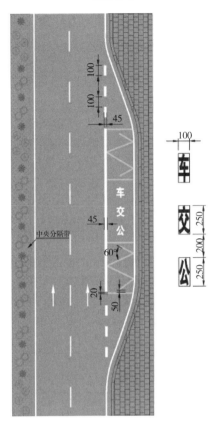

图 10-36 港湾式公交停靠站标线
（尺寸单位：cm）

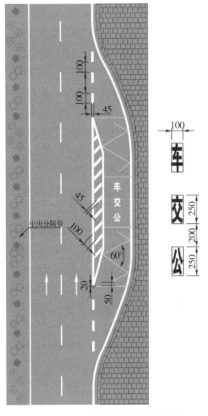

图 10-37 路边式公交停靠站标线
（尺寸单位：cm）

2. 禁止标线

在公共交通禁止标线中，这里主要对车种专用车道线（公交专用车道线）进行介绍。

公交专用车道线由黄色虚线及白色文字组成，表示除公交车外，其他车辆及行人不得进入该车道。

黄色虚线的线段长和间隔均为 400 cm，线宽为 20 cm 或 25 cm。标写的文字为"公交专用"或"BRT 专用"。如该车道为分时专用车道，可在文字下加标公交车专用的时间。

公交专用车道线从起点开始标画，每经过一个交叉口重复出现一次字符。如交叉口间隔距离较长，也可在中间适当地点增加标画字符。

公交专用车道与非机动车道临近设置，且无机非分隔带时，应配合设置机非分道线。

公交专用车道线应与公交专用车道标志配合设置。

10.4 智能交通语言设计

10.4.1 智能换乘导向系统设计

客流引导服务是城市交通枢纽走向运营管理现代化不可或缺的一步，同时也可以保证客流的有效组织。目前在我国的换乘交通枢纽中，交通信息服务系统存在许多问题，由于我国国情原因，客流量大、空间复杂，同时相应的交通信息服务不够完善，导致交通枢纽内乘客出行效率低。因此，完善乘客出行交通服务系统，提供乘客出行信息并引导乘客顺

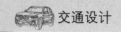

利换乘显得尤为重要。

1. 城市轨道交通枢纽导乘系统

城市轨道交通枢纽导乘系统的种类很多，其分类的方法也不统一，常见的分类方法有以下几种。

(1)按感知方式分类：视觉导乘系统、听觉导乘系统和触觉导乘系统。

(2)按服务人群性质分类：常规人群导乘系统和特殊人群(残疾人)导乘系统。

(3)按信息的表现形态分类：静态导乘系统和动态导乘系统。静态导乘系统主要是显示基础出行信息比如进出站路径、票价、首末班车时刻、网络线路等，传递信息的方式相对稳定；动态导乘系统是指以动态或互动的表现方式发布的一些非固定信息，如列车到发、应急信息等实时互动信息，显示在电子显示屏上。

(4)按设置形式分类：悬吊式、挂墙式、站立式、自由站立式及粘贴式。

(5)按照明方式分类：照明式和非照明式。

从交通管理者的角度出发，如何实现信息化管理，更加便捷安全地运营并组织客流，同时达到交通枢纽高效集散客流的目的是城市轨道交通枢纽导乘系统的重点内容；而从出行者的角度来看，导乘系统需要从"以人为本"的思想出发，提高出行效率，减少出行时间。城市轨道交通枢纽导乘系统的架构如图 10-38 所示。

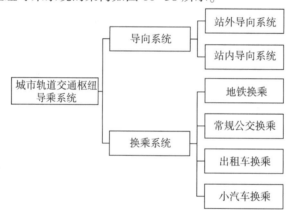

图 10-38　城市轨道交通枢纽导乘系统的架构

2. 换乘系统

换乘系统是指在城市轨道交通枢纽内部，为了有效地引导乘客完成城市轨道交通与其他交通方式间的换乘行为而设置的服务设施。在城市轨道交通枢纽中，换乘系统的设置有利于完善交通信息服务，有助于乘客选择最佳行程路径，减少换乘的盲目性，从而达到提高枢纽换乘效率的目的。

目前，在中国城市的轨道交通枢纽中，换乘信息主要以广播、交通标识、电子显示屏等方式提供，随着经济发展，交通建设信息化，轨道交通智能查询系统越来越完善，乘客可以通过智能查询获取枢纽乘车路线、车站内部结构、交通换乘信息及周边用地信息等内容。

1)地铁换乘

地铁换乘，即在城市轨道不同线路之间进行换乘。作为城市交通网络的线路交织点，城市轨道交通枢纽承担着提供乘客换线转乘信息的重要任务，在交通枢纽处完成不同线路的客流沟通，实现交通枢纽客流换乘的目的。内部换乘方式主要包括站台换乘、站厅换乘及通道换乘。

(1)利用相应的换乘标志在站台内部完成线路转乘的方式叫作站台换乘。这种方式的特点在于将站台两侧安排不同的线路，乘客不需要通过空间改变就可以完成换乘。对于这种换乘方式，可设计相应的换乘交通标识引导乘客完成换乘。

（2）利用楼梯或者电梯经由一个车站的站台到达另外一个车站的站台或者是两个站台共用的站台后，经由此站厅进入另一车站站台的方式叫作站厅换乘。这种换乘方式相较于站台换乘，其换乘系统较为复杂，需要通过设置换乘系统达到引导客流顺利出站台的目的，与此同时形成对客流的连续引导，避免与其他客流的交叉，从而能够保证客流安全、有序、便捷地达到另一条线路的站台层，以帮助乘客换乘。

（3）在交通枢纽内部布设专门的换乘通道，减少对具有换乘需求的乘客的干扰，最终完成换乘的方式叫作通道换乘。需要注意的是，这种换乘方式的换乘通道一般设置于线路站厅之间，或者直接设置在站台上。轨道交通线路上下客流的有序组织以及双向换乘客流有序进出有利于减少通道的拥堵，提高换乘效率。

2）常规公交换乘

常规公交换乘是我们生活中常见的换乘方式之一，贴近民生、线路和站点容易更改，接运能力大。作为城市公共交通最便捷的捷运方式，轨道交通与常规公交之间的换乘主要包括站场换乘及站点换乘。

（1）利用城市轨道交通枢纽站客流交织的特点，在周边设置常规公交停靠站及换乘设施以便于乘客换乘，这种换乘方式叫作场站换乘。其特点是由于城市轨道交通枢纽的天然优势，设置换乘系统的难度相对较低，重点在于引导乘客从轨道交通枢纽内部到达需要搭乘的常规公交停靠站最近的交通枢纽出入口。同时，换乘信息主要显示公交换乘即可。

（2）与站场换乘相对的换乘方式叫作站点换乘。这种换乘方式的特点在于在城市轨道交通枢纽周边只设有公交线路的停靠点，没有常规公交的停车场站和配套的换乘设施。相对于站场换乘，这种换乘系统相对较为复杂，主要考虑在枢纽出入口周围如何布设公交站点，才能实现引导乘客到达需换乘公交线路所在站点的目的。此外，换乘系统需要传达的信息也相对复杂，包括换乘公交、公交线路名称、所在地理位置及最近的交通枢纽出入口信息等。

3）出租车换乘

通常情况下在城市轨道交通枢纽的内部设有出租车换乘的地点，集中提供乘客出租车换乘服务，一方面满足了乘客搭乘出租车的需求；另一方面为出租车进出交通枢纽提供了临时场所，从而完成轨道交通与出租车之间的换乘。城市轨道交通换乘系统的主要目的是引导乘客从轨道交通枢纽内部进入便于搭乘出租车场所最近的枢纽出入口。换乘信息的显示与常规公交大同小异，主要显示出租车换乘即可。

4）小汽车换乘

"P+R"的换乘方式称作小汽车换乘，也叫作停车换乘，这种换乘方式的特点在于将汽车停车场设置在城市轨道交通枢纽周边，以提供小汽车与城市轨道交通的服务，国外一些大城市普遍采用这种方式进行换乘。我国曾在上海的城市轨道交通中试点"P+R"停车换乘，政策一经推广，顿时引起广大自驾出行者的追捧，城市车位常常供不应求。这种换乘方式的主要任务在于将乘客从交通枢纽内部引导到距离小汽车停车场最近的枢纽出入口。换乘信息显示小汽车换乘即可。

10.4.2　电子公交站牌

1. 电子公交站牌系统介绍

电子公交站牌系统是用于城市公交系统信息服务的产品，通过移动定位、网络通信、

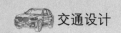

电子显示等技术实现公交车到站距离预报、到站时间预测，有利于乘客及时了解公交线路、运行站点、车辆到站、车辆延误情况，合理安排自己的出行计划，有效缩短乘客与公交系统的"距离"，提高公共交通的社会服务水平与服务质量。

2. 常见的电子公交站牌系统

电子公交站牌经过多年的发展，不仅提高了公共交通运行效率、提升了城市形象，并且便利民生，越来越引起公众的注意，已经逐步成为每个城市公共设施的标准配置。目前，比较成熟的电子公交站牌系统有以下几种。

（1）基于通用分组无线服务（General Packet Radio Service，GPRS）的电子公交站牌系统。目前，国内应用最广泛的形式是基于全球定位系统（Global Positioning System，GPS）+地理信息系统（Geographical Information System，GIS）+GPRS 理论框架的电子站牌系统，GIS 获取和记录地理位置信息，配合 GPS 的地理位置定位功能，通过 GPRS 的第三方网络进行数据传输。每辆公交车上都装有一个车载终端，内置 GPS 模块和 GPRS 模块，卫星定位信息通过天线传输到 GPS 模块，信息经过加工处理后，由 GPRS 模块传输至公交指挥监控中心，监控中心经过处理后生成站牌显示信息，再通过 GPRS 模块传输到相应电子公交站牌。

（2）基于 ZigBee 的电子站牌系统。ZigBee 是一项双向微功率网格式无线网络通信技术，它的特点是结构简单、功耗低、成本低和可靠性高。将 ZigBee 模块安装在公交车终端上，在车辆行驶线路上按照一定的距离架设该模块，于是在车辆沿线行驶的过程中，就可以完成数据的传输。

（3）基于射频识别（Radio Frequency Identification，RFID）的电子站牌系统。将 RFID 模块安装在车辆终端上，作为区别车辆的标签，当车辆驶入距离电子公交站牌的工作范围内时，会将信息传送给电子公交站牌。

（4）基于有线通信方式的电子公交站牌系统。这种电子公交站牌系统需要有线通信作支撑，在地下广泛铺设数据通信线路，多数采用车载 GPS 为车辆进行定位。在 BRT 公交线路、城市规划铺设有电缆的城市较多使用这种形式的电子公交站牌系统。

3. 电子公交站牌的组成与作用

1）电子公交站牌的组成

电子公交站牌主要由 4 个部分组成，分别为供电设施、显示设施、控制设施及通信设施。这 4 个部分联系紧密，相辅相成。供电设施为电子站牌提供能源，是公交站牌工作的必要组件；显示设施将电子信息直观地传递给乘客；控制设施保证公交站牌的实时性；稳定的通信模块为及时更新显示的信息奠定基础。

2）电子公交站牌的作用

（1）线路基本信息显示：电子公交站牌的首要任务就是显示线路基本信息，包括每辆公交车的实时位置、距离上一辆离开站点的公交车有多长时间、下辆公交车到达的时间、公交车线路行驶方向、线路上正在运营的公交车数量等。

（2）车辆运营图：由电子公交站牌采集公交车行驶位置信息，发送给后台调度中心，经过处理后最终显示在线路图上，这样乘客就能够掌握真实的车辆运营状态。不同的车辆运营信息在显示屏上滚动播放。

（3）智能监控：在电子公交站牌上安装摄像头，可以实时地监控到站牌周围的等车人数，也可以保护站牌和监控周围车辆和治安情况。

（4）检测拥挤度：通过电子公交站牌传输数据，获取站牌周围的三维图像，通过分析实时人流量得到时段拥挤度，以便公共交通调度。

（5）发布通知：电子公交站牌在提供公共交通出行信息的同时，也可显示其他重要的信息，如新闻政策信息、天气预报及广告宣传等内容。

（6）播放视频：支持多种格式的视频文件，包括 MP4、FLU、AVI 等，滚动播放并宣传信息的同时提高了公众出行效益。

4. 电子公交站牌系统现状

目前，我国大部分省会城市已应用电子公交站牌系统，二线甚至三线城市都在积极安装电子公交站牌系统。由电子公交站牌系统应用现状来看，在运行初期，有效提高了民众出行效率的同时给用户带来了方便的体验，获得了众多好评。然而，随着持续使用，电子公交站牌系统的缺点逐渐暴露。究其原因大概有以下几点。

（1）缺乏维护。由于电子公交站牌系统主要通过电子线路控制，所以电子公交站牌停机或者失灵经常发生。

（2）运营费用高。电子公交站牌布设涉及的技术手段大多费用高昂，这对于国家财政来说无疑是一笔不小的费用。

（3）缺乏电力供应。电子显示屏需要电力设施的支撑，但是由于不同地区的经济发展程度不同以及地区设施布设安排，所以存在一部分公交站点没有通电的情况。

（4）定位精度差。GPS 在视野开阔的地理环境中方便接收信号，然而车载 GPS 本身所处的环境较为封闭，不利于完全发挥 GPS 的作用。

本章知识小结

```
                    ┌── 交通语言含义 ───→ 交通语言的概念及内涵

                    ├── 交通标志设计 ───→ 机动车与非机动车交通标志设计、行人与无
                    │                      障碍交通标志设计、公交交通标志设计
交通语言
系统设计 ────────────┤
                    ├── 交通标线设计 ───→ 机动车与非机动车交通标线设计、行人与无
                    │                      障碍交通标线设计、公共交通标线设计

                    └── 智能交通语言设计 → 智能换乘导向系统设计、智能语言系统、电
                                          子公交站牌
```

思考题

1. 简述交通语言的概念。
2. 交通标志按照功能如何分类？简述公共交通出行过程及信息需求。
3. 交通标线包括哪几类？简述不同种类标线设计标准、原则及设计方法。
4. 什么是电子公交站牌？目前主要存在哪些形式？

第11章
交通设计方案评价

能力目标

掌握内容	知识要点	权重
交通设计方案评价思路	交通的安全性评价、效率评价、平顺性评价、便利性评价	0.2
评价方法与评价指标	定性评价方法与评价指标，定量评价方法与评价指标	0.4
交通仿真软件	VISSIM、PARAMICS、AIMSUN、CORSIM	0.4

11.1　交通设计方案评价思路和方法

11.1.1　评价思路

交通设计方案评价用以考量交通设计方案对设计目标的实现程度及其效果，包括对交通现状及备选交通设计方案的评价、分析及比选等，是方案优选的依据。交通设计方案评价应面向设计的各项内容，包括道路交通设计、公共交通设计、交通枢纽与换乘系统设计、停车场(库)交通设计、交通安全设计、交通语言系统设计等，需反映交通设计带来的通行环境(如安全、通畅及和谐性等)变化。评价阶段分为方案实施前评价、实施中评价(设计阶段评价)及实施后评价，前两阶段只能采用模型、专家评估及仿真实验等方法，实施后评价可以通过现场调查与观测获取各项指标进行评价。

交通设计通过整合交通设施的时间和空间资源梳理与优化其功能，以达到缓解阻塞、保障安全等基本目的，本质在于改善交通环境。交通设计评价需要全面反映交通环境的改善(以道路交通为例，包括机动车、非机动车、行人等不同交通参与者的通行环境改善)，因此，可从交通的安全性、效率性、平顺性及便利性 4 个方面加以反映，如图 11-1 所示。

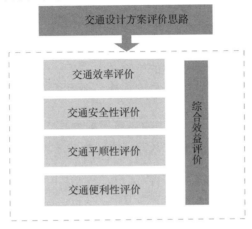

图 11-1 交通设计方案评价思路

11.1.2 评价方法

交通设计方案评价内容包括：交通基础设施运行效率(通行能力、饱和度、延误、行程时间、服务水平等)、安全性(现状事故统计、交通冲突特征、潜在事故情况等)、平顺性(现状违法情况、冲突情况、因不当的设计和管理而导致的交通流混乱情况等)、便利性(绕行距离、换乘时间和距离等)的评价。

评价方法包括定性评价与定量评价两个方面。

1. 定性评价

定性评价方法有专家评价、实地踏勘与问卷调查评价等。主要评价内容：交通秩序(道路沿途进出交通对主路交通流顺畅性的影响、交叉口混合交通流通行状况、行人穿越道路情况等)，交通心理环境和生态环境的感官效果，道路通行(时间与空间)资源有效利用情况，交通便捷性，公共交通准时性、乘客满意度等。

2. 定量评价

定量评价方法包括基于模型的计算方法、仿真方法、实测方法、基于各类图表的分析方法等。定量评价试图通过设施的通行能力、通行效率(延误、速度或行程时间、公交服务品质)、交通安全性和便利性等，对交通系统作出综合评价。主要评价内容：设施瓶颈处的通行能力、延误、排队等；行程时间、平均速度及方差；交通事故的发生率(分类型)；公共交通出行方式所占的比例，公共交通的满载率、行程时间等；非机动车及行人的出行距离和换乘等待时间。

11.2 交通仿真软件

交通仿真分析已被证明是交通设计方案评价的有效手段。与现场试验相比，用仿真模型进行评价要灵活得多，可以在方案研究阶段进行比较与优选。交通仿真是系统仿真技术的一个分支，就是用系统模型来复现交通流随时间、空间变化从而表征其行为特征的技

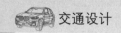

术。交通仿真模型可用于交通系统规划及控制方案的详细评估，更好地理解并掌握交通系统局部和细节，对于较复杂的交通系统尤为适用。

交通仿真软件系统评价的优点如下。

（1）可以不断重复某种道路、交通条件下交通流的随机状态。

（2）利用试验采集的数据标定模型参数后，通过仿真试验可生成大量接近实际的仿真数据，从而对实测数据进行合理拓展。

（3）可对尚未实施的方案进行细致分析，对已实施的方案提出优化建议，在不对现有交通系统产生任何干扰下进行多种方案的检验。

（4）利用仿真模型，可直接与实际系统相连，还可很好地控制交通条件、道路条件，反映个别因素对交通流的影响。

（5）通过动画仿真或虚拟现实，可以直观感受到道路、交通条件变化对交通流的影响，还可对系统操作者及使用者提供类似现实的训练，帮助理解不同交通设计方案下交通流运行状态的变化过程。

常用交通仿真软件包括 VISSIM、PARAMICS、AIMSUN、CORSIM 等。

11.2.1　VISSIM

VISSIM 是目前在我国应用最多的微观仿真软件之一，其模型是一个离散、随机可变换步长的微观模型，车辆纵向运动采用了 Weidmann 教授的心理—生理跟车模型。VISSIM 提供了图形化的界面，以 2D 或 3D 形式直观地向用户显示车辆的运动；能够仿真许多城市内和非城市内的交通情况。

VISSIM 特别适合模拟城市交通控制系统，主要应用有：由车辆激发的信号控制的设计、检验、评价；公交优先方案的通行能力分析和检验；收费设施的分析；匝道控制运营分析；路径诱导和可变信息标志的影响分析等。

11.2.2　PARAMICS

PARAMICS 软件组由 6 部分组成：Modeller，仿真的核心模块；Processor，专用的路径分配工具；Analyser，仿真结果分析工具；Monitor，环境评价接口；Programmer，API（Application Programming Intarface，应用程序编程接口）；Estimator，OD 出行估计工具。

PARAMICS 具有很强的可扩展性，在国内外得到广泛应用。其应用领域有：交通设计、管理和控制；控制中心仿真；为出行信息提供预测；智能化的导航功能等。

11.2.3　AIMSUN

AIMSUN 是一套完整的交通分析软件，可用来进行交通规划，微观交通仿真，交通需求及相关数据分析。它为静态和动态建模提供一个完整的平台。

AIMSUN 的特点是：能够用于各种不同的路网，如城市网络、高速公路、一般公路、交通干线等；提供了两种不同方式的仿真，一种是基于输入交通流和转弯比例的仿真，另一种是基于 OD 和路径选择模型的仿真；能够仿真不同的交通控制方案；可以仿真 VMS 上显示信息对交通行为的影响。

AIMSUN 的主要模块如下。

（1）AIMSUN 微观仿真器：能在大范围内对交通管理的各组成部分，管理策略及管理措施进行仿真。

（2）AIMSUN 建模器：通过其他的数字化地图导入进行建模，将其他软件编辑的路网模型导入到 AIMSUN 的模型中。

（3）AIMSUN 规划器：在一个完整的环境中，对交通规划中的主要步骤提供支持。目前，可以执行用户平衡交通分配，支持需求分析并且与微观仿真器共享网络以及相关的交通数据，很容易进行宏观和微观的分析。

（4）AIMSUN 服务器：不需使用图形用户界面（Graphical User Interface，GUI）并且可以通过网络实现一个 AIMSUN 版本，可满足比实时处理更快的要求。

（5）AIMSUN GUI：建立了一个可供所有任务而设计的友好用户环境。

11.2.4　CORSIM

CORSIM 综合了两个微观仿真模型：用于城市的 NEISIM 和用于高速公路的 FRESIM。CORSIM 是一个能够真实再现动态交通的随机交通仿真模型，可提供多指标来量化交通网的性能。

CORSIM 的特点如下。

（1）能模拟复杂几何条件。CORSIM 对路网的各组成部分编码灵活，能够仿真真实世界中各种复杂的路网几何形状，包括不同类型的城市道路平交、（互通式）立交、渠化道设置、高速公路多车道路段、不同类型出入口匝道等。

（2）能模拟不同交通现象。CORSIM 通过校准，能够在很大程度上模拟真实世界的各种交通现象，如变化的交通需求、拥挤或阻塞的交通现象、交通事故的产生、车队在交叉口处的排队、起动和消散。在模拟过饱和交通流现象时，CORSIM 比传统的经验分析方法有着独特的优势。在交通需求接近道路通行能力时，如在实际应用中采用《公路使用手册》所述的传统的分析方法就有严重的限制，而 CORSIM 能够预测出拥挤现象的发展和消散过程。

（3）能模拟不同的交通控制、管理和操作。CORSIM 能够模拟不同的交通控制设施，如城市平叉路口的红绿灯控制、信号灯定时和实时的相位变化。另外，还能模拟高速公路匝道检测器和高占用率车辆的运行，以及公交车的运行方式等。

（4）能说明路网不同组成部分之间的相互作用。CORSIM 能够模拟由城市道路、高速公路主干道、匝道组成的完整的路网系统。许多传统的研究方法只能把路网的各组成部分进行单独的交通分析，而 CORSIM 能够仿真一种集成风格的路网交通流，这使 CORSIM 能模拟溢出等情况。例如，对于交通阻塞使匝道与城市道路相互之间的排队溢出，它就能够进行有效模拟。

（5）备有连接外部控制逻辑和程序的接口。通过特殊的设计的界面，CORSIM 能够与外部控制逻辑和程序进行数据和信息的交流互换。

除以上介绍的 4 种软件以外，当前使用较多的微观交通仿真软件还有 TransModeler、CUBE-DYNASIM、TRAFFICWARE 等，读者可以根据需要了解和学习。

本章知识小结

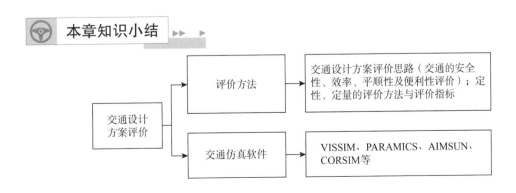

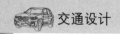

 思考题 ▶▶ ▶

1. 如何确定交通设计方案评价的思路？
2. 何为定性的评价方法？简述其评价内容。
3. 何为定量的评价方法？简述其评价内容。
4. 结合具体交通设计案例进行交通仿真，并评价该方案。

交通设计讨论课　　　　论文：过街安全设计　　　PPT：过街安全设计
题目参考与要求　　　　　的适应性探讨　　　　　　的适应性探讨

交通设计

参 考 文 献

[1]潘海啸. 无障碍与城市交通[M]. 沈阳：辽宁人民出版社，2019.

[2]杨兆升，于德新. 智能运输系统概论[M]. 3版. 北京：人民交通出版社，2015.

[3]景鹏，潘公宇. 运输系统规划与设计[M]. 北京：国防工业出版社，2016.

[4]曲大义，陈秀锋，魏金丽，等. 智能交通系统及其技术应用[M]. 2版. 北京：机械工业出版社，2019.

[5]杨晓光，白玉. 交通设计[M]. 2版. 北京：人民交通出版社，2020.

[6]杨晓光. 城市道路交通设计指南[M]. 北京：人民交通出版社，2003.

[7]袁振洲. 道路交通管理与控制[M]. 北京：人民交通出版社，2007.

[8]徐吉谦，陈学武. 交通工程总论[M]. 北京：人民交通出版社，2015.

[9]吴兵，李晔. 交通管理与控制[M]. 北京：人民交通出版社，2008.

[10]张水潮. 交通组织设计[M]. 北京：人民交通出版社，2016.

[11]吴瑞麟，沈建武. 单点立交(SPI)的通行能力研究[J]. 华中科技大学学报(自然科学版)，2002(10)：111-113.

[12]吴瑞麟，沈建武. 城市道路设计[M]. 3版. 北京：人民交通出版社，2018.

[13]杨洁，过秀成. 城市交叉口群交通动态协调控制方法[M]. 东南大学出版社，2013.

[14]杨建明. 城市交叉设计[M]. 中国建筑工业出版社，2013.

[15]孟祥海，章锡俏，郑来. 交通工程设施设计[M]. 北京：人民交通出版社，2021.

[16]项乔君. 道路交通设计[M]. 北京：人民交通出版社，2017.

[17]张超，李海鹰. 交通港站与枢纽[M]. 北京：中国铁道出版社，2004.

[18]宋年秀. 运输枢纽与场站设计[M]. 北京：机械工业出版社，2006.

[19]裴玉龙. 道路交通安全[M]. 北京：人民交通出版社，2007.

[20]李瑱. 城市慢行交通环境改善问题研究[J]. 建设科技，2023(14)：25-28.

[21]鲍小奎. 人性化理念下的城市交通设计工作探究[J]. 黑龙江交通科技，2021，44(11)：240+242.

[22]姜毅. 城市轨道交通枢纽导乘系统研究[D]. 南京：南京理工大学，2012.

[23]刘东亚. 我国城市交通运输业中公交电子站牌发展历程及趋势研究[J]. 知识经济，2016(06)：65.

[24]张军. 智能公交电子站牌的研制[D]. 哈尔滨：黑龙江大学，2020.

[25]刘孔杰，朱敏清，崔洪军，等. 大型活动交通组织管理[M]. 北京：人民交通出版社，2008.

[26]李钦.城市道路占道施工区交通组织分析[J].智能城市，2022(005)：008.

[27]陈宇毅.城市公交线路运行可靠性分析及优化建议[J].智能城市，2020，6(12)：174-175.

[28]中国大百科全书出版社编辑部，中国大百科全书总编辑委员会《建筑·园林·城市规划》编辑委员会.中国大百科全书：建筑园林城市规划[M].北京：中国大百科全书出版社，2004.

[29]杨晓光，白玉，马万经，邵海鹏.交通设计[M].北京：人民交通出版社，2010.

[30]中华人民共和国行业标准.GB/T36670—2018 城市道路交通组织设计规范[S].北京：中国标准出版社，2018.

[31]中华人民共和国交通运输行业标准.JT/T 200—2020 汽车客运站级别划分和建设要求[S].北京：人民交通出版社，2020.

[32]中国建筑科学研究院.CJJ 45—2015 城市道路照明设计标准[S].北京：中国建筑工业出版社，2015.

[33]中华人民共和国国家标准.GB 50647—2011 城市道路交叉口规划规范[S].北京：中国计划出版社，2011.

[34]中华人民共和国国家标准.GB 50763—2012 无障碍设计规范[S].北京：中国建筑工业出版社，2012.

[35]中华人民共和国国家标准.GB/T 5845.3—2008 城市公共交通标志第 3 部分：公共汽电车站牌和路牌[S].北京：中国国家标准化管理委员会，2008.

[36]中华人民共和国国家标准.GB 5768—2009 道路交通标志和标线[S].北京：中国标准出版社，2009.

[37]中华人民共和国国家标准.GB 5768.7—2018 道路交通标志和标线[S].北京：中国标准出版社，2018.

[38]中华人民共和国国家标准.GB 5768.2—2022 道路交通标志和标线[S].北京：中国标准出版社，2022.

[39]中华人民共和国国家标准.GB 50688—2011 城市道路交通设施设计规范[S].北京：中国计划出版社，2011.

[40]中华人民共和国国家标准.GB 51038—2015 城市道路交通标志和标线设置规范[S].北京：中国计划出版社，2015.

[41]中华人民共和国行业标准.CJJ/T 114—2007 城市公共交通分类标准[S].北京：中国建筑工业出版社，2007.

[42]中华人民共和国行业标准.CJJ 129—2009 城市快速路设计规程[S].北京：中国建筑工业出版社，2009.

[43]中华人民共和国行业标准.CJJ 136—2010 快速公共汽车交通系统设计规范[S].北京：人民交通出版社，2010.

[44]中华人民共和国行业标准.CJJ 152—2010 城市道路交叉口设计规程[S].北京：中国建筑工业出版社，2010.

[45]中华人民共和国行业标准.CJJ 69—1995 城市人行天桥与人行地道技术规范[S].北京：中国建筑工业出版社，1996.

[46]中华人民共和国行业标准.CJJ 37—2012 城市道路工程设计规范[S].北京：中国建

筑工业出版社，2012.

[47] 中华人民共和国行业标准. CJJ 193—2012 城市道路路线设计规范[S]. 北京：中国建筑工业出版社，2012.

[48] 中华人民共和国行业标准. GA/T 507—2004 公交专用车道设置[S]. 北京：中国标准出版社，2004.

[49] 中华人民共和国行业标准. GA/T 850—2009 城市道路路内停车泊位设置规范[S]. 北京：中国标准出版社，2009.

[50] 中华人民共和国行业标准. GA/T 1271—2015 城市道路路内停车管理设施应用指南[S]. 北京：中国标准出版社，2016.

[51] 中华人民共和国行业标准. 建标 128—2010 城市公共停车场工程项目建设标准[S]. 北京：中国计划出版社，2010.

[52] 中华人民共和国行业标准. GB 14886—2016 道路交通信号灯设置与安装规范[S]. 北京：中国标准出版社，2017.

[53] 中华人民共和国生态环境部. 道路机动车排放清单编制技术指南(试行)[S].

[54] 百度百科–当斯定律 https://baike.baidu.com/item/%E5%BD%93%E6%96%AF%E5%AE%9A%E5%BE%8B/9948347